ADMINISTRAÇÃO ESCOLAR NA OBRA DE LOURENÇO FILHO
PROGRAMA DE ENSINO COMO FUNDAMENTO DA ORGANIZAÇÃO DO TRABALHO ESCOLAR

Editora Appris Ltda.
1.ª Edição - Copyright© 2024 dos autores
Direitos de Edição Reservados à Editora Appris Ltda.

Nenhuma parte desta obra poderá ser utilizada indevidamente, sem estar de acordo com a Lei nº 9.610/98. Se incorreções forem encontradas, serão de exclusiva responsabilidade de seus organizadores. Foi realizado o Depósito Legal na Fundação Biblioteca Nacional, de acordo com as Leis nos 10.994, de 14/12/2004, e 12.192, de 14/01/2010.

Catalogação na Fonte
Elaborado por: Dayanne Leal Souza
Bibliotecária CRB 9/2162

L864a
2024
	Lopes, Natalina Francisca Mezzari
	    Administração escolar na obra de Lourenço Filho: programa de ensino como fundamento da organização do trabalho escolar / Natalina Francisca Mezzari Lopes, Ricardo Ribeiro. – 1. ed. – Curitiba: Appris, 2024.
	    215 p. : il. ; 23 cm. – (Coleção Educação, Tecnologias e Transdisciplinaridades).
	
	    Inclui bibliografias.
	    ISBN 978-65-250-6922-7
	
	    1. Lourenço Filho. 2. Administração escolar. 3. Programa de ensino. 4. Organização do trabalho. 5. Escola. I. Lopes, Natalina Francisca Mezzari. II. Ribeiro, Ricardo. III. Título. IV. Série.
	
	                                                                            CDD – 371.2

Livro de acordo com a normalização técnica da ABNT

Editora e Livraria Appris Ltda.
Av. Manoel Ribas, 2265 – Mercês
Curitiba/PR – CEP: 80810-002
Tel. (41) 3156 - 4731
www.editoraappris.com.br

Printed in Brazil
Impresso no Brasil

Natalina Francisca Mezzari Lopes
Ricardo Ribeiro

ADMINISTRAÇÃO ESCOLAR NA OBRA DE LOURENÇO FILHO
PROGRAMA DE ENSINO COMO FUNDAMENTO DA ORGANIZAÇÃO DO TRABALHO ESCOLAR

Appris
editora

Curitiba, PR
2024

FICHA TÉCNICA

EDITORIAL
Augusto Coelho
Sara C. de Andrade Coelho

COMITÊ EDITORIAL
Ana El Achkar (Universo/RJ)
Andréa Barbosa Gouveia (UFPR)
Antonio Evangelista de Souza Netto (PUC-SP)
Belinda Cunha (UFPB)
Délton Winter de Carvalho (FMP)
Edson da Silva (UFVJM)
Eliete Correia dos Santos (UEPB)
Erineu Foerste (Ufes)
Fabiano Santos (UERJ-IESP)
Francinete Fernandes de Sousa (UEPB)
Francisco Carlos Duarte (PUCPR)
Francisco de Assis (Fiam-Faam-SP-Brasil)
Gláucia Figueiredo (UNIPAMPA/ UDELAR)
Jacques de Lima Ferreira (UNOESC)
Jean Carlos Gonçalves (UFPR)
José Wálter Nunes (UnB)
Junia de Vilhena (PUC-RIO)
Lucas Mesquita (UNILA)
Márcia Gonçalves (Unitau)
Maria Aparecida Barbosa (USP)
Maria Margarida de Andrade (Umack)
Marilda A. Behrens (PUCPR)
Marília Andrade Torales Campos (UFPR)
Marli Caetano
Patrícia L. Torres (PUCPR)
Paula Costa Mosca Macedo (UNIFESP)
Ramon Blanco (UNILA)
Roberta Ecleide Kelly (NEPE)
Roque Ismael da Costa Güllich (UFFS)
Sergio Gomes (UFRJ)
Tiago Gagliano Pinto Alberto (PUCPR)
Toni Reis (UP)
Valdomiro de Oliveira (UFPR)

SUPERVISORA EDITORIAL Renata C. Lopes
PRODUÇÃO EDITORIAL Sabrina Costa
REVISÃO Bruna Fernanda Martins
DIAGRAMAÇÃO Luciano Popadiuk
CAPA Mateus de Andrade Porfírio
REVISÃO DE PROVA Jibril Keddeh

COMITÊ CIENTÍFICO DA COLEÇÃO EDUCAÇÃO, TECNOLOGIAS E TRANSDISCIPLINARIDADE

DIREÇÃO CIENTÍFICA
Dr.ª Marilda A. Behrens (PUCPR)
Dr.ª Patrícia L. Torres (PUCPR)

CONSULTORES
Dr.ª Ademilde Silveira Sartori (Udesc)
Dr. Ángel H. Facundo (Univ. Externado de Colômbia)
Dr.ª Ariana Maria de Almeida Matos Cosme (Universidade do Porto/Portugal)
Dr. Artieres Estevão Romeiro (Universidade Técnica Particular de Loja-Equador)
Dr. Bento Duarte da Silva (Universidade do Minho/Portugal)
Dr. Claudio Rama (Univ. de la Empresa-Uruguai)
Dr.ª Cristiane de Oliveira Busato Smith (Arizona State University /EUA)
Dr.ª Dulce Márcia Cruz (Ufsc)
Dr.ª Edméa Santos (Uerj)
Dr.ª Eliane Schlemmer (Unisinos)
Dr.ª Ercilia Maria Angeli Teixeira de Paula (UEM)
Dr.ª Evelise Maria Labatut Portilho (PUCPR)
Dr.ª Evelyn de Almeida Orlando (PUCPR)
Dr. Francisco Antonio Pereira Fialho (Ufsc)
Dr.ª Fabiane Oliveira (PUCPR)
Dr.ª Iara Cordeiro de Melo Franco (PUC Minas)
Dr. João Augusto Mattar Neto (PUC-SP)
Dr. José Manuel Moran Costas (Universidade Anhembi Morumbi)
Dr.ª Lúcia Amante (Univ. Aberta-Portugal)
Dr.ª Lucia Maria Martins Giraffa (PUCRS)
Dr. Marco Antonio da Silva (Uerj)
Dr.ª Maria Altina da Silva Ramos (Universidade do Minho-Portugal)
Dr.ª Maria Joana Mader Joaquim (HC-UFPR)
Dr. Reginaldo Rodrigues da Costa (PUCPR)
Dr. Ricardo Antunes de Sá (UFPR)
Dr.ª Romilda Teodora Ens (PUCPR)
Dr. Rui Trindade (Univ. do Porto-Portugal)
Dr.ª Sonia Ana Charchut Leszczynski (UTFPR)
Dr.ª Vani Moreira Kenski (USP)

*Aos que têm como objeto de estudo ou de trabalho
a gestão da escola.*

Não é necessário insistir sobre a importância do programa de ensino, como recurso de organização do trabalho escolar. Representa ele, a um tempo, fonte de inspiração, norma geral do trabalho docente e pedra de toque da atividade do mestre.

(Manuel Bergström Lourenço Filho)

AGRADECIMENTOS

Agradecemos à Universidade Estadual de Maringá (UEM) PR e à Universidade Estadual Paulista (Unesp) Araraquara/SP, pelo importante espaço e investimento dedicado à pesquisa; aos centros nos quais foram realizadas as pesquisas: Acervo do Inep da Biblioteca do Centro de Filosofia e Ciências Humanas da Universidade Federal do Rio de Janeiro (UFRJ); Centro de documentação da Faculdade de Educação da UFRJ por meio do Programa de Estudos e Documentação Educação e Sociedade (Proedes); Centro de Pesquisa e Documentação de História Contemporânea do Brasil (CPDOC) da Fundação Getúlio Vargas (FGV) RJ; Instituto de Estudos Brasileiros (IEB) da Universidade de São Paulo (USP); e, ainda, ao Senhor Marcos A. Barbosa, curador da obra de Lourenço Filho que gentilmente nos atendeu.

Agradecimento especial ao professor Carlos Monarcha, por sua generosidade no processo de pesquisa sobre Lourenço Filho, e aos professores que contribuíram com a leitura cuidadosa do texto: Carlos Monarcha, Raquel Gandini, Carlota Boto, Sandra Regina Cassol Carbello, Regina Gualtieri e Eliana Claudia Navarro Koepsel. E, por fim, nosso carinho e gratidão à coordenadora Angela Lara e aos membros do Grupo de Estudos e Pesquisa em Estado, Políticas Educacionais e Infância (Geppein).

PREFÁCIO

Administração escolar na obra de Lourenço Filho: programa de ensino como fundamento da organização do trabalho escolar, este é o título de um livro que só poderia ter sido escrito por alguém que é, a um só tempo, professora e pesquisadora. Com o rigor conceitual e analítico da investigação historiográfica, **Natalina Francisca Mezzari Lopes** demonstra aqui uma fina sensibilidade pedagógica, de quem conhece por dentro os meandros do cotidiano escolar e da administração pública em matéria de educação. Uma obra como esta revela a faceta de Lourenço Filho como professor e como administrador educacional, mas revela, na mesma proporção, a articulação entre essas duas dimensões – o ensino e a administração pedagógica – da autora do trabalho.

Fruto de tese de doutorado defendida junto ao Programa de Pós-Graduação em Educação Escolar da Faculdade de Ciências e Letras da Unesp/Campus de Araraquara, o trabalho em tela tem a marca também da meticulosa e criativa orientação do **Prof. Dr. Ricardo Ribeiro**. O objetivo da pesquisa foi o de compreender como a trajetória profissional de Lourenço Filho marcou a história da educação brasileira. De fato, o jovem educador, desde muito cedo trilhou o caminho da administração pública, quando, em 1923, aos vinte e poucos anos, efetuou a Reforma da Educação no Ceará. Algum tempo depois, no início dos anos 30, seria responsável pela Reforma do ensino em São Paulo, tendo sido também diretor do recém-criado Instituto de Educação do Rio de Janeiro. Lourenço Filho teve também significativa experiência no magistério, tendo iniciado sua carreira na Escola Normal de Piracicaba.

Este livro é composto por quatro capítulos, sendo o primeiro deles voltado para uma contextualização da vida e da obra do educador e administrador. Como se teria constituído esse perfil multifacetado e pluridimensional e qual o envolvimento de Lourenço Filho com o então criado movimento da Escola Nova brasileira? Aqui a autora discute a questão do nacionalismo da época, o surgimento da Liga de Defesa Nacional do Rio de Janeiro, da Liga Nacionalista de São Paulo, a relação fraterna desenvolvida entre os protagonistas do movimento renovador, em especial, a amizade entre Lourenço Filho e Sampaio Dória e os frutos profissionais dessa relação. Fernando de Azevedo também é uma figura que aparece com força nessa narrativa, força essa correspondente ao papel de liderança que ele ocupava no debate pedagógico do período.

O segundo capítulo abarca as questões voltadas para a repercussão do ideário da Escola Nova no que toca aos aspectos relativos à organização da escola. Reconstituindo muito bem o ambiente pedagógico do período, a autora contextualiza o cenário político e social da época. Apresenta o lugar de Lourenço Filho na elaboração e aplicação dos testes psicológicos, os quais procuravam uma classificação científica para a organização racional de classes ditas homogêneas. Demonstra como o famoso livro *Introdução ao estudo da Escola Nova* foi elaborado a partir de lições compendiadas de um curso ministrado por Lourenço Filho no Instituto de Educação do Rio de Janeiro, no início dos anos 30. Administrar, para o educador e administrador, era organizar. E Lourenço Filho organizava desde suas aulas até o sistema de ensino como um todo.

O terceiro capítulo versa sobre a temática que constitui, em meu entendimento, o eixo mais original deste trabalho: a acepção de programa de ensino e seu potencial pedagógico e político na construção de uma escola democrática. A primeira vez que Lourenço Filho se interessou sobre a temática do programa de ensino foi na Escola Normal de Piracicaba, no início de sua carreira. Preocupado com a observação e com os registros de aulas, o educador trabalha, desde muito jovem, com os paralelos entre o currículo prescrito e o currículo efetivamente praticado em sala de aula. Político, considerava evidentemente as questões sociais que implicavam a vida escolar, mas compreendia que há um aspecto técnico-pedagógico a ser considerado quando se fala de educação escolar. Preocupado com as questões dos programas de ensino e com a dimensão macro da gestão escolar, Lourenço Filho levará para o Inep sua busca de organizar a administração do sistema de ensino.

O quarto capítulo se volta para a perspectiva do gestor escolar, tomando a ideia de programa de ensino como a organização fundamental do trabalho na escola. Crítico das correntes que à época propunham a abolição de quaisquer programas de ensino, dizia ser contrário a posturas extremistas. Para o intelectual, como vimos, o programa de ensino era o fundamento do trabalho escolar porque nele estariam expressos tanto os propósitos e objetivos da escola quanto os pilares do método de ensinar. Lourenço Filho era também preocupado com o processo de pesquisa na escola, instrumento imprescindível para que houvesse efetiva avaliação e revisão das práticas pedagógicas. Integrante de uma geração de humanistas na educação brasileira, o educador entendia que a escola moderna caminhava para uma organização democrática. Mas para isso, era fundamental o preparo técnico do mestre. Sua ideia de programa de ensino combinava, pois, a necessária diretriz pedagógica mais ampla com o papel cotidiano e criador dos professores que, tomando aquela diretriz como eixo norteador, adaptam seus alicerces para lidar com as práticas do dia a dia. Assim, ele, ao mesmo tempo, acenava para a responsabilidade da Direção da escola e para o compromisso do grupo de educadores na construção de um projeto efetivo de ensino democrático, capaz de aprimorar a face republicana de nossa sociedade.

Como eu tive a oportunidade de expressar no início, esta é uma tese transformada em livro e que foi elaborada por alguém que é, a um só tempo, pesquisadora das mais alta qualidade e professora vocacionada para a responsabilidade profissional de seu ofício. Natalina Francisca Mezzari Lopes, acerca do tema, faz jus ao que dizia Paulo Freire, em um dos seus mais belos trabalhos, a meu ver, *Educação e mudança*. Ali, o educador tematizava o compromisso do profissional com a sociedade. Dizia Freire, a propósito do assunto, o seguinte: "somente um ser que é capaz de sair de seu contexto, de 'distanciar-se' dele para ficar com ele; capaz de admirá-lo para, objetivando-o, transformá-lo, e, transformando-o, saber-se transformado pela sua própria criação; um ser que é e está sendo no tempo que é o seu, um ser histórico, somente este é capaz, por tudo isso, de comprometer-se. Além disso, somente este ser é já em si um compromisso. Este ser é o homem" (Freire, 2011, p. 20). Natalina, na esteira dos ensinamentos de Paulo Freire, toma o presente como ponto de partida, de modo a iluminar o passado à luz de sua trajetória, para, abraçando esse passado pela referência do presente, tornar-se capaz de perspectivar o futuro: o futuro da educação brasileira. De fato, ao ler este livro, o leitor (a leitora) sentirá que o escrutínio do passado pode levar a interpretar melhor o presente e inclusive a estabelecer prospecções em relação ao futuro. Por isso, convido a todas e a todos à leitura!

São Paulo, 1º de maio de 2024.

Carlota Boto (USP)

Referência

FREIRE, P. *Educação e Mudança*. 2. ed. São Paulo: Paz e Terra, 2011.

SUMÁRIO

INTRODUÇÃO 17

CAPÍTULO 1
A TRAJETÓRIA DE LOURENÇO FILHO E SUA RELAÇÃO COM A ADMINISTRAÇÃO DA EDUCAÇÃO 25
O começo: família e formação do professor Lourenço Filho 25
De frente com os problemas da administração da educação 35
Vivências na administração pública 48

CAPÍTULO 2
O IDEÁRIO ESCOLANOVISTA E O PROBLEMA DA ORGANIZAÇÃO DA ESCOLA 55
Lourenço Filho e o ideário escolanovista 57
Reformas escolanovistas e o problema da organização social 68
O sentido da organização para Lourenço Filho: administrar é organizar 81
Considerações e limites sobre o Movimento de Renovação Educacional 93

CAPÍTULO 3
ADMINISTRAÇÃO E ORGANIZAÇÃO ESCOLAR NA OBRA DE LOURENÇO FILHO: A QUESTÃO DO "PROGRAMA DE ENSINO" 99
A organização do "programa de ensino" na Escola Normal de Piracicaba 99
Realidade social e o "programa de ensino": a reforma da Instrução Pública do Ceará (1922-1923) 107
Pesquisa e administração: a experiência na Instrução Pública de São Paulo (1931) 120
A organização do ensino na Escola de Professores do Instituto de Educação (RJ) (1932-1937) 131
O trabalho no Inep (1938-1946) e a organização do programa de ensino 147

CAPÍTULO 4
"PROGRAMA DE ENSINO" COMO FUNDAMENTO DA ORGANIZAÇÃO DO TRABALHO ESCOLAR 163
Por que o "programa de ensino" se constitui em fundamento da organização do trabalho escolar? 164
Qual a relação entre a administração da escola e o "programa de ensino"? 169

O "programa de ensino" na escola pública: qual fim? Qual recurso?................174
Organização e administração do "programa de ensino": preocupações e considerações pautadas no ideário escolanovista.................................179

CONCLUSÃO 189

REFERÊNCIAS... 195
Legislação 206

BIBLIOGRAFIA DE LOURENÇO FILHO...................................... 209
Cartas..209
Discursos e Conferências 210
Livros e capítulos de livros..210
Publicações em revistas, jornais e similares 211
Relatórios 213
Obras da coleção MEC/Inep..213
Obras organizadas em homenagem a Lourenço Filho............214

INTRODUÇÃO

Estudar a administração escolar na obra de Lourenço Filho não estava presente na proposição dos nossos estudos e nem desta pesquisa. Buscava-se respostas para inquietações recorrentes a quem assume a direção de uma instituição pública de ensino tais como: é possível uma gestão democrática na escola pública regulamentada em todos os seus atos pela mantenedora e controlada por mecanismos internos e externos de avaliação? Como equacionar o problema entre os objetivos filosóficos de uma escola democrática, pautada nos direitos constitucionais, com os interesses condutores do novo gerencialismo público que vem sendo absorvido pelos espaços administrativos da educação?

Contudo, ao entrar em contato com a trajetória do educador Lourenço Filho observou-se que sua produção e atuação marcaram a história da organização da educação brasileira no início do século XX, período de construção do pensamento pedagógico em defesa de uma escola democrática. A sua experiência na administração mantinha o vínculo com sua prática de educador e estudioso de assuntos didático-pedagógicos. Desde o princípio de sua vida pública, como professor primário (1918), até sua aposentadoria, como professor universitário (1957), envolveu-se com o ensino, a pesquisa e a administração da educação. Atuação essa, em novas bases teóricas que se introduziam, naquele momento, com o Movimento de Renovação Educacional, conhecido como escolanovismo ou Escola Nova, conferindo-lhe o perfil de intelectual educador.

Considerando as múltiplas manifestações do escolanovismo, estudar o pensamento de um educador que ocupou a administração da educação e da escola no processo de organização da educação brasileira no início do século passado poderia contribuir para identificar pilares importantes da democratização da educação no nosso país.

Desde muito jovem, o intelectual educador atuou na administração pública da educação em províncias de grande destaque como foi a do Ceará (1922/23) e de São Paulo (1931); foi o primeiro diretor do então criado Instituto de Educação do Rio de Janeiro (Iserj) (1932/37), que viria ser um dos modelos de formação de professor para todo o país; no Ministério da Educação e Cultura (MEC) foi diretor do Departamento Nacional de Educação (1937); como mentor e diretor do Instituto Nacional de Estudos Pedagógicos (Inep) (1938-1945) forjou a integração da educação das províncias, entre outros. Além disso, extremamente ativo produziu vasta obra literária e pedagógica, em diversas áreas como da história, alfabetização, psicologia social e educacional, ciências sociais e da administração da educação.

Embora mantivesse em toda sua trajetória a preocupação central com o desenvolvimento da criança no seu contexto social e a luta para eliminar o analfabetismo, trabalhando com a pesquisa e a organização da escola, foi duramente criticado por ter colaborado com o Estado Novo de Getúlio, o que merece ser mais bem estudado.

Em relação à administração da escola, produziu apenas uma obra: *Organização e administração escolar: curso básico*, publicada em 1963, após sua aposentadoria. Essa obra, em levantamento em banco de teses e dissertações e de artigos científicos, demonstrou que tem sido visitada, mas com o objetivo de produzir uma perspectiva teórica sobre a administração escolar no Brasil. Contudo, não se tem registro sobre estudos transversais pautados na prática do intelectual educador sobre a administração escolar.

O caminho escolhido para compor as fontes foi garimpar documentos elucidativos das ações de Lourenço Filho na administração e no ensino, que expressassem as bases pedagógicas que sustentavam seus projetos na organização da educação e da escola. Num intenso trabalho de buscas[1] para encontrar escritos ou anotações que tratassem da administração da escola, apenas identificou-se no relatório das atividades dos primeiros sete anos do Inep (1939-1945), período da gestão de Lourenço Filho, a organização de cursos para administradores escolares. Conforme consta publicado na *Revista Brasileira de Estudos Pedagógicos* de outubro de 1945, foram organizados mais de 35 cursos com temas sobre Administração Escolar, Orientação Didática, Serviços de Inspeção; Estatística Aplicada à Educação; Psicologia Educacional; Testes e Medidas Escolares. Esses cursos eram destinados a professores e técnicos comissionados das repartições públicas.

A busca continuou na tentativa de encontrar registros de planejamentos e materiais utilizados nos cursos de formação. No entanto, somente um roteiro em manuscrito e assinado por Lourenço Filho estava arquivado

---

[1] As pesquisas iniciaram pela biblioteca da Faculdade de Ciências de Letras de Araraquara/SP, seguidas do site do Inep; o acervo Lourenço Filho do IEB/USP, do CPDOC/RJ e do CBPE do Inep da Biblioteca do Centro de Filosofia e Ciências Humanas da UFRJ; visita à Biblioteca da Educação da USP e ao Acervo do Proedes/RJ; incluindo o contato por e-mail, intermediado pelo professor Carlos Monarcha da FCEL/Unesp, com o curador da obra de Lourenço Filho.

como programa de curso com o título "Problemas da Administração Escolar". Ele não fornecia elementos suficientes para inferências investigativas sobre as bases que sustentavam as práticas administrativas de Lourenço Filho.

Com o extenso material coletado sobre a obra do intelectual educador, reiniciou-se os estudos mapeando ações, discursos e comentários de intelectuais da época expressos em livros ou jornais sobre a sua trajetória no ensino, na pesquisa e na administração. A releitura do material, seguindo a ordem cronológica dos fatos, mostrou que havia um fio condutor que não estava explícito em textos escritos, mas que norteava suas ações na organização do trabalho nas diferentes instâncias de ensino e da administração, marcando uma metodologia de trabalho tanto no ensino como na gestão da educação e da escola. Esse fio condutor era o "programa de ensino".

Para as análises, considerou-se o percurso de Lourenço Filho, no período de 1915 a 1950, em seu espaço social marcado por disputas políticas e ideológicas em torno da organização do Estado Republicano nos moldes da modernidade que contemplavam vislumbres para a democracia. Nesse tempo, a marcha dos educadores escolanovistas em defesa da escola pública se fazia com rupturas, contratempos e muitas vezes se realizava de forma individualizada, contudo mantinha-se como objetivo unitário o ensino centrado na criança. Buscava-se romper com o intelectualismo da educação que servia tão somente a alguns indivíduos, elitizando-a. A escola deveria estabelecer uma profunda articulação entre a escola e a vida social, uma "escola do trabalho", aproximando-a das necessidades das classes populares, privadas da vida produtiva.

À vista disso, refletir sobre o pensamento de um dos pioneiros da Escola Nova é colocar-se perante um patrimônio de ideias, de projetos e de experiências educacionais e culturais que representam não uma particularidade, mas o movimento entre o pensamento individual e social de um tempo histórico. Um pensamento que se delineia num agrupamento formado em função de determinados interesses e motivações sociais. Seguindo o sociólogo francês Maurice Halbwachs (2006), as ideias, reflexões, sentimentos e até mesmo emoções são construções vinculadas a determinados grupos, movimentos sociais, desenvolvimento econômico tornando frágil qualquer iniciativa de ajustar ou harmonizar a obra de um autor a modelos explicativos individualizados. Por conseguinte, teve-se o cuidado para não demarcar os aspectos históricos em modelos explicativos ou individualizar a análise.

É importante dizer que as partes deste trabalho são, como diz Prost (2008), as peças de um artesão. Elas não são padronizadas e nunca concebidas independentemente das outras. Ou seja, "o todo orienta as partes" (Prost, 2008, p. 213). Por conseguinte, ao revisitar a trajetória de Lourenço Filho, no contexto da organização de um Estado republicano, teve-se presente as reflexões trazidas por Hannah Arendt (1981), que as ações de um homem tanto são expressão da singularidade individual como o reconhecimento de que toda a ação é uma atividade política por excelência exercida entre pluralidades (individualidades), podendo ir além do esperado. É reconhecer que a ação inicia um processo e que esse processo é irreversível e imprevisível, de durabilidade ilimitada. O processo de ação quando iniciado não termina num ou noutro evento, "nunca se esvai num único ato, mas, pelo contrário, pode aumentar à medida que se lhe multiplicam as consequências" (Arendt, 1981, p. 245).

O estudo aqui apresentado inicia com análise da primeira experiência de docência de Lourenço Filho, em 1920, na Escola Normal de Piracicaba, seguindo pela trilha de suas ações na administração até 1945, quando deixou a direção do Inep. Escolheu-se a partir da primeira experiência de docência porque foi marcada pelo reconhecimento público do registro de suas aulas na cadeira de Prática de Ensino pela Associação Brasileira de Educação (ABE) como modelo para práticas da educação renovada. Outro fator que influenciou esse recorte temporal foram as palavras de Anísio Teixeira ao referir-se à dedicação de Lourenço Filho ao magistério e à administração educacional, dizendo "o momento culminante dessa vida [de Lourenço Filho] não se encontra no fim, mas nas décadas de 20, com a experiência do Ceará e de 30, com a experiência do Instituto de Educação do Distrito Federal" (Teixeira, 1958, p. 66). Continua o autor: "Nos fins dessa década se reestrutura, no país, o clima reacionário, em que, antes de quaisquer outras, se esclerosam as instituições educacionais" (Teixeira, 1958, p. 67).

A amplitude do recorte temporal fez-se necessária para verificar a permanência ou a mudança das ideias do intelectual educador desenvolvidas, ainda, no início de sua atividade pública. Para tanto, o estudo apoia-se em fontes documentais, explora registros originais do próprio autor e produções sobre seu legado. Dentre as principais fontes estão publicações em livros, artigos, relatórios, discursos, correspondências, entre outros, que registram o pensamento e as ações do intelectual-educador no período de 1920 a 1945.

Muitas leituras se fizeram necessárias, como conhecer a obra de Lourenço Filho[2] como *Juazeiro do padre Cícero* (1926); *Introdução ao estudo da escola nova* (1930; 1962); *A Pedagogia de Rui Barbosa* (1954); *Organização e administração escolar* (1970). Dos livros traduzidos, cita-se *Psicologia do trabalho industrial* de Leon Walther (1963). Da *Coleção Lourenço Filho*, reedições disponibilizadas *online* pelo Inep/MEC: *Por Lourenço Filho: uma bibliografia* (2001); *Lourenço Filho e a organização: a psicologia aplicada à educação: São Paulo, 1922-1933* (2001); *A formação de professores: da escola normal à escola de educação (2001); Tendências da educação brasileira* (2002); *Educação comparada* (2004); *Organização e administração escolar* (2007). Obras produzidas sobre Lourenço Filho, tais como *Um educador brasileiro: Lourenço Filho* (1959), organizada pela Associação Brasileira de Educação; *Centenário de Lourenço Filho: 1897-1997*, organizada por Monarcha; *Educação Brasileira: a atualidade de Lourenço Filho*, organizada por Piletti; e *Lourenço Filho* (2010), produzida por Monarcha.

Alguns dos artigos publicados por Lourenço Filho em revistas da época, como *Revista Brasileira de Estudos Pedagógicos* (RBEP), foram encontrados na internet; outros, adquiridos por meio do sistema de comutação bibliográfica, disponibilizados no Catálogo Coletivo Nacional; muitos localizados em visitas presenciais nas bibliotecas da Faculdade de Educação Universidade Estadual Paulista (Unesp) Araraquara, da Universidade de São Paulo (USP) e da Universidade Federal do Rio de Janeiro (UFRJ). As buscas em documentos como anais, relatórios, planos de estudo e outros foram realizadas em visitas agendadas no acervo do Instituto de Estudos Brasileiros da USP, no acervo do Inep da UFRJ, no Proedes/UFRJ e no CPDOC/FGV/RJ.

Registra-se as inúmeras formas para localizar os três grandes cursos elaborados por Lourenço Filho, citados por Ruy Lourenço Filho (1959) no *Livro Jubilar*. São eles: *Psicologia para orientadores educacionais*, ministrado no Instituto de Educação; *Princípios gerais de educação*, ministrado na diretoria do Ensino de Niterói; e *Princípios de administração escolar*, curso realizado no Instituto de Educação de Porto Alegre. Esses cursos, organizados em material datilografado, foram realizados entre 1935 e 1945 abrangendo o período em que Lourenço Filho esteve na direção do Instituto de Educação do Rio de Janeiro e do Inep.

---

[2] Acredita-se ter conseguido ler edições que contemplavam o teor da primeira edição e de edição reformulada como foi o caso de *Introdução ao estudo da Escola Nova* (edição de 1930 e de 1962). As obras citadas estão com os dados bibliográficos registrados nas referências.

Entre as buscas pelas fontes, uma ocorreu por intermédio do professor Carlos Monarcha, que resultou em contato por e-mail com o curador da obra de Lourenço Filho, o senhor Marcos A. Barbosa. Entretanto, não foram encontrados exemplares dos referidos cursos no acervo particular de Lourenço Filho. Ampliou-se a busca para os arquivos das universidades já nominadas e no CPDOC/FGV/RJ. Houve outros contatos realizados on-line, dentre os quais: Projeto Memória da Faculdade de Educação da UFRGS, Arquivo Histórico Moysés Vellinho (RS), Arquivo Histórico do Estado e a Secretaria da Educação do Estado do RS, Arquivo Público/RS e Instituto Superior de Educação do Rio de Janeiro. Infelizmente, apesar da insistência, não se obteve sucesso na busca pelo material utilizado nos cursos *Princípios de administração escolar* realizados entre 1935 e 1945.

Cumpre dizer que compreender a ação política e pedagógica do trabalho de um intelectual da educação brasileira, com a amplitude da obra como a de Lourenço Filho, é colocar-se diante de estruturas fundamentais da organização da escola atual. Isso pode significar a possibilidade de incorrer em eventuais simplificações das ideias ou, ainda, de não tomar o distanciamento necessário que uma pesquisa dessa natureza requer. Mesmo assim, acredita-se oferecer elementos para avançar na interpretação dos problemas da administração escolar no início da organização da república democrática brasileira. Considera-se um importante esforço de recuperação de tradições culturais e educacionais do país, buscando tornar inteligíveis indagações e preocupações, ainda hoje prementes.

É nesse espírito que buscou-se conhecer o legado de Lourenço Filho em termos da administração da escola seguindo as memórias do caminho profissional por ele realizado, garimpando fundamentos que direcionavam a sua forma de compreender a organização do trabalho escolar em tempos de organização do Estado republicano.

O livro está assim organizado. No primeiro capítulo, contextualiza-se a vida e obra de Lourenço Filho seguindo as indagações: qual a trajetória de vida e de trabalho que o constituiu educador e administrador? Como compreende e se relaciona com o problema da educação popular? E sobre o movimento educacional de seu tempo, o ideário escolanovista, qual foi o seu envolvimento? Em qual fundamento se delineou a organização e administração do trabalho escolar em sua trajetória profissional? Como se situa tal fundamento para os administradores de escola?

O segundo capítulo situa o leitor sobre *O ideário escolanovista e o problema da organização escolar*. Explora a obra de Lourenço Filho em sua relação com o ideário escolanovista que marcou a história da educação no período em estudo. Apresenta reformas escolanovistas vinculadas aos anseios de organização social, e na sequência evidencia como as ações de Lourenço Filho fortalecem esse itinerário organizador do movimento político e educacional da época. Trata do sentido da organização para o educador e sua relação com a administração escolar. Finaliza-se o capítulo pontuando, a partir de anotações dos estudiosos daquele período, considerações e limites sobre o Movimento de Renovação Educacional.

O terceiro capítulo apresenta como o programa de ensino, no decorrer das práticas administrativas e pedagógicas de Lourenço Filho, vai se tornando fundamento da organização do trabalho escolar. Foram selecionadas uma prática de ensino e quatro atividades de administração realizadas entre 1920 e 1945. No primeiro tópico, destaca-se a experiência de organização do programa de ensino efetivada na Escola Normal de Piracicaba, São Paulo. Na sequência, são apresentados, separadamente, os trabalhos administrativos coordenados por Lourenço Filho: no Ceará, em São Paulo, no Instituto de Educação e no Inep, demonstrando-se a relação entre o programa de ensino e o trabalho de administração escolar.

No quarto capítulo, o olhar se volta para o trabalho do gestor escolar tendo o "programa de ensino" como fundamento da organização do trabalho escolar. A temática é abordada a partir de indagações: por que o "programa de ensino" se constitui em fundamento de organização do trabalho escolar? Qual a relação entre a administração da escola e o "programa de ensino"? O "programa de ensino" na escola pública: qual fim? Qual recurso? Quais preocupações e considerações são relevantes para a organização e a administração do "programa de ensino" nos ideais escolanovistas?

Desejamos que o contato com esse diálogo com as fontes históricas, que nos possibilitou o encontro com um dos fundamentos do trabalho de organização da escola nos princípios escolanovistas, possa fortalecer os alicerces tanto do trabalho como das lutas dos pedagogos e gestores em defesa de uma escola democrática.

Capítulo 1

A TRAJETÓRIA DE LOURENÇO FILHO E SUA RELAÇÃO COM A ADMINISTRAÇÃO DA EDUCAÇÃO

Este capítulo objetiva apresentar quem foi Lourenço Filho e qual seu pensamento em relação à administração da educação a partir de seu vínculo familiar e social, situando-o no contexto do desenvolvimento histórico e educacional. Foram recuperados fatos e memórias tanto do educador como de seus contemporâneos e alunos, incluindo estudiosos do pensamento do educador e do contexto histórico. Nessa composição de fontes, encontram-se registros do próprio intelectual sobre sua individualidade, cuidadosamente preservada de sua vida pública.

O começo: família e formação do professor Lourenço Filho

Em 10 de março de 1897, nascia Manoel Bergström Lourenço Filho, em Porto Ferreira, à beira do Rio Mogi Guaçu, no coração do estado de São Paulo, "região sulcada pelos trilhos de trens e coberta de cafezais" (Monarcha, 2010, p. 13). Era ainda o século XIX, num país periférico, construindo a sua independência republicana, que se desejava nova, com organização política nova; no entanto, quase tudo vinha de herança, de pelo menos, 50 anos de um Império bastante estável (Fausto, 1977).

A República, para o Oliveira Vianna (1981), intelectual desse tempo, surgiu em meio a condições econômicas impróprias a qualquer idealidade política e sem opinião pública e democrática organizada. Diante do golpe de 15 de novembro, a velha aristocracia retraiu-se, aguardando o rumo dos acontecimentos, enquanto os clãs partidários organizavam-se em todo o país para a substituição das velhas organizações monárquicas. O pensamento republicano, nos termos do autor, não havia atingido sua maturidade e continuava, como desde o final do Império, a se debater nas crenças redentoras do Liberalismo, da República, da Democracia e do Federalismo. Tais crenças, para Fausto (1977), vêm atreladas a palavras de ordem como: pátria, nação, progresso, ciência e lei.

Manoel Bergström Lourenço Filho veio a falecer aos 73 anos, de um colapso cardíaco, duas horas antes de proferir palestra sobre a sua obra no Ministério da Educação e Cultura (MEC). Era dia 3 de agosto de 1970, no Rio de Janeiro, "cidade que havia perdido status de Distrito Federal e centro do poder político do país; o Brasil, então, já era outro" (Monarcha, 2010, p. 13). O mundo já era outro. Os impérios ruíram; os abalos catastróficos das duas grandes guerras mundiais se manifestaram; as duas ondas de rebelião e revolução globais se constituíram; a aliança breve entre capitalismo liberal e comunismo contra o fascismo (1930-1940) realizara-se (Hobsbawn, 1995).

Em terras brasileiras, registrou-se o monopólio da terra e da monocultura produtiva; viveu-se o grande êxodo rural; a falta de condições e de organização das cidades onde se avolumavam a miserabilização da população urbana e uma pressão enorme na competição por empregos (Ribeiro, 1995). Subsistiu a reestruturação das velhas fórmulas de controle e o estabelecimento de novas condutas institucionais (nacionalismo, catolicismo, tenentismo, entre outras). Segundo Monarcha (2010, p. 15),

> Juntamente com uma geração de educadores, Lourenço Filho vivenciou a marcha para a organização nacional, desenvolveu sua experiência de vida nas décadas que assistiram a fundação das universidades, expansão do mercado editorial, reformas de ensino de abrangência estadual e nacional, reformas do Estado com a criação de uma teia de instituições e agências reguladoras das esferas cultural, social, econômica, elaboração da legislação trabalhista, lutas ideológicas encarniçadas e, por último, a emergência das massas populares na esfera pública.

Filho primogênito de pais imigrantes[3], aos seis anos, Lourenço Filho tomava parte, aos domingos, das aulas de leitura que seu avô materno ofertava para as crianças da pequenina cidade de Porto Ferreira com narrativas das "sagas" de sua terra natal, a Suécia, e de suaves canções suecas ao violino. Em tempo de educação pública primária relegada às províncias, sem orçamento e sem programas de ensino, poucas eram as cidades com escolas públicas. No pequeno povoado onde viviam seus pais, o acesso à educação formal dava-se por uma classe ofertada por um professor particular. A pedagogia era conduzida por castigos físicos variados e deprimentes.

---

[3] Cerca de 3,8 milhões de estrangeiros entraram no Brasil entre 1887 e 1930. O maior número veio no período de 1887-1914 com 2,74 milhões, cerca de 70% do total pela forte demanda de força de trabalho para a lavoura de café (Fausto, 1998, p. 275).

O primeiro exemplo de que "as crianças podem ser ensinadas, sem serem maltratadas" veio de sua mãe, sempre vigilante, que interrompeu a desagradável experiência escolar inicial de Lourenço Filho (1940b, p. 6). Voltado para a leitura e os contos, por influência do avô, assim como voltado à letra e à escrita, por influência do meio onde vivia seu pai, Lourenço Filho não era afeito às *contas*, o que lhe daria o conceito, junto a outros alunos, de "maus elementos", pelo professor da escola municipal do vilarejo onde continuava os estudos.

Em meio à relutância para aprender a aritmética, ensinada por castigos e varas, Lourenço Filho se introduziu na arte das ideias por meio da produção escrita. Isso foi aos oito anos de idade, quando depositou seu interesse na elaboração de um jornalzinho, *O Pião*. Esse projeto exigiu-lhe três questões importantes: o suporte intelectual, o planejamento e uma estrutura familiar.

Da família, além das horas de narrativas com o avô, veio o acesso aos livros, como romances de autores portugueses oriundos da terra natal de seu pai. Antes da exposição na casa de comércio generalista com "de tudo um pouco", do Sr. Manoel Lourenço, os livros eram devorados pelo primogênito, contribuindo, certamente, para o desenvolvimento da sua imaginação. Também da família, com as numerosas atividades do seu pai, vieram muitas oportunidades de expandir a visão administrativa. Entre essas atividades, manteve uma tipografia, instalada ao lado da casa de comércio da família, na qual foi impresso *O Pião*.

O planejamento, grande desafio para quem está apenas no início da escolarização, não veio de outra forma, senão da aproximação entre o conhecimento geral e a relação da família com a sociedade. Era extensa a lista de atividades que seu pai mantinha na comunidade. Além do comércio e da tipografia instalada em 1901, para a produção do semanário *A Folha*, abriu uma casa de diversões com espaço para cinema, peças teatrais, concertos musicais, entre outros; atuou na política como vereador e defendeu a construção e o funcionamento do primeiro grupo escolar de Porto Ferreira (Monarcha, 1997b).

Na continuidade do ensino primário, em escola mantida pelo Estado, encontrou um jovem diplomado, Ernesto Alves Moreira, o qual seria o primeiro educador a lhe ensinar a importância dos laços de entendimento e de afeições entre a família e a escola. Incutiu-lhe valores, por meio de palavras relembradas por Lourenço Filho (1940b, p. 8), como: "a responsabilidade para ser bom e para aprender"; "porque a gente é o que quer ser e ninguém pode pensar em ser mau" e "o pior castigo é o que sofremos com os atos maus que nós mesmos cometemos". Essas atitudes formativas contribuíram para que Lourenço Filho pudesse seguir o professor na Escola Santa Rita, do Passa Quatro (SP), para com ele concluir seus estudos primários.

Como muitos brasileiros, Lourenço Filho viveu as dificuldades de continuar os estudos, necessitando interrompê-los. Contudo, não resistiu longe da escola por muito tempo. Conforme conta Lourenço Filho (1940b, p. 9), numa de suas poucas conversas em entrevista sobre a sua vida e obra:

> Meu pai chamou-me e disse: preferia-te no comércio como sabes. Mas não dás para isto. Soube que vai abrir-se uma Escola Normal em Pirassununga e que o professor Moreira também vai para lá ensinar. Poderás viajar todos os dias, pois a estrada de ferro dá um abatimento aos estudantes, e essa despesa eu posso fazer. Não quis ouvir mais nada. Matriculei-me naquela escola em 1911, e ali me diplomei em 1914.

Compartilhando a vida com mais sete irmãos, não era fácil aos pais mantê-lo nos estudos. Continuou Lourenço Filho (1940b, p. 9),

> Nos dois primeiros anos, fiz ao curso viajando, saindo de casa muito cedo, voltando quase à noite. Depois do terceiro ano, pude tomar uma pensão em Pirassununga, dando aulas de repetição e preparando alunos para admissão à escola.

Diplomado professor, já tinha como práticas de ensino aulas de apoio à aprendizagem ministrada a particulares. O início da carreira de professor também foi marcado por dificuldades de horizonte de trabalho. Tão logo "diplomado, Lourenço Filho retornou a Porto Ferreira, para assumir o cargo, sem horizontes, de professor substituto-efetivo no grupo escolar da cidade" (Monarcha, 2010, p. 22). Essa experiência aproximou-lhe de dois grandes educadores, Sud Mennucci e Tales Andrade, que se tornaram expressões no movimento em prol do ensino rural e fizeram-lhe sentir o problema do ensino rural. Questões que o acompanhariam em seus desafios na administração pública e apareceriam em suas produções literárias, entre outros.

No início do século XX, o Brasil contava com maior número de pessoas concentradas na agricultura[4]. Todavia, o maior número de escolas não era

---
[4] Conforme censo de 1920, dos 9,1 milhões de pessoas em atividade, 69,7% dedicavam-se à agricultura, 13,8% à indústria e 16,5% aos serviços (Fausto, 1998, p. 281).

igualmente concentrado na área rural. A falta de escolas públicas aos filhos dos imigrantes (que constituíam a grande força de trabalho na área rural) levou muitas comunidades a se organizarem para alfabetizar os seus filhos.

Lourenço Filho, como filho de imigrante, desenvolveu a necessidade de pensar a formação desse grupo de pessoas que, com seus costumes, seus hábitos alimentares, sua organização e relações de trabalho, mudavam a paisagem social e influenciavam a formação da nacionalidade brasileira. Com o distanciamento do Estado brasileiro na organização social e econômica, novos sentimentos, valores e novas ideias instalavam-se no processo de integração social.

Sem organização nacional da educação, o acesso ao ensino secundário em cidades interioranas tornava-se ainda mais difícil. A escolarização desenvolvia-se de forma lenta e sem uma formação estável. Imbuído no interesse de preparar-se para ser médico, Lourenço Filho se deslocou para a capital do Estado para estudar na Escola Normal da Praça da República. As escolas normais permitiam acesso à carreira do magistério primário e à inserção em atividades profissionais urbanas, propiciando maior mobilidade social (Monarcha, 2010, p. 21).

O período de estudos de Lourenço Filho transcorreu em tempos da Primeira Guerra Mundial, de organização do movimento radical nacionalista e de afirmação da imperiosa necessidade de educação. Viveu a experiência da grande greve nacional de 1917, ano em que se diplomou. Conforme suas palavras:

> Provinciano tímido, inteiramente desconhecido, lutei, como todos os estudantes pobres. Mas obtive o meu diploma de professor normalista secundário, completei os preparatórios e, afinal, matriculei-me na faculdade de medicina, que cursei por dois anos (1940b, p. 10).

Foi nesse período, de estudos em São Paulo, que Lourenço Filho se encontrou com a psicologia, que, por sua vez, se tornaria eixo teórico e experimental em sua atividade profissional de ensino e da administração da educação. Por influência de professores como Oscar Thompson e, especialmente, por Antonio Sampaio Dória, introduziu-se na trilha da ciência experimental e da organização do método de ensino e da pesquisa. Dedicado à psicologia e à pedagogia, Sampaio Dória apresentou os conhecimentos científicos e metodológicos de autores como Willian James, Claparède, Ribot, Stuart Mill, Parker e, como não podia faltar, os pareceres de Rui Barbosa.

Acima de tudo, Lourenço Filho desenvolveu com Sampaio Dória, por sua ação e convicção, o sentimento que ressoaria em toda a obra: "o Brasil só poderia ser construído pela educação" (1940b, p. 10). Esse pensamento configurou a ideologia nacionalista que naquele momento rondava os estudantes de medicina, do direito e dos círculos educacionais. Campanhas como a registrada contra o analfabetismo e a defesa da ação social da escola abarcada por profissionais como Olavo Bilac, Pedro Lessa, Miguel Calmon e Monteiro Lobato foram motivadas pela ideia nacionalista (Monarcha, 2010).

A relação formativa e de grande amizade na escola com os seus professores fortaleceu-se a par com a experiência de produção no jornalismo. O desenvolvimento de sua capacidade literária deu-se pelo trabalho que lhe pôs em contato com produtores de jornais. Com a necessidade de manter sua subsistência, Lourenço Filho trabalhou como tipógrafo, revisor e redator de contos, crônicas e outros. Foram daí as primeiras tentativas de críticas sociais e pedagógicas apresentadas em jornais como *Jornal de Piracicaba*, *Vida Moderna* (edição de São Paulo), *Comércio de São Paulo*, *Correio Paulistano*, *O Estado de São Paulo*, *Revista do Brasil*, entre outros. O trabalho de "colaborador brilhante", assim reconhecido no meio jornalístico, aproximou-o de intelectuais modernistas como Plínio Barreto, Paulo Setúbal, Monteiro Lobato, Oswaldo de Andrade, Júlio de Mesquita e Nestor Rangel Pestana (Monarcha, 2010).

Nesse ambiente cultural marcado por diferentes interesses e horizontes de ordem social, pela amplitude universal de fatos como a Revolução Bolchevique e aprofundamento da Grande Guerra ou por disputas político-partidárias nacionais como as que envolveram diversos setores primários, mercantil e o coronelismo, despertou-se o interesse de Lourenço Filho, de tal modo que se envolveu ativamente como membro da Liga Nacionalista[5] de São Paulo.

Foi na participação da instalação dos núcleos de Sorocaba (1917) e de Piracicaba (1918) que Lourenço Filho chamou a atenção, por sua eloquência e capacidade intelectual, relacionada às questões de interesse social, político e administrativo. Por meio do seu discurso na inauguração do núcleo de Piracicaba, focalizou o problema da cultura geral e da organização do Brasil.

---

[5] A Liga de Defesa Nacional ou Liga Nacionalista foi fundada em 07/09/1916, no Rio de Janeiro, tendo à frente Olavo Bilac, Pedro Lessa e Miguel Calmon. Criaram diretórios em vários estados, os quais assumiam características próprias de intenso entusiasmo patriótico, como a defesa da miscigenação, do voto, do alistamento militar e do combate ao analfabetismo (Nagle, 1976). "Penetrou nos meios jurídicos e no magistério, unindo seus profissionais em torno da fé na regeneração dos costumes nacionais, sobretudo por meios da ação educativa" (Cunha, 2010, p. 262). Entre as críticas à Liga, destacam-se: agir por impulso; propor catequização cívica pelo serviço militar; voto aristocrático (só dos que sabem ler e escrever) em detrimento das necessidades essencialmente populares (Nagle, 1976).

> A filiação de vosso grêmio à liga impõe-se por terem ambos o mesmo espírito, o mesmo programa, os mesmos fins. [...] de fato, o Brasil precisa de nacionalismo, como precisamos de ar para viver. Precisa dele porque carece de organização, porque carece de educação, porque carece de saúde, porque carece de força, de paz, de ordem, de moralidade nos governos e de consciência nos governados (Lourenço Filho, 1918, p. 4).

É nesse espaço que Lourenço Filho desenvolveu suas ideias de superação do determinismo histórico e religioso por meio da educação. Conforme afirmava: "só a educação do povo, ampla, consciente moralizada poderá produzir" a "nação-pátria, íntegra, coesa e pujante na sua força, invencível nos seus direitos em favor da grandeza política" (Lourenço Filho, 1018, p. 4).

Por um lado, suas ideias foram sendo veiculadas e, por outro lado, juntamente a outros intelectuais contemporâneos, foram inserindo-se cada vez mais nos problemas de organização da sociedade. Entre esses, o gritante problema do analfabetismo. Conforme assinalou Monarcha (2015), o Recenseamento Federal de 1920 registrava 80% de analfabetismo no quadro da população brasileira. Isso representava uma ameaça à "estabilidade do regime liberal-democrático; contrariamente, da mola da alfabetização de massa derivaria o soerguimento moral das populações e os melhoramentos materiais" (Sampaio Dória, 1923 *apud* Monarcha, 2015, p. 23).

O tema nacionalismo esteve presente em quase todos os artigos de Lourenço Filho, especialmente naqueles escritos em 1917 e 1918, cujo significado é assim elencado no estudo de Lêda Maria Silva Lourenço (1999, p. 45):

> Nacionalismo no sentido de cultivar algo comum, esse algo que tem suas origens no passado. Nacionalismo no sentido de aproximar irmãos e despertá-los para a resolução dos problemas brasileiros. Nacionalismo que seja "patriotismo" são, sem pieguices, nem fanfarronadas [...]. Nacionalismo que impõe o cultivo de língua nacional, os estudos de geografia e o de história do Brasil. Nacionalismo que supõe alfabetização e nacionalização do brasileiro. Nacionalismo que implica voltar-se para os problemas brasileiros buscando soluções brasileiras. Nacionalismo que não se impõe à solidariedade brasileira.

Ainda sobre o "instinto nacionalista", Monarcha (2015, p. 20) comenta: "vazados em registro de convocatória social, as vozes faladas e escritas estimam lições intensas extraídas da firmeza cívica e da coragem marcial", origina-se uma "religião cívica",

> [...] donde a repetição contínua de fórmulas eloquentes e rebarbativas – "Pátria, família e sociedade", "O Brasil para os brasileiros", "Tudo pela Pátria!", "Tudo pela República!", "Tudo pela Humanidade!", "Pátria, Nação, Humanidade e Civismo". E, muito mais que antes, clamava-se por um filtro admirável, a ação social da escola e sua cultura letrada na formação de identidade coletiva mais congregante, mais hegemônica (Monarcha, 2015, p. 20).

As ideias de Lourenço Filho, desse período, sublinham vários temas importantes. Conforme análise de Lêda Lourenço (1999, p. 44), poderia reuni-los "em cinco temas: nacionalismo, democracia, educação popular, educação integral, sistema escolar". Em tais temáticas, observa-se a insistente defesa da obrigatoriedade e homogeneização do ensino primário, da subvenção financeira às escolas do estado, da criação de fundo escolar e do fornecimento de material escolar ao ensino.

São muitos os problemas brasileiros que se avolumavam, diante dos quais "Lourenço Filho revela-se um inconformado com os males do Brasil da época e critica a estrutura política. Apela para a educação primária como condição de democracia, de nacionalidade e de desenvolvimento" (Lourenço, 1999, p. 45). Lêda Lourenço (1999, p. 48) continua: "Lourenço Filho lembra que democracia implica participação do povo nos negócios públicos e salienta a importância do voto consciente, secreto, universal e obrigatório". Os riscos da ignorância em relação às obrigações cívicas advogavam a importância de boas escolas. O combate ao analfabetismo e a disseminação da instrução popular levariam a maior parte da população a gozar de direitos políticos, uma vez que a Constituição de 1891 excluía os analfabetos da categoria de eleitores.

Quanto à figuração cívico-nacionalista, conforme apregoada nessa fase por Lourenço Filho – que incluía a necessidade de conhecer o país, os deveres do cidadão, como amar a liberdade, respeitar as leis e fiscalizar seu exercício, defender a pátria –, Monarcha (2015, p. 19) contextualiza e comenta: "as escolhas individuais subordinam-se ao bem coletivo, muito embora, sabe-se hoje, que o pressuposto de sentimento nacional tergiversasse a origem e o fundamento das desigualdades entre as classes".

Gandini (1995) contextualizou o discurso de Lourenço Filho em torno da educação e da democracia, que se fazia sentir, mais tarde, em suas produções na *Revista Brasileira de Estudos Pedagógicos* (1944-1952). Conforme a autora, o objeto argumentativo de Lourenço Filho se põe em outra esfera,

> [...] sabe-se que a educação pode realmente ser considerada um dos elementos da liberdade política, juntamente com a liberdade jurídica e a própria vontade do indivíduo, elementos fundamentais para o sistema democrático. Entretanto, não é a importância da *liberdade do indivíduo* ou *cidadão* ou o funcionamento do sistema democrático que polariza o discurso de Lourenço Filho, mas o *interesse* do Estado. A educação existe em função da Nação e ambas estão estreitamente ligadas. O Estado não é somente educador, mas educador em tempo integral (Gandini, 1995, p. 107, grifos no original).

Continuando sobre o período de 1915 e 1921, Lourenço Filho chamava a atenção, por meio de publicações, para o que o qualificaria como educador e pesquisador. Como resultado de suas pesquisas e experiências de ensino, publicou inúmeros artigos no Jornal de Piracicaba sobre *pedagogia experimental* e um, em especial, sobre *prática de ensino* (Monarcha, 2015).

As ideias pedagógicas imbricadas à mentalidade nacionalista tomavam maior fôlego e abrangiam o âmbito da educação nacional, com os defensores do pensamento escolanovista. Esse grupo, formado por educadores de todo o país, entre eles Lourenço Filho, nas Conferências Nacionais de Educação, organizara seu espaço de luta e de disputas em favor da escola pública e gratuita. Foi nesse período de intensos estudos e debates de ideias que se manifestaram muitas controvérsias. Miceli (1979, p. 6) aponta que "tanto a Liga Nacionalista como o Partido Democrático [este criado em 1926, em SP] pretendiam transformar-se em porta-vozes da fração dominante especializada no trabalho político, técnico e cultural, e não das 'classes superiores' de forma genérica".

Na visão de Nagle (1976), o debate e a reflexão em torno dos problemas políticos e movimentos sociológicos conhecidos como nacionalismo, catolicismo, tenentismo, higienismo e eugenia manifestaram a desarmonia de valores, interesses e expectativas dos diferentes grupos na civilização urbano-industrial em constituição. Os novos padrões institucionais propalados funcionaram como estratégia para o desenvolvimento da forma política em ascensão. Por outro lado, funcionaram como autodefesa de classe. Havia, portanto, espaço para mudanças no campo educacional.

Como estratégias para o desenvolvimento, foram implantadas reformas no âmbito da educação. O período reformista na educação brasileira foi inspirado em projeto de renovação educacional ou do ideário da Escola Nova. Uma das reformas mais marcantes e polêmicas que, conforme palavras de Nagle (1976, p. 192), introduziram "as primeiras e mais radicais alterações feitas nos sistemas escolares estaduais de todo o decênio dos vinte", foi implantada em São Paulo, sob a coordenação de Sampaio Dória (1920/1921). Em nome da erradicação do analfabetismo, a Reforma reduziu a escolaridade primária obrigatória de quatro para dois anos.

No entendimento de Carvalho (2011, p. 5), o programa de Sampaio Dória (1920/1921) comprometeu-se com a "erradicação do analfabetismo e a difusão de um modelo de educação básica capaz de promover a formação do cidadão republicano". Diante disso, continua a autora, "inverteu a lógica que vinha orientando a institucionalização e a expansão da escola pública do estado, ao pôr em cena um programa de inclusão escolar das populações até então marginalizadas" (2011, p. 5).

Sampaio Dória (1923, p. 43 e 46[6]), conforme citado por Carvalho (2000, p. 228), propôs o ensino pautado no *método de intuição analítica,* no qual "a origem primária de toda a capacidade de conhecer é contato da inteligência cognoscente com as coisas a conhecer", ou seja, o conhecimento viria do "contato da inteligência com a natureza e pelo exercício das faculdades perceptivas". Com isso, propôs mudança no paradigma de conhecimento[7] para a organização do ensino interferindo na organização da escola.

Para a execução da Reforma em São Paulo, Sampaio Dória, no início de 1921, nomeou muitos jovens professores em várias cidades do estado. O engajamento desses professores foi além da organização do ensino; envolveram-se em atividades como redatores de jornais e críticos, fazendo literatura, projetando-se e projetando a "mentalidade moderna" (Hilsdorf, 2003). Entre eles, esteve o então estudante de direito, Lourenço Filho, que, após breve passagem como professor substituto de Pedagogia e Educação Cívica, na Escola Normal Primária, foi nomeado para a cadeira de Pedagogia e Psicologia, e em comissão, para reger a de Prática Pedagógica da Escola Normal de Piracicaba.

Já na primeira experiência como educador, o jovem Lourenço Filho, de acordo com estudo de Hilsdorf (2003), imprimiu aos trabalhos escolares novas diretrizes pedagógicas e desenvolveu experiências no campo teórico e na prática da psicologia e da higiene. Os planos de ensino seguiram os princípios da *escola ativa,* pautados no pensamento de Durkheim, Ferrière, Watson, Thorndike, Kilpatrick, Decroly e John Dewey. O pensamento desses teóricos norteou as orientações pedagógicas

---

[6] A obra referenciada de Antônio Sampaio Dória é *Princípios de Pedagogia,* edição de 1923.

[7] Sampaio Dória invertia o programa da Reforma Caetano de Campos, derivado do método do *ensino intuitivo,* no qual a base da formação do cidadão republicano era um ensino longo e enciclopédico, capaz de fazer com que o aluno reproduzisse, no percurso de sua aprendizagem, o processo de evolução do conhecimento humano (Carvalho, 2000, p. 228-229).

introduzidas aos alunos das cadeiras das quais foi responsável, delineando o que a reforma paulista preconizava. Ademais, contribuiu com a criação e redação da *Revista de Educação*, que surgiu "como um atestado de cultura dos professores e alunos", servindo de base para as mudanças educacionais (Hilsdorf, 2003, p. 106).

Edificando o perfil de professor, de pesquisador e de escritor didático, Lourenço Filho organizou e aplicou um minucioso *plano de prática pedagógica* na Escola Normal de Piracicaba, demonstrando, segundo Almeida Junior (1959, p. 38), "personalidade original e autônoma no campo da educação". Esse trabalho estabeleceu forte ligação com a reforma em curso, sendo apresentado por Sampaio Dória, em outubro de 1921, no Congresso Interestadual do Ensino Primário (que deu origem à Associação Brasileira de Educação), no Rio de Janeiro.

> Sampaio Dória apresentou dois trabalhos: um sobre o papel social da "Escola Agrícola de Piracicaba", e outro sobre o ensino da pedagogia na Escola Normal, transcrevendo e oferecendo como padrão para todas as escolas do país, o plano de prática pedagógica, elaborado e aplicado por Lourenço filho em Piracicaba (Hilsdorf, 2003, p. 99).

Essas coordenadas do pensamento escolanovista em nível nacional mostram o caráter essencial do *plano de ensino* como fundamento e meio para a realização prática das ideias pedagógicas preconizadas por teorias. Nesse caso, as ideias escolanovistas encontraram espaços na reforma educacional em curso e o plano de ensino apresentou-se como caminho e condições para imprimir mudanças no padrão de ensino vigente.

Com a organização do plano para a disciplina de Prática de Ensino, Lourenço Filho passou a ser reconhecido na interconexão escola e organização da educação brasileira. Entre outros, Hilsdorf (2003, p. 106) mostra o cuidado com que Lourenço Filho desenvolvia a "interconexão" que mantinha em suas relações de trabalho na escola: "E é notável a maneira como ele desempenhou sua missão: fazendo passar a impressão de que as iniciativas não eram tomadas por ele, mas pelo diretor Honorato Faustino".

De frente com os problemas da administração da educação

Mergulhado na ideia de renovação educacional, Lourenço Filho, ainda jovem e pouco conhecido, de docência incipiente, mas com profundo conhecimento pedagógico, aceitou trabalhar na escola de formação de professor no Ceará e posteriormente coordenar a reforma da Instrução Pública do estado, em 1922 (1922/1923). Entre os livros, levou na bagagem a experiência e as vivências na reforma Sampaio Dória.

Mediante tais fatos, vale ressaltar que a Reforma Sampaio Dória e a Reforma da instrução pública no Ceará sempre estiveram entre as primeiras vazadas nos princípios da Escola Nova. Até o final da década de 1920 e nas seguintes, realizaram-se muitas outras importantes reformas em mais de 14 estados brasileiros[8]. Cavalcante (2009, p. 15 e 19) comenta sobre Lourenço Filho no Ceará:

> O educador paulista, fez nome, fama e percurso inicial, como reformador de sucesso, na distante terra de José de Alencar e da Padaria Espiritual de Capistrano de Abreu, Farias de Brito, Francisca Clotilde, Clóvis Bevilaqua, dentre tantos outros conhecidos intelectuais do Ceará [deixando-se] envolver, algum dia, pelo espírito cearense.

Lourenço Filho mostrou-se receptivo à preocupação de Justiniano de Serpa, presidente do estado do Ceará, que procurava em São Paulo um "técnico", não um político, para a realização de mudanças na educação. Aceitou a indicação e começou a trabalhar, em abril de 1922, levando consigo a sua esposa Aída de Carvalho, também professora, com quem havia recentemente se casado. Essa forma de importar o conhecimento se deveu às diferenças existentes entre as regiões brasileiras,

> [...] com o deslocamento do polo de desenvolvimento econômico para a região Sudeste, aliadas à descentralização do ensino elementar que vigorou durante toda a Primeira República[9], fizeram com que as profundas desigualdades político-econômicas se refletissem no plano educacional[10] (Sampaio, 1999, p. 62).

---

[8] Com o objetivo de explorar as várias maneiras como a Escola Nova foi compreendida por políticos e educadores e os diversos modos como seus princípios foram traduzidos em legislação e práticas escolares, um grupo de pesquisadores analisou 21 reformas e dois inquéritos, realizados no período de 1920 a 1945, análise publicada em obra organizada por Miguel, Vidal e Araujo (2011).

[9] Nagle (1977) alerta que, para a História da Educação, nem a República se implanta em 1889, nem a Primeira República termina em 1930.

[10] Para exemplificar: dados de 1926 mostram que, em S. Paulo, a renda para o ensino primário era de 46.796:756$000, tendo 349.770 crianças nas escolas das 575.181 em idade escolar; no estado do Ceará, a renda era de 1.461:963$000, tendo 43.994 crianças nas escolas de um total de 152.033 em idade escolar (Lourenço Filho, 1928, p. 18). Enquanto S. Paulo atendia aproximadamente 61% das crianças em idade escolar, no Ceará, não se chegava a 29%; mesmo assim, os recursos eram muito poucos se comparados com o estado de S. Paulo.

Do mesmo modo que em muitos estados brasileiros, no Ceará, conforme registra Moreira de Souza (1959, p. 49), "a instrução pública estava abandonada, constituindo, apenas, uma peça a mais, e onerosa, no aparelhamento burocrático e improdutivo do Estado".

Durante a permanência no Ceará, Lourenço Filho realizou muitas visitas aos municípios do Estado. A realidade vivida no interior do estado nordestino aqueceu seu espírito e sua consciência nacionalista, levando-lhe a publicar dez longos artigos, que, em 1926, constituíram o livro *O juazeiro do padre Cícero*. Nessa obra, "toda força narrativa se volta para questões da nacionalidade, pensadas à luz de proposições históricas, geográficas, sociológicas, psicológicas e radiológicas" (Monarcha, 2015, p. 75). Em 1929, Lourenço Filho foi eleito, pela sua obra, membro da Academia Brasileira de Letras.

Conhecer a realidade política, social e econômica do Estado não era curiosidade de um viajante. Para Lourenço Filho, a cultura e a história faziam parte do processo de formação, para a organização e a direção do ensino. Nesse sentido, Monarcha (2010, p. 44) afirma: "sua passagem pelo Nordeste foi, no sentido clássico da expressão, uma 'viagem de formação', possibilitando-lhe ampliar a visão do Brasil e aprofundar a identidade de reformador do ensino".

As ações na administração escolar do jovem educador, para Lêda Lourenço (1999, p. 60), foram marcadas pela organização e implantação de um "novo espírito de ação social pela escola, com introdução de processos didáticos modernos, inclusive o exame de problemas de caráter econômico e a propaganda pedagogicamente conduzida, da saúde e da comunidade".

Figura 1 – Lourenço Filho (jovem)

Fonte: arquivo particular do Prof. Carlos Monarcha

O regresso à Escola Normal de Piracicaba não isolou Lourenço Filho das questões nacionais. Com uma ampla bagagem adquirida no Ceará, elevou em grau de importância a organização da escola ao tratar da liberdade dos programas na questão da uniformização do ensino primário no Brasil.

> Em 1924, Lourenço Filho reassumiu a Escola Normal de Piracicaba, nesse ano, compareceu como delegado de São Paulo à Primeira Conferência Nacional de Educação, sediada em Curitiba, onde apresentou a tese "A uniformização do ensino primário"; nas suas ideias capitais, mantinha a liberdade dos programas. A tese foi aprovada por unanimidade e encampada pela recém-criada Associação Brasileira de Educação (Monarcha, 2010, p. 44, grifo no original).

As ideias capitais presentes na tese *A uniformização do ensino primário no Brasil* (de 1924, publicada em 1928) delineavam-se por dois eixos: a questão da necessária definição de fins do ensino primário e a da organização dos meios para a realização dos fins. Tais ideias passaram a configurar-se como basilares nas análises e nas intervenções que Lourenço Filho viria realizar.

A uniformização do ensino primário no Brasil, conforme conclusão da Conferência Nacional de Educação, CNE-Curitiba, foi "de caráter menos didático que sociológico", a qual "importou principalmente na fixação de uma clara qualidade de ensino ao mesmo tempo nacional como problema político, e regional como problema econômico" (Venâncio Filho, 1999, p. 21). No entanto, a uniformização do ensino primário deveria manter, em sua essência, a liberdade dos programas. Nas CNEs que se seguiram (1928 e 1929), Lourenço Filho despontou no cenário nacional como articulador hábil e um dos principais porta-vozes da sociedade de educação paulista (Celeste-Filho, 2013, p. 94).

Outros caminhos se delinearam para Lourenço Filho a partir de 1925. Nesse ano, Sampaio Dória deixou a Escola Normal da Praça para dedicar-se ao ensino jurídico e o seu aluno prodigioso assumiu o seu lugar nas cadeiras de psicologia e pedagogia. Permanecendo em São Paulo até 1931, conseguiu concluir os estudos na Faculdade de Direito. Estudos esses que, segundo Nunes[11] (1998, p. 112), vieram de uma tradição que vai além de ensinar os intelectuais a interpretarem a realidade e preparar para a vida política. Para a autora, "discerniam na prática, como as ideias liberais poderiam e deveriam ser expressos", desenvolvendo uma postura liberal.

---

[11] Para argumentação, Nunes (1998) recorre ao pensamento de Adorno, S. *Os aprendizes do poder:* o bacharelismo liberal da política brasileira. Rio de Janeiro: Paz e Terra, 1988.

Ocorre que Lourenço Filho transitou pela matriz de formação médica, analítica e sintética com a qual se aproximou inicialmente como estudante e, posteriormente, com a atuação profissional na psicologia, na pedagogia e na administração. Para Nunes (1998, p. 113), "o concurso da Psicologia como conhecimento chave da elaboração de novas formas de interpretar a realidade social e pedagógica cresceu com os esforços multiplicados pelos movimentos de renovação escolar e da racionalização do trabalho". Esse encaminhamento foi impulsionado pelo problema social de formação de pessoal para as indústrias e de sua seleção.

Lourenço Filho, por sua formação superior, pela diversidade de contatos entre profissionais de diferentes formações e polivalência na atuação educacional, representa, no entendimento de Nunes (1998, p. 113), um dos profissionais do período que se desprende de sua filiação institucional original, no caso procedente do direito, levando "a matizar sua formação teórica inicial através de experiências profissionais que, em certos momentos de sua trajetória biográfica, se inclinaram mais para novos interesses, modelos interpretativos e áreas de conhecimento".

Na Escola Normal da Praça, com status de uma escola normal superior, transitavam grandes personalidades, conforme era de costume nas instituições desse nível superior. Assim, Lourenço Filho manteve contato com professores estrangeiros, como o psicologista Henri Pieron e Leon Walther e o professor de Pedagogia Paul Fauconnet, ampliando os estudos experimentais e as ideias relacionadas à psicologia do trabalho e a relação com a educação. Tais práticas e saberes por certo contribuíram com a "confirmação do intelectual-cientista às voltas com a concepção biopsicossocial e de métodos ativos de ensino" (Monarcha, 2010, p. 45).

Empenhado, juntamente a um grupo de educadores, na defesa dos princípios da Escola Nova, do método ativo e da nacionalização de tal ensino em que atendia à nova concepção de infância, Lourenço Filho

> [...] imprimiu uma orientação experimental à cadeira de psicologia e pedagogia, e destacou-se pelas aulas marcadas por cuidadoso trabalho de ordem didática e científica, com o fito de propagar uma teoria da aprendizagem com base no condicionamento e programas de ensino de natureza genética (Monarcha, 2010, p. 45).

Naquele momento, observou-se a crescente defesa dos conhecimentos científicos fundamentados na psicologia, na genética e nos problemas sociais para elevar o sucesso escolar e justificar a organização técnica do sistema de educação e do ensino da escola.

Ao escrever ao Inquérito do Ensino Público de São Paulo (1926), a convite de Fernando de Azevedo, Lourenço Filho, seguindo as ideias basilares do pensamento escolanovista, comentou em sua análise sobre a ausência de finalidade social do ensino, a normatização asfixiante, o problema do método do ensino, o divórcio entre o pensamento e a ação. As finalidades desejadas visavam à integração social de uma nação, sem, contudo, desconsiderar a variada organização e desenvolvimento que são peculiares em cada espaço e região social.

Cada vez mais, a preocupação com novas bases filosóficas para o ensino, especialmente na alfabetização, moveu a organização de meios para as novas diretrizes didáticas. Dentre as produções desse período, Lourenço Filho publicou a *Cartilha do povo* (1928), com 48 páginas e 40 lições. Em entrevista proferida no ano de 1940, o educador comentou "do que mais me honro como autor, é de uma pequena cartilha popular, de que já se tiraram mais de um milhão de exemplares. Esse livro já ensinou a ler, pelo menos, igual número de pessoas." (1940b, p. 12). Decorridos mais de 60 anos, já alcançou mais 2.200 edições com mais de 25 milhões de exemplares (Monarcha; Lourenço Filho, 2001).

Durante toda a carreira do professor, do administrador e do estudante Lourenço Filho, fica perceptível a força e o interesse da propagação de ideias pelos incontáveis escritos que produziu. Há de se considerar que a propagação das ideias nas diferentes formas, como congressos, associações, imprensa jornalística e produção de material pedagógico, objetivou alcançar de forma determinante o professor, figura considerada fundamental na efetivação e divulgação às crianças e aos pais (comunidade) dos ideais então propagados de modernização do país. Passava pelo professor a responsabilidade com o programa de ensino, sendo que para a sua elaboração deveria incluir conhecimento, cultura e arte, conforme se verá nos próximos capítulos deste livro.

Desse período, é datada a organização da Coleção Pedagógica, denominada de *Biblioteca de educação*[12], com traduções e produções de autores

---

[12] Coleção organizada em 1926, por Lourenço filho, que a dirigiu até sua morte (1970). Destinada "especialmente aos Srs. Professores, primários e secundários, normalistas e estudantes, como os Srs. Pais, em geral, interessados

brasileiros. Lourenço Filho, como diretor da Coleção, escreveu a grande maioria dos prefácios dos livros; fez a tradução de *A escola e a psicologia experimental*, de Ed. Claparède (1926); *Psicologia experimental*, de Henri Pieron (1926); *Testes para medidas do desenvolvimento da inteligência*, de Binet e Simon (1928); *Educação e sociologia*, de Emile Durkheim (1928); *Psicologia do trabalho industrial*, de Leon Walter (1929); publicou *Introdução ao estudo da escola nova* (1930); e, assim, seguiram-se muitos outros[13].

Sensível à formação dos seus alunos e fiel aos princípios escolanovistas, Lourenço Filho elaborou *lições* sobre a Escola Nova para um curso que realizou no Liceu Nacional Rio Branco. Essas *lições* foram compiladas e publicadas resultando no que viria ser a grande obra *Introdução ao estudo da escola nova*[14].

Demarcada pela dificuldade de acesso a formulações (europeias e americanas), que permitiria visão geral e completa do problema sobre a educação renovada[15], a obra *Introdução ao estudo da escola nova* foi assim reconhecida por Paul Fauconnet:

> Esta "Introdução" é um dos melhores livros que, seja em que língua for já se tem escrito acerca da Escola Nova. O Sr. Lourenço Filho, como diz no prefácio, não se propôs escrever uma obra original, mas guiar o leitor brasileiro na selva confusa dos livros e artigos que, em todo mundo, se consagram ao movimento a que chamamos de "Escola Nova" (1930a, p. IX).

Por meio de sua obra, Lourenço Filho se colocou em defesa das reformas de ensino em curso, com as quais manteve uma relação muito

---

em conhecer, de um modo claro e conciso, as bases científicas da educação e seus processos racionais" (Lourenço Filho, 1930a, p. II). Até o final da década de 1930, já haviam sido publicados 29 novos títulos.

[13] Uma visão completa das produções de Lourenço Filho foi organizada por Carlos Monarcha e Ruy Lourenço Filho com mais cinco pesquisadores, que localizaram, recuperaram, reuniram e ordenaram as referências da obra de Lourenço Filho, a qual está disponibilizada como primeiro volume da Coleção Lourenço Filho. Acesso online pelo MEC/Inep com o título: *Por Lourenço Filho: uma biobibliografia*, 2001.

[14] Lançado em 1930, foi traduzido em diversas línguas e, até 1978, foram 13 edições sempre com tiragens elevadas. Registra-se que, a partir da sétima edição, em 1962, a obra foi revisada e refundida pelo autor, recebendo o subtítulo: *bases, sistemas e diretrizes da pedagogia contemporânea*. Em 2002, mais uma edição foi organizada pelo Conselho Federal de Psicologia, em coedição com diferentes editoras, como parte da coleção Clássicos da Psicologia Brasileira.

[15] Em 1929, já se realizava a V Conferência Mundial da Escola Nova, na Dinamarca. Na ocasião, assinalaram-se como conquistas: melhor formulação teórica da avaliação dos resultados do trabalho escolar; conceituação geral da educação como ajustamento da personalidade em face da vida social modificada pela industrialização; proposição de todas as formas educativas no sentido da paz (princípio de qualquer reforma); e formação da personalidade do educador.

próxima, e pontuou o problema da formação de professor para realizar as mudanças educacionais que incluíam a organização para o acesso e para a qualidade de ensino:

> A ideia de que a educação brasileira deve ser alterada, em seus intuitos e em seus processos, não sofre dúvida alguma. É mesmo ideias vencedoras na organização de alguns dos mais adiantados Estados e, em especial, no Distrito Federal, onde Fernando de Azevedo, com raro idealismo e energia, planejou e vem executando a sua reforma, das mais avançadas. No entanto, a transformação a desejar-se não reside apenas nas intenções administrativas [...] estará, mais que tudo, na formação de uma nova mentalidade dos que educam pais e professores (Lourenço Filho, 1930a, p. XII).

O "livrinho", assim denominado por seu autor, também serviria para questões técnicas: "poderá servir para a coordenação de informações dispersas, para o estímulo ao estudo de certos problemas de organização e eficiência do trabalho escolar" (Lourenço Filho, 1930a, p. XIII).

Fernando de Azevedo, então diretor geral da Instrução Pública do Distrito Federal, com quem Lourenço Filho mantinha diálogo constante, depois de receber o exemplar do livro, escreveu, em carta, ao seu amigo dizendo que a obra veio "contribuir para a formação de uma 'nova mentalidade' de educadores". E, a pedido do amigo, escreveu em destaque: "Livro de mestre. Não há obra que o substitua, na literatura pedagógica. Lede-o, se quiserdes ter uma visão de conjunto, larga e profunda, da escola nova. A clareza tirou nele a sua desforra sobre a confusão" (Azevedo, 1930).

O livro teve uma significativa acolhida, com 12 mil exemplares já na primeira edição, por outro lado suscitou debates e enfrentamentos político-ideológicos. Segundo Monarcha (2010, p. 62), a acolhida se deveu a

> [...] diversos fatores que se complementavam, como a originalidade na abordagem do tema, pertinência científica, e síntese metódica das questões teóricas, fatores que, certamente, contribuíram para estabilizar o paradigma de estudos em educação denominado de "Escola Nova".

O debate intensificou-se no grupo dos partidários da representação religiosa de mundo, como foi o posicionamento de Tristão de Athayde[16] (1931, p. 150 e ss), reportado por Monarcha (2010, p. 63):

---
[16] ATHAYDE, Tristão de. *Debates pedagógicos*. Rio de Janeiro: Schmidt Editor, 1931.

O Sr. Lourenço Filho, escudado na pedagogia burguesa de Dewey ou Kerschensteiner, a dar-se tanto trabalho para definir o que é "escola nova" ou "escola do trabalho" [...] Será exatamente aquilo que o pedagogo soviético afirma com aquele realismo sereno que tão bem distingue dos nossos filósofos ou pedagogos burgueses, – se não souber repudiar, em tempo, a psicologia *naturalista* que o Sr. Lourenço Filho e seus companheiros apregoam falsamente como sendo a psicologia *moderna* (grifos no original).

Introdução ao estudo da escola nova, dedicado a Sampaio Dória, consagrou-se como um dos livros-chave do ideário chamado de Escola Nova. Nas palavras de Monarcha (2010, p. 65), foi assim reconhecido por seu "apelo inescapável por uma educação em moldes científicos e modernos" e, também, pelo atributo ao "poder organizador da escola possibilitado pelas ciências da época" (Vidal; Paulilo, 2010, p. 25). Por outro lado, foi, muitas vezes, criticado por sua visão reducionista e técnica sobre o movimento (Nunes, 2000). Lopes (2006), referindo-se a observações levantadas por Anísio Teixeira sobre a obra, comenta que Lourenço Filho demonstrava uma *educação renovada,* centrada nos paradigmas da Psicologia behaviorista. Quanto aos aspectos da organização escolar, demonstrava estar centrado nos métodos científicos e "parecia adequar-se ao projeto político de racionalização e homogeneização que se estendia a todos os setores da sociedade brasileira nas décadas de 1930-40" (Lopes, 2006, p. 213).

Com a abertura republicana, foi notável a expansão do ensino que marcou os anos de 1930 e 1940, expandindo o caminho da democracia. Atentos às mudanças, os escolanovistas se organizaram ao redor do problema que se ampliava em relação à falta e à qualificação dos profissionais da educação. Lembrando que a base dos ideais para a nova escola, que envolvia a questão da nacionalidade e da organização do ensino, passava pelo professor, fazia-se necessário ampliar a oferta e as condições de formação.

Depois da *Biblioteca de educação* (1926), a qual veio para atender à demanda de material para formação do professor, surgiu em 1931 a *Biblioteca pedagógica brasileira*. A coleção, produzida pela *Cia Editora Nacional*, foi coordenada por Fernando de Azevedo e, por 15 anos, reuniu grandes nomes da literatura na empreitada de formação de um espírito nacionalista e de conhecimento técnico-pedagógico aos professores. A publicação foi dividida em cinco séries: Literatura Infantil, Livros Didáticos, Atualidades Pedagógicas, Iniciação Científica e Brasiliana.

O tempo era de mudanças políticas do pós-revolução de 1930. Com ele descortinavam "um enorme fortalecimento do projeto político liberal constitucionalizante, que passava a empolgar praticamente todas as forças sociais em jogo na cena política" (Davidoff, 2001, p. 5013). As instituições foram moldadas por ideais voltados para a institucionalização de processos democráticos.

Antonio Candido (2011) reconhece o eixo catalisador que esse tempo representou para a cultura, identificando elementos dispersos e dispondo-os numa configuração nova. Isso só foi possível uma vez que o decênio de 1920 constituiu-se em sementeira de grandes mudanças para a década seguinte, dando condições para realizar e difundir uma série de aspirações e pressentimentos. Em análise de Monarcha (2002, p. 7), os acontecimentos mostraram o "fenômeno de emancipação da educação como campo intelectual irredutível e esfera administrativa autônoma dotada de racionalidade própria".

O trabalho educacional, especialmente nas grandes cidades, começou a mostrar os resultados decorrentes das mudanças na organização da educação. Fortalecido por suas ações e produção, Lourenço Filho, conforme registro de Fernando de Azevedo (1959, p. 18), tornou-se figura constante:

> Sendo a administração, sobretudo entre nós, tão áspera e difícil, e tão raros os administradores verdadeiramente capazes, tinha Lourenço Filho de ser constantemente chamado a posições de comando. Pois sempre se saiu com êxito das mais árduas tarefas que lhe foram confiadas.

Reconhecimentos como esse renderam a Lourenço Filho o convite a diretor da Instrução Pública do Estado de São Paulo. Posição que assumiu em outubro de 1930, permanecendo por pouco mais de um ano. Mesmo assim, registraram-se iniciativas marcantes e importantes realizações. Deixou São Paulo para dedicar-se à educação no âmbito nacional, ocupando a chefia do gabinete do ministro da Educação, no Rio de Janeiro.

No período em que esteve na direção da Instrução Pública de São Paulo, Lourenço Filho, conforme entrevista do secretário dos Negócios do Interior José Carlos de Macedo Soares, publicada em *O Estado de São Paulo*, demonstrou ser um "profundo conhecedor do assunto, reorganizador, [...] de uma assombrosa capacidade produtiva" (*apud* Abu-Merhy, 1997, p. 105). Igualmente, registra Fernando de Azevedo (1959, p. 19):

> Reorganizador, age Lourenço Filho à sua maneira: procede por etapas, gradualmente, progressivamente. Sob sua ação reconstrutora, vão surgindo, aqui e ali, pontos mais seguros, – um laboratório, um curso de aperfeiçoamento, uma medida administrativa, a solução de um problema, – que são como que ilhas, terras firmes em que se pode tomar de pé. Assim é que age sempre; é assim que se conduziu em reformas como as que empreendeu, em 1930 e 1931, no Estado de São Paulo.

Os temas *A escola nova* e *A questão dos programas* foram os primeiros veiculados na nova fase da revista Escola Nova, reorganizada por Lourenço Filho. O objetivo foi apresentar a educação em novas bases sociais e fazer o chamamento para os programas de ensino que deveriam ser diferenciados, portanto não mais centralizados. O olhar se manteve na autonomia e na criatividade do professor e dos dirigentes e inspetores da escola. A questão dos programas passou a ser uma preocupação recorrente na organização do trabalho para Lourenço Filho, tema esse que será abordado no último capítulo deste livro.

Com a criação do Ministério da Educação e Saúde Pública (1930), via-se a reorganização da educação em âmbito nacional, para todo o Brasil. Em outubro de 1931, Lourenço Filho deixou o estado de São Paulo e aceitou o convite de Francisco Campos, ministro de Educação[17], para dirigir o seu gabinete, constando do programa de atividades, a organização da Faculdade de Educação, Ciências e Letras, no Distrito Federal, RJ. Essa notícia não foi muito bem recebida por alguns intelectuais paulistas uma vez que, em meio ao processo de transformações da sociedade, da economia e da classe dirigente, após a Revolução de 1930, se afastaria do Estado um dos ilustres educadores e defensores da causa da educação. Em "contrapartida", Fernando de Azevedo retornou para São Paulo e um ano mais tarde assumiu a direção da instrução daquele estado.

Lourenço Filho e Fernando de Azevedo nunca trabalharam juntos, contudo mantiveram uma amizade que incluiu questões pessoais e, acima de tudo, fortaleceu o espírito que animou o trabalho de renovação educacional, especialmente o realizado nas reformas, nas políticas públicas e nas produções. É possível tal compreensão ao ler suas cartas. Em uma delas, Fernando de Azevedo (1944) agradece a Lourenço Filho os comentários ao seu livro *A cultura brasileira*, dizendo:

---

[17] O Ministério da Educação e Saúde Pública, criado em novembro de 1930, dele passou a fazer parte o Departamento Nacional de Educação e o Conselho Nacional de Ensino, ambos criados em 1925.

> [...] partindo de tão grande autoridade – a de uma das maiores figuras de nossa geração de educadores, pela sua lucidez e [...] de vistas, e de um escritor, de uma simplicidade elegante e de fino espírito crítico – não podiam deixar de trazer-me, além de um conforto que muito me toca o coração, um poderoso estímulo para meus estudos.

Lourenço Filho e Anísio Teixeira, por sua vez, tiveram a oportunidade de trabalharem juntos. Dividiram o desafio de organizar uma escola de formação de professor, que serviria de modelo para todo o país. Permanecendo por pouco tempo no Departamento Nacional de Educação, Lourenço Filho aceitou o convite de Anísio Teixeira, que estava à frente da Instrução Pública do Distrito Federal e assumiu a direção da Escola de Professores e a direção geral do Instituto de Educação do Rio de Janeiro, o qual mais tarde constituiria a Universidade do Distrito Federal.

O Instituto, no conjunto de suas realizações, conforme observação de Nunes (2011, p. 296), cumpriu o papel de formar uma nova mentalidade docente, distinguindo daquela exclusivamente clássica, "mais aberta aos inquéritos sociais e escolares, às bases biológicas, psicológicas e culturais dos alunos, ao governo da escola e à direção da sociedade".

Em consonância com o postulado escolanovista da aprendizagem como processo natural de humanização do ser humano (Bonow, 1959, p. 132) e diante das diretivas de Anísio Teixeira, que "pretendia fazer do Instituto uma escola de pesquisas educacionais e de cultura superior no campo pedagógico" (Nunes, 2011, p. 296), Lourenço Filho, além de diretor, foi professor e pesquisador. Transitou dos grandes embates políticos e das decisões administrativas ao atendimento acolhedor e, ao mesmo tempo, exigente na atividade de ensino.

Lourenço Filho acreditava no valor do exemplo na formação de hábitos e de atitudes. A preocupação com o desenvolvimento e a aprendizagem da criança abrangeu a tentativa de encontrar caminhos e respostas por meio da pesquisa relacionada à psicologia escolar infantil. Com o objetivo de propiciar condições para a realização de um ensino diferencial, atendendo às possibilidades de aprendizagem da criança por meio da adequação de processos didáticos, desenvolveu procedimentos com a criança, abrangendo a relação entre o nível de desenvolvimento, de maturidade e o do desempenho.

O resultado de intenso estudo e análise foi apresentado no livro *Os testes ABC* (1933). A pesquisa contribuiu especialmente para a organização do ambiente pedagógico escolar, como a delimitação dos alunos em classes e dos espaços físicos da escola, e para a economia escolar, num sistema marcado por altas taxas de reprovação (Monarcha, 2010). A importância da obra levou-a a 12 edições, entre 1933 e 1974, e à tradução do livro em vários idiomas.

O trabalho desenvolvido no Instituto fortificou-se com a participação constante em eventos nacionais e internacionais e visitas de estudos, como as realizadas por Lourenço Filho aos Estados Unidos, a Alemanha, Suíça e França e visitas de trocas de experiências entre as instituições de ensino no país, como o foi entre São Paulo e Rio de Janeiro.

Em meio aos conflitos sociais e educacionais que se avolumaram e aos esforços do Movimento de Renovação Educacional, que remontam aos primeiros anos posteriores à guerra de 1914-1918, foi lançado, em março de 1932, o *Manifesto dos Pioneiros da Educação Nova*. Inicialmente produzido para atender ao pedido do novo Governo da República, foi lançado ao povo e ao governo com a intenção de buscar uma reforma fecunda em todo o sistema escolar. Elaborado por Fernando de Azevedo, Lourenço Filho foi um dos 25 educadores, vinculados a ABE, que assinaram o Manifesto.

Os educadores, por meio do Manifesto, definiram princípios e diretrizes e colocaram o problema em novas bases filosóficas com o objetivo de criar um sistema de organização escolar à altura das necessidades modernas e das necessidades do país, de maneira que o trabalho se tornasse o elemento formador e de expansão das energias criadoras do educando (Azevedo, 1948). Denunciaram, entre tantos fatos, a falta de espírito filosófico e científico na resolução dos problemas de administração escolar.

O *Manifesto* representou a defesa da escola pública, laica, gratuita, obrigatória, com destaque para a coeducação, a unidade curricular nacional, a autonomia e a descentralização. Nagle (2006, p. 13) chama a atenção ao fato de que a situação, no mundo e no Brasil, era de transformações, por isso mesmo o *Manifesto* "representou um ponto de convergência de disputas, de reivindicações, de mudanças exigidas nos padrões societários e culturais", o que não significou ausência de divisão política, como a registrada entre o pensamento conservador (dos intelectuais católicos) e a dos renovadores.

Vivências na administração pública

As ideias escolanovistas no âmbito político que se encaminhavam para o chamado Estado Novo[18] não eram unanimidade. Entre as inserções que foram posteriormente extintas pelo jogo de forças políticas que envol-

---
[18] O Estado Novo, regime autoritário implantado com o golpe de 1937, perdurou até o final da Segunda Guerra Mundial em 1945. Um dos aspectos do autoritarismo estado-novista revelou-se no esforço de organizar padrões

veram os renovadores e os intelectuais católicos, cita-se a Universidade do Distrito Federal (1935-1939). Apenas parte de seus cursos foi transferida para a Universidade do Brasil. Na análise de Nunes (2011, p. 311),

> [...] o jogo das forças políticas no momento da história desenhou a vitória do projeto de modernização autoritária, que não só consolidava – apesar dos integralistas – a aproximação crescente entre Estado e Igreja, mas também expropriava dos outros projetos algumas propostas práticas, criando nessa amálgama uma escola nova para um Estado Novo.

O período foi de profundas mudanças na organização das políticas, especialmente no âmbito da legislação social, que, sob um clima muito conturbado de centralização do poder, abarcou imposição de um modelo menos liberal, tanto em relação ao regime político como no desenvolvimento urbano industrial. Conforme assegura Miceli (1979, p. 8),

> [...] as mudanças ocorridas tanto ao nível das organizações políticas como ao nível das instâncias de produção cultural (que resultaram, por sua vez, da transformação da estrutura de classes) se fizeram acompanhar por uma transformação radical das modalidades de acesso às carreiras dirigentes.

Nesse quadro político, para Monarcha (2010, p. 87), "os órgãos técnicos e agências de planejamento foram idealizados como instrumentos de condução do país". A fase caracterizada por "intensa construção institucional, resultou na reformulação e/ou criação de diversas agências técnicas incumbidas de planejar construtivamente as ações de governo, com o objetivo de instaurar uma ordem social integral" (Monarcha, 2002, p. 8).

O Instituto Nacional de Estudos Pedagógicos (Inep), criado em 1938, é um desses órgãos institucionais de planejamento. Lourenço Filho, a convite de Gustavo Capanema, ministro da Educação e Saúde (1934 a 1945), trabalhou na organização desse Instituto, configurando-o como centro de pesquisas educacionais em âmbito federal e como órgão de cooperação do MEC e do Departamento Administrativo de Serviço Público – Dasp (Monarcha, 2010).

Não obstante as dificuldades de falta de especialistas em administração da educação e de interesse pelos problemas técnicos da educação, principalmente, pela exiguidade das dotações para as despesas,

---

e operários por meio de uma versão local do corporativismo, a qual rejeitava o conflito social e insistia na cooperação entre trabalhadores e patrões, supervisionada pelo Estado (Carvalho, J. 2004, p. 109).

> Lourenço Filho, assumindo a direção do INEP em agosto de 1938, instalou-[se] provisoriamente numa das salas do Palácio Tiradentes, e já, nesses quatro meses que restavam do ano, pode apresentar alguns trabalhos que atestavam a sua operosidade e capacidade realizadora. [...] interessado em produzir, Lourenço Filho escolheu os dez primeiros colocados para o INEP e, destes, os quatro primeiros para a chefia das quatro seções técnicas do novo Instituto: Murilo Braga de Carvalho, Pasqual Leme, Helder Câmara e Manoel Marques de Carvalho (Carvalho, 1959, p. 89, adaptado do original).

Com a equipe montada a partir de um processo de seleção, o trabalho ali produzido construiu as bases de uma nova organização escolar, engendrada na cultura brasileira (Carvalho, 1959). Na comemoração de 25 anos do Inep em 1964, Lourenço Filho (2005, p. 185) afirmou: "um dos resultados dos trabalhos do Inep tem sido o de revelar consequências lógicas e naturais da ação política em matéria de educação, quer isso agrade ou desagrade. Esse pensamento foi o que animou, desde sua fundação [...]". Com isso, o trabalho desenvolvido pelo Inep levou a sociedade brasileira a uma maior consciência de seus próprios problemas sociais.

O Inep revelou-se num centro de documentação de toda a educação do país e órgão informativo geral, desenvolvendo-se como órgão de assessoria ao ministério, aos estados e aos territórios federais e a países estrangeiros, como Paraguai (1944). As ações do Inep foram fundamentais para a organização da base legal da educação nacional, dando sustentação para a implantação da legislação educacional do período, a exemplo das Leis Orgânicas do Ensino (década de 1940) (Carvalho, 1959). Sobre o assunto, Celso Kelly (1959, p. 225) assim se reporta ao trabalho realizado no Inep:

> O Inep apareceu como alguma coisa que o Brasil reclamava: o Instituto de Estudos Pedagógicos, o órgão que combateria as soluções empíricas e procuraria levar a administração pública para o caminho das pesquisas, da medição do rendimento, dos levantamentos sociais e do planejamento. O Inep iniciou uma nova era na educação do Brasil.

Devotado incansável em sua preocupação principal, que consistia na questão da organização da educação, "tanto no que se refere às suas finalidades do ponto de vista político, como também de problemas intraescolares que, evidentemente, não pediam soluções simplesmente 'técnicas', mas desdobramentos das finalidades e princípios inicialmente adotados" (Gandini, 1995, p. 96), Lourenço Filho assumiu a presidência da Associação

Brasileira de Educação seção Rio de Janeiro (1938); a reitoria da Universidade do Distrito Federal (1939); publicou o livro *Tendência da Educação Brasileira* (1940); lançou a *Revista Brasileira de Estudos Pedagógicos* (1944); produziu série de livros infantis; organizou cursos sobre Relações Humanas no Trabalho; e proferia palestras sobre "eficiência e cooperação".

Em janeiro de 1946, Lourenço Filho deixou o Inep para assumir a cátedra na Faculdade Nacional de Filosofia e, no ano seguinte, a convite do ministro da Educação Clemente Mariani, assumiu, pela segunda vez, o cargo de diretor geral do Departamento Nacional de Educação. Clemente Mariani (1959, p. 108) buscava contar com a colaboração, no setor educacional,

> [...] de um dos líderes do pensamento educacional brasileiro, cujo primeiro plano, pela cultura, pela experiência, pela honestidade intelectual, pelas realizações anteriores e pela constante atualização do pensamento, se situavam, indiscutivelmente, naquele momento, os Professores Anísio Teixeira, Fernando de Azevedo e Lourenço Filho.

Mariani (1959, p. 108) comenta que Lourenço Filho, menos visado pelas atitudes reacionárias do Estado Novo, estaria mais apto a ajudá-lo "a realizar, sem choques, a grande revolução educacional reclamada pelas elites brasileiras e cuja necessidade, ainda que confusamente, por todas as classes, consubstanciava um reclamo imperativo da consciência nacional".

Notadamente, Lourenço Filho é reconhecido pelo desmedido trabalho de planejamento e direção da Campanha Nacional de Educação de Adultos, deflagrada em 1948, denominada a maior campanha dessa natureza em âmbito mundial. De acordo com Venâncio Filho (1999, p. 32), "o grande segredo foi atender de um lado à sede de educação das classes populares e a consciência nas camadas mais elevadas de injustiças do analfabetismo".

Lourenço Filho, com essa capacidade mobilizadora, envolveu para a realização da *Campanha de alfabetização* toda a comunidade, consoante pode ser confirmado pelas palavras de Venâncio Filho (1999, p. 32):

> O combate pelos meios normais seria impraticável e assim se impunha obter a participação de todas as classes sociais. Os resultados alcançados foram excepcionais. Os cursos de adolescentes e adultos, funcionando em escolas públicas ou em classes organizadas pelos cooperadores, com o professor recebendo pouca remuneração, apresentaram matrícula de um milhão de alunos.

A alfabetização, porém, implicaria em necessidade de meios para o ensino das primeiras letras. Lourenço Filho, portanto, dirigiu a elaboração das cartilhas de educação. Conforme mostra Venâncio Filho (1999, p. 32), a Campanha de Alfabetização extrapolou os benefícios sociais diretos:

> Cerca de dois milhões de adultos e adolescentes alfabetizados, muitos deles continuando o aperfeiçoamento, foi resultado direto desse movimento, mas o indireto manifestou-se pelo incremento das matrículas escolares nas idades apropriadas, pelo interesse dos pais/alunos em encaminhar os filhos para as escolas.

Desse período, sobressaiu o trabalho na presidência da comissão organizadora do anteprojeto de lei de diretrizes e bases da educação nacional, que começou a tramitar no Congresso Nacional em 1948, a organização do Seminário Interamericano de Alfabetização e Educação de Adultos (RJ, 1949) e a presidência da então criada Associação Brasileira de Psicotécnica (atualmente, Associação Brasileira de Psicologia Aplicada).

Em meio a tanto trabalho, o gosto pela produção escrita continuou sendo preservado. Nos anos de 1950, Lourenço Filho lançou a Série *Pedrinho* (1953); publicou o livro *A pedagogia de Rui Barbosa* (1954); produziu capítulos de livros, separatas, relatórios, conferências, artigos para revistas; fez tradução de livros, como *Tecnologia do trabalho industrial,* de Leon Walther (1953). Em 1951, até a sua aposentadoria em 1957, dedicou-se primordialmente às suas pesquisas e à cátedra na Faculdade Nacional de Filosofia, mais tarde, denominada Universidade do Estado do Rio de Janeiro. Todavia, não se distanciou da área administrativa. Manteve-se como membro da Unesco (1952 a 1955), contribuiu com a criação do Instituto Pedagógico do Ensino Industrial e com a organização de cursos de administração escolar vinculados à Lei Orgânica do Ensino Industrial.

Figura 2 – Lourenço Filho ao receber o título de Professor Emérito da Universidade do Brasil, atual Universidade Federal do Rio de Janeiro

Fonte: acervo Ruy Lourenço Filho. Inep, 2001[19]

Aposentadoria, título de professor emérito pela Universidade do Brasil e Livro Jubilar demarcaram um dos tempos de ações do intelectual Lourenço Filho. Iniciou outro tempo, dando provas inequívocas de seu devotamento aos serviços da educação. Depois da aposentadoria, publicou grandes obras, tais como *Educação comparada* (1961); *Organização e administração escolar: curso básico* (1963); continuou participando em eventos, por exemplo, o

---

[19] Disponível em: https://download.inep.gov.br/publicacoes/diversas/historia_da_educacao/por_lourenco_filho_uma_biobibliografia.pdf. Acesso em: 7 mar. 2017.

Primeiro Simpósio de Administração Escolar (1961); realizando conferências, publicando artigos e assim por diante. Pelo conjunto de sua obra, recebeu o Prêmio Ciência da Educação (da Fundação Moinho Santista); Medalha Pacificador (por serviços prestados ao exército), Prêmio Educação (da Fundação Visconde de Porto Seguro).

Ao finalizar essa narrativa, é muito significativo ressaltar o que afirmou Celso Kelly (1959, p. 225) em homenagem ao educador:

> Lúcido e paciente, Lourenço Filho conseguiu ser administrador, sem deixar de ser professor e, sendo professor e administrador, não fugiu às suas responsabilidades com o tempo: foi também autor. Tudo isso, sem prejuízos recíprocos, antes com os enriquecimentos naturais.

Esse olhar, com uma narrativa nem sempre distanciada sobre vida e obra de Lourenço Filho, caracteriza-se principalmente pelo reconhecimento do educador, que se fez figura pública em defesa da organização da educação popular e assim se manteve, mesmo diante dos problemas políticos que se figuraram em meio à sua trajetória. Nas palavras de Anísio Teixeira (1959, p. 66), em homenagem jubilar, "poucas vidas terão sido mais contínuas em preocupações fundamentais do que a de Lourenço Filho, toda ela transcorrida entre o magistério e a administração educacional".

Capítulo 2

O IDEÁRIO ESCOLANOVISTA E O PROBLEMA DA ORGANIZAÇÃO DA ESCOLA

O movimento escolanovista surgiu como um movimento reformador da cultura e da educação no início do Brasil República e realizou-se em meio a um ambiente de agitação de ideias, de transformações econômicas e de expansão dos centros urbanos (Azevedo, 1958).

A Primeira República (1889-1930) esteve associada à grande imigração de europeus, à evolução dos meios de transportes, à mecanização da cultura cafeeira, à modernização das usinas de açúcar, à organização do trabalho, à expansão urbana e à incipiente industrialização. Tais mudanças apontavam os antagonismos entre os senhores de terras (coronéis) e os capitães da indústria e revelavam um quadro social que requeria instituições de defesa dos direitos à vida, da liberdade de opinião e da organização em sociedade. A referência era de um Estado republicano, o que significava abertura de espaços para a participação do povo no governo, tanto pelo voto como por meio de instituições políticas. Além disso, significava a necessidade da participação na riqueza coletiva, incluindo o direito à educação, ao trabalho, ao salário justo, à saúde, à aposentadoria (Carvalho, J. M., 2004).

Esse quadro representa um pouco da movimentação política e social no qual estiveram inseridos intelectuais, que se agitavam ao redor de novas ideias na literatura, nas artes plásticas, na política, na educação e na Filosofia, em defesa da modernidade. Tais ideias tinham em comum modificar encaminhamentos da política social e da administração, pautando-se na defesa de direitos sociais. O que não significava que os envolvidos no movimento modernista seguiam ideias convergentes; de fato, em geral, se diferenciavam e, muitas vezes, se antagonizavam.

No âmbito da educação, buscava-se uma escola diferenciada, que se aproximasse da população, porém o caminho mostrava-se longo. Um grupo de republicanos e educadores, reconhecido por Lourenço Filho como "forças diferenciadas em defesa da cultura nacional", movimentava novos ideais sociais. Entre eles, Lourenço Filho citou: Heitor Lira, Venâncio

Filho, Tobias Moscoso, Dulcídio Pereira, Mário Brito, Barbosa de Oliveira, Menezes de Oliveira. A historiografia da educação brasileira, por sua vez, distingue entre os intelectuais dedicados à organização da educação e da escola moderna, os educadores, também chamados de reformadores, Anísio Teixeira, Lourenço Filho, Fernando de Azevedo, Almeida Junior, Carneiro Leão e Paschoal Leme.

Entretanto, os intelectuais da educação não agiam sozinhos. A força de confluência do pensamento desses educadores e da elite acadêmica vinha de entidades e espaços legitimados, como a Liga Nacionalista (1916), a Associação Brasileira de Educação (1924), a Academia Brasileira de Ciências (1916), do mesmo modo vinha de espaços aglutinadores, como as Conferências Interestaduais do Ensino Primário (1921) e as Conferências Nacionais de Educação (1927).

Foi num desses espaços organizados que os educadores, reconhecidos por seu amplo trabalho e luta em defesa de novos ideais para a educação, foram conclamados a apresentarem ao governo um plano de reforma e de renovação educacional. Diante do pedido do governo provisório de Getúlio Vargas, na CNE de 1932, os educadores apresentaram, em forma de "Manifesto ao Povo e ao Governo", um plano para *A reconstrução educacional no Brasil*. Elaborado por Fernando de Azevedo, o documento seguiu assinado por 26 educadores ou escritores, ficando conhecido como o *Manifesto dos pioneiros da educação nova*, de 1932.

Reconhecidamente, torna-se um documento singular na História da Educação Brasileira, porque se volta para a civilização contemporânea e aos problemas decorrentes: defendem os princípios de laicidade, gratuidade, obrigatoriedade, coeducação e de unidade que pressupõe os princípios de multiplicidade e de descentralização na república federativa, pelo respeito ao regional e aos Estados (Nagle, 2006). O que estava em pauta era a "renovação dos princípios que orientava a marcha dos povos", ou seja, os princípios orientadores da República não eram mais os que conduziam a relação de leis na Monarquia (Azevedo, 1958, p. 80). A marcha em direção aos novos princípios da República envolvia, acima de tudo, aqueles que abrangiam a democracia e não se realizariam sem "fundas transformações no regime educacional" (Azevedo, 1958, p. 81). Reconhecidos como renovadores, os intelectuais da educação acreditavam que

> [...] as únicas revoluções fecundas são as que se fazem ou se consolidam pela educação, e é só pela educação que a doutrina

democrática, utilizada como um princípio de desagregação moral e de indisciplina, poderá transformar-se numa fonte de esforço moral, de energia criadora, de solidariedade social e de espírito de cooperação (Azevedo, 1958, p. 81).

Não se tratava, portanto, de transformações sociais, o imperativo era de "Reconstrução Educacional no Brasil", que se realizaria pela renovação de princípios rumo à *doutrina democrática*. Tais princípios, mesmo que situados de forma diferente, serviram de base para o direcionamento das ações e das organizações das reformas em todos os níveis do sistema educacional. Antes do Manifesto de 1932 já havia registro de reformas e diversas tentativas de assentar o problema da educação em novas bases filosóficas. Lourenço Filho figurava entre os intelectuais educadores envolvidos no movimento em defesa de ideais modernistas para a escola, bem antes da década de 1930.

A seguir, apresenta-se a relação de Lourenço Filho na construção do ideário escolanovista, seguindo para as manifestações escolanovistas e a relação com o problema da organização social explorando o sentido da organização e administração para Lourenço Filho no contexto das influências da administração científica. O capítulo finaliza com algumas considerações e alguns limites sobre o Movimento de Renovação Educacional.

Lourenço Filho e o ideário escolanovista

A *Formação profissional de Lourenço Filho*, conforme escreveu Almeida Júnior[20] (1959), pôs-lhe em contado com um meio educacional muito promissor em ideias, teorias e movimentos educacionais, aproximando-o das ideias modernistas. Desde cedo, na Liga Nacionalista, passou a ser reconhecido por sua dedicação às causas da educação popular, por sua competência em seu trabalho e, igualmente, pela clareza e coragem com que manifestava seu pensamento, sendo reconhecido como "uma figura querida e respeitada" entre os seus colegas (Almeida Júnior, 1959, p. 33).

---

[20] Antônio Ferreira de Almeida Júnior (1892-1971) iniciou sua carreira de funcionalismo público como professor normalista e, depois de formar-se em medicina (graduação, doutorado e livre docência), passou a atuar na articulação entre as duas formações: educação e saúde. Por convite de Lourenço Filho, assumiu a direção da Escola Secundária do Instituto de Educação do RJ. "No âmbito do sistema de ensino público e privado de outros níveis de escolarização, Almeida Júnior e outras importantes figuras com as quais tinha afinidade, lutaram contra práticas patrimonialistas, oligárquicas e clientelistas, que eram predominantes àquela época, procurando implantar instituições que consolidassem procedimentos igualitários, públicos e universais na rede pública de ensino do estado de São Paulo, do Brasil e, também, no que fosse pertinente, na rede particular de ensino. Lutavam para que a educação – de boa qualidade – fosse um direito igual para todos e não um privilégio de alguns" (Gandini, 2010, p. 14-15).

No pensamento moderno de teóricos como Tocqueville e Montesquieu, de intelectuais-educadores, a exemplo de Rui Barbosa, Dewey, Claparède, Kilpatrick e William James, Lourenço Filho desenvolveu seu trabalho como mestre, pesquisador e reformador da educação, tornando-se importante personalidade na organização da Escola Nova no Brasil no início do século XX.

Foi por seu trabalho e por ideias desenvolvidas no ensino, na organização da escola ou da instrução pública, que Lourenço Filho se destacou como um protagonista, nos termos de Almeida Júnior (1959, p. 39), na "batalha da escola nova". O autor identifica três fases no trabalho de Lourenço Filho, que revelam a sua importante participação na indicação dos rumos da educação moderna. Ainda é Almeida Júnior (1959, p. 39-40) quem conta: "A batalha da escola nova principiou por vigoroso ataque à situação do momento, então reacionária e sob ameaça de retrocesso, mercê do *slogan* do oficialismo, de 'volta ao passado'" (grifo no original).

Almeida Júnior (1959) refere-se inicialmente às reformas escolanovistas introduzidas em alguns estados, a partir da década de 1920, a respeito das quais, Fernando de Azevedo (1958, p. 154) afirmou que não traduziam uma

> [...] política orgânica traçada pelas elites governantes, mas antes as tendências pessoais de educadores determinados, que agiam por sua própria conta, orientando, no sentido das ideias novas, as suas iniciativas que sucediam contrarreformas, de volta ao passado.

Entre essas reformas, estava a de Sampaio Dória, em São Paulo, a de Carneiro Leão, no Distrito Federal, e a que Lourenço Filho coordenou no Ceará, em 1921.

Houve um grande esforço de intelectuais da educação para prevalecer ideais renovadores, na organização da educação, que iniciaram bem antes do Manifesto de 1932. Conforme Almeida Júnior,

> Fernando de Azevedo, em 1926, deflagrara a ofensiva, provocando sucessivas entrevistas de educadores progressistas, pelas colunas do *Estado de São Paulo*. As declarações porventura, mais incisivas, foram as de Lourenço Filho. Depois da renovação do ensino em São Paulo, nos primeiros anos da República (disse ele), os nossos professores têm dormido nos louros de então. Consagrou-se aquele avanço (cujo valor ninguém lealmente porá em dúvida, em relação ao seu tempo) como um triunfo inexcedível, absoluto e eterno (1959, p. 39-40, grifo no original).

As declarações foram realizadas por ocasião da participação no Inquérito sobre o ensino em São Paulo, organizado por Fernando de Azevedo, considerado por Almeida Júnior (1959) como um dos marcos da "batalha" do pensamento escolanovista, travada no meio político, da qual Lourenço Filho participou com formulações intensas.

A questão provocativa, utilizada por Lourenço Filho (1926) para a resposta ao Inquérito sobre o ensino de São Paulo, denunciava a falta de continuidade dos programas de ensinos com as mudanças de governo. Diante disso, "chama a contas a alta administração escolar" em dois momentos. Um deles, ao mostrar que 150 mil crianças continuavam sem escolas, afirmando categoricamente: "sobre ser uma impiedade, é uma injustiça, uma traição à natureza do regime em que devemos viver". Para um Estado democrático: "Boa ou má, a escola pública deve ser dada a todos, ou melhor, até imposta a todos" (Lourenço Filho, 1926, p. 2). Em outro momento, o educador mostrou o distanciamento entre a cultura moderna e o ensino praticado por meio dos programas de ensino. Conforme referenciado por Almeida Júnior (1959, p. 40), Lourenço Filho afirmou: "a diretoria da Instrução não está, desde muito tempo, em contato direto com as grandes fontes de cultura pedagógica do mundo, como deveria ser".

Na continuidade da resposta ao Inquérito (1926), Lourenço Filho tratou do fim social, no qual a escola nova deveria estar envolvida. Nessa direção, elencou falhas consideradas as mais sérias da administração. Entre elas, o problema do ensino primário e normal pela "ausência de claro espírito de finalidade social, o divórcio do que na escola se pensa e se faz, e a vida do menino que a frequenta" (Lourenço Filho, 1926, apud Almeida Júnior, 1959, p. 40).

Nessa fase, apesar de ainda jovem, Lourenço Filho já tinha passado pela docência e pela administração da educação. Tais experiências realizaram-se fundamentadas nas ciências modernas, como a biologia, a psicologia e a sociologia. Com isso, delinearam-se ideias e valores, configurando, sempre mais, o movimento escolanovista, que tinha na educação popular o seu objeto de intervenção social.

Lourenço Filho do mesmo modo denunciou a falta de planejamento para a educação com definições de fins e organização dos meios dos sistemas de ensino, gerando muitos problemas sociais, na família e na comunidade. Por decorrência da denúncia, definiu para a nova escola finalidade em novas bases: "O verdadeiro papel da escola primária é o de adaptar os futuros cidadãos, material e moralmente, às necessidades sociais presentes e, tanto quanto possível, às necessidades vindouras" (Lourenço Filho, 1926, p. 10). E continua afirmando que a integração da criança na sociedade "resume toda a função da escola gratuita e obrigatória, e explica, por si só, a necessidade da educação, como função pública".

Além das denúncias sobre os problemas em que a educação estava absorvida, credenciadas por seu trabalho de docência e de administração, a participação de Lourenço Filho marcou sobremaneira os ideais da educação moderna com o desenvolvimento de pesquisas experimentais. Segundo Almeida Júnior (1959), o resultado de suas pesquisas envolvidas na psicologia educacional foi outro importante acontecimento que marcou a segunda fase da "batalha" de Lourenço Filho em relação à organização do pensamento sobre a nova escola:

> A segunda fase da batalha, iniciada em 1927[21] com a organização das primeiras classes experimentais, cobriu um período de três anos. Lourenço Filho 'observou de perto' o que se passava em determinadas classes pré-primárias ou primárias anexas à Escola Normal, entregues a professoras aderentes ao seu credo renovador (Almeida Júnior, 1959, p. 40).

As pesquisas experimentais, realizadas enquanto professor de Psicologia e Pedagogia na Escola Normal, de São Paulo, cada vez mais credenciava Lourenço Filho em relação aos novos ideais para a moderna educação escolar. Essa fase de pesquisa tinha por finalidade extrair das teorias o "como fazer" uma escola com um ensino eficiente, que pudesse chegar a todas as crianças e, assim, servir ao povo e ao país (Oliveira, 1999).

As pesquisas de testes de psicologia realizadas em laboratórios forneciam recursos para transformar a escolarização numa técnica racionalizada, superando a ideia de prática de ensino resultante de intuição, de dom, de vocação. A natureza da criança e a dinâmica de seu interesse passaram a ser apresentadas à comunidade educativa como elementos norteadores da organização e do planejamento do ensino (Oliveira, 1999). Entre as contribuições da psicologia, encontram-se a "descrição das variações psicológicas através das idades, isto é, o conhecimento dos estágios de desenvolvimento"; a "caracterização objetiva das semelhanças humanas e das diferenças indivi-

---

[21] A pesquisa na Escola Normal, conforme esclarece Monarcha (2001, p. 12), foi iniciada dois anos antes, "a partir de 1925, simultaneamente à regência das aulas, Lourenço Filho reativou o Laboratório de Psicologia Experimental da Escola Normal, abandonado desde o decênio anterior, e passou a acumular fatos e técnicas operativas fundamentadores da explicação psicológicas dos fatos sociais e individuais".

duais"; e a "criação de um modelo explicativo do comportamento humano, ou seja, a própria elaboração teórica básica sobre o objeto de investigação da psicologia" (Oliveira, 1999, p. 142-143).

As contribuições das pesquisas em psicologia imprimiram mudanças nas atividades de sala de aula e nas relações entre professores e alunos assim como abrangeram outros serviços educacionais, a saber: orientação educacional, orientação profissional e educação especial, além da organização das classes de ensino (Oliveira, 1999).

As observações em classe de ensino, a partir de fundamentos da psicologia, levaram à compreensão de que toda a técnica educativa parte da ideia de uma interferência nas formas de sentir, pensar, ou agir do educando, ou seja, o ensino envolve sempre a interação entre componentes de desenvolvimento biológico e cultural da criança. Assim sendo, acreditava-se no poder de transformação da criança e do ser humano em geral, pela educação.

Essa fase na "batalha da escola nova" ficou caracterizada pela afirmação das ideias modernas em ações de fundamentos científicos, nos quais Lourenço Filho aprofundou suas pesquisas no "credo renovador", oriundo da psicologia. De estudos e pesquisas, resultaram ideias como a da "uniformização do ensino primário no Brasil: mantida a liberdade dos programas" (1928), a questão do "programa mínimo" (1936), entre outros.

A terceira "batalha" em favor da Escola Nova enfrentada por Lourenço Filho foi denominada por Almeida Júnior (1959, p. 41) de "fase da doutrinação". Essa ocorreu em 1930, com aparecimento do livro *Introdução ao Estudo da Escola Nova,* ou, como diz o título do prefácio escrito por Paul Fauconnet, professor de Pedagogia na Sorbone, *Um livro brasileiro sobre a Escola Nova*: "Lourenço Filho, não se propôs escrever uma obra original, mas guiar o leitor brasileiro na selva confusa dos livros e artigos que, em todo mundo, se consagram ao movimento a que chamamos de 'Educação Nova'" (1930a, p. VII).

O livro surgiu no ambiente político, no qual o pensamento escolanovista centralizava seus esforços de linguagem, de produção e de realização para posicionar a educação "em função da vida nacional" e de um "novo estalão de valores". O objetivo era irromper a nova tendência organizacional da escola (Azevedo, 1948, p. 147).

As ideias disseminadas, conforme afirmava Lourenço Filho (1930a, p. 2), não eram novas, decorreram de movimentos anteriores à Guerra, os quais acreditavam na "educação do povo como condição de equilíbrio social" e como "ideal da união de todas as raças, de todas as nações". Com a configuração de novas formas políticas e novas formas de vida em comunidade, do pós-Guerra, igualmente impôs-se a revisão dos fins da educação pública. Falar em revisão dos fins, para Lourenço Filho (1930a, p. 3), é o mesmo que fazer uma crítica social e filosófica aos processos em curso e demonstrar a inanidade dos meios em ação nas escolas. Nessa direção, o "progresso das ciências biológicas e, em particular, o da psicologia" serviu, principalmente, como "meios de aplicação científica" para o movimento renovador desenvolver seus ideais nas diversas reformas educacionais, culturais e econômicas em curso. Em outras palavras, os fins mostravam-se exequíveis, tendo em vista os "meios de aplicação científica" (Lourenço Filho, 1930a, p. 3).

Essa "fase de doutrinação" da Escola Nova encampada por Lourenço Filho desenvolveu-se em meio à confusão de valores em relação ao ensino intelectualista ou literário e ao ensino de finalidade de aplicação técnica. Diante das variadas formas de compreender a Escola Nova, o livro *Introdução ao estudo da escola nova* apresentou ideias que marcaram as discussões, a formação do professor e técnicas de ensino. Essas ideias foram divulgadas por meio de revistas como Escola Nova, discursos e práticas pedagógicas.

Diante da confusão dual, ensino intelectual e ensino de aplicação técnica, a mudança pretendida recaiu sobre as estruturas e os valores seculares, para tanto, segundo o intelectual-educador seria necessário "encarar a escola – instituição de educação intencional e sistemática, por excelência – como *órgão de reforçamento e sistematização de toda a ação educativa da comunidade*, não órgão que a ela se possa opor, ou dela se possa desligar" (Lourenço Filho, 1930a, p. 5, grifo no original).

Recorrendo às contribuições da sociologia educacional, Lourenço Filho (1930a, p. 189), pautado em Durkheim, delimitou o que seria um dos pilares das novas ideias: "a educação é a socialização da criança" e "o tipo de socialização que a escola nova pretende é o da democracia". Esta se realizaria de múltiplas formas, conscientes ou não, por meio da família, da igreja, da escola, das instituições sociais de administração (o Estado). Igualmente, se realizaria em espaços como "a imprensa, as diversões, os esportes, os grupos de profissão, a comunidade familiar, ou grupo social restrito, a que o educando mais diretamente estivesse submetido" (Lourenço Filho, 1930, p. 6).

No entanto, "nem a escola pode ser, como se pretendia e se pretende, o órgão ou fator máximo da educação, nem os meios que ela mais comumente tem empregado nos parecem, hoje idôneos para a consecução de tais fins" (Lourenço Filho, 1930a, p. 6). O que se busca, afirma Lourenço Filho (1930a, p. 7), é

> *A integração da escola, na ação geral educativa de cada comunidade, para que ela possa servir, com equilíbrio, como fator de maior civilização, adaptando o homem ao seu meio, – eis a primeira importantíssima conclusão da escola nova*. Dela decorre o que é obvio modificações político-administrativas importantíssimas (grifos no original).

As modificações decorrentes da "integração da escola" na comunidade incluem três ações político-administrativas: a necessidade da "escola única"; a organização de "instituições post e peri-escolares" e a escola do "trabalho em comunidade". A necessidade de "escola única", no sentido político administrativo, é bem diferente de escolas de "programas unificados". Lourenço Filho explica (1930a, p. 9):

> *Nem por ser única*, a escola primária tem os mesmos programas, ou, melhor ainda, *para ser única*, isto é, para que tenha a mesma finalidade de adaptação, é necessário que possua programas adaptados as necessidade e possibilidades das várias regiões a que se deve servir, à comunidade em que novos elementos de vida vão ser integrados. (Lourenço Filho, 1930a, p. 7, grifos no original).

O equívoco entre *escola única* e *liberdade de programas* já tinha sido objeto de debate na I Conferência Nacional de Educação com o tema *A uniformização do ensino primário no Brasil*, conforme registrado anteriormente. Lourenço Filho manteve a posição da necessidade de programas de ensino, organizados em função das necessidades da criança (conforme preconizado pela psicologia infantil e outras ciências sociais) e em função de uma finalidade social para servir de homogeneização das novas gerações. Tudo isso sem, contudo, excluir a autonomia do professor e da escola no processo de organização e realização do programa de ensino.

A outra ação, por decorrência da necessidade de integração da escola à comunidade, incluiu mudanças nos objetivos do ensino da leitura, da escrita e do cálculo, os quais deixavam de ser a essência do ensino, como na escola tradicional, para tornarem-se instrumentos para aquisição de elementos da cultura histórica e contemporânea. Por isso, a necessidade de desenvolver "instituições post-escolares e peri-escolares, que lhes dessem maior significação no trabalho, reforçando lhe e fazendo-lhe valer" (Lourenço Filho, 1930a, p. 10). À vista disso, tudo contribuiria para a formação e o desenvolvimento da criança:

> As escolas de continuação, as escolas pré-vocacionais e vocacionais, o serviço de orientação profissional; as bibliotecas e os cursos post-escolares, com os seus conselheiros; os campos de jogos; o cinema educativo; as cantinas da infância; as visitadoras da higiene; o ensino de oportunidades; os recreatórios; a correspondência interescolar; os círculos de pais e mestres – para não citar outras – são criações características desse esforço em prol da ampliação da coordenação da obra da educação primária (Lourenço Filho, 1930a, p. 10).

O "hábito do trabalho em comunidade" seria uma das importantes ações para o desenvolvimento da educação democrática que integraria a escola com a comunidade. Com isso, visava superar a tendência do hábito do trabalho individual, conforme ele mesmo explica:

> Na escola renovada, pretende-se que as crianças, desde cedo, aprendam *a trabalhar em grupo, em comunidade*. O trabalho por *equipes*, por comissões ou partidos, o auxílio mútuo, a autoaprendizagem do *grupo* são transformações porque se batem todos os renovadores. A compreensão da vida social deve ser sentida, vivida por todo o tempo da meninice, não simplesmente recebida como preceito de moral teórica (Lourenço Filho 1930a, p. 11, grifos no original).

A organização da escola pautava-se nesses novos valores sociais e políticos, de modo a realizar-se uma "escola única" em seus grandes ideais de educação de qualidade para todos e de solidariedade humana, promovendo "a paz pela Escola Nova" (Lourenço Filho, 1930a, p. 11). Além disso, a nova escola concorria em seus objetivos formar o "cidadão do mundo", sem, contudo, se distanciar do "sentimento nacional". Formação que primeiro pretendia a homogeneização do ensino a todas as crianças com a realização de um programa mínimo na escola primária, para diferenciar-se, depois, com a formação profissional na escola secundária.

No movimento da escola renovada, conforme apresentado por Lourenço Filho (1930a), a "educação intencional é obra social", com isso há um alargamento de suas funções e há, da mesma maneira, mudança na sua direção. Lembrando que para o intelectual-educador havia necessidade de mudanças político-administrativas e de mudanças no sentido teórico e pedagógico dos processos de ensino, e para isso seria imprescindível o delineamento de "novos meios" de "aplicação científica", decorrentes da nascente biologia e da psicologia aplicada.

O sentido social a que preconizava a educação moderna colocava em relevo a necessidade de "adaptação" ou "sistematização da conduta". Nesse sentido, Filho (1930a, p. 13) defendia que "educar é influir na organização das condutas motrizes de conservação e defesa da vida, diretas e imediatas, e nas de organização social do pensamento, para reações indiretas e imediatas. Hábito e pensamento". Esse caminho de formação exigiria orientação por processos biológicos, entre eles, os relacionados ao sistema nervoso, à cultura física, à defesa da saúde, às influências hereditárias. Igualmente, deveriam ser considerados os aspectos psicológicos para a ação educativa.

É importante atentar-se ao fato de que as contribuições da psicologia experimental, como apresentadas por Lourenço Filho (1930a, p. 15), abrangeriam o problema "estático" da organização escolar. Tratava-se de intervenções realizadas "antes do ensino", portanto consideradas problemas da administração, como, por exemplo, "a organização das classes, graduação e seriação do ensino em relação à idade e a capacidade de aprender".

Os "testes psicológicos" contribuíram no sentido da classificação científica para a organização racional de classes homogêneas. No entanto, não podiam ser entendidos como fins ou meios de ação. Consistiam em "meios de verificação" ou "recursos de verificação e controle", capazes de oferecer resultados para as atividades de organização estática e pedagógica do ensino (Lourenço Filho, 1930a, p. 15). Na "dinâmica da aprendizagem", a psicologia contribuiu em relação aos aspectos relacionados às maneiras de ensinar e de aprender, ou seja, segundo a educação moderna, o homem aprende na ação (*homo faber*). Os "testes psicológicos" da mesma forma contribuíram para a verificação dos resultados de aprendizagem dos educandos, ao auxiliar a identificar seu nível de desenvolvimento.

A psicologia experimental, para Lourenço Filho (1930a, p. 18), oferece recursos à pedagogia, "não resolve o problema de finalidade. Fornece apenas meios práticos para a verificação objetiva, que deve ir, pouco a pouco, substituindo os meios de apreciação meramente subjetiva, ou pessoal, dos mestres". Por outro lado, pretende "oferecer bases para a crítica da essência mesma do trabalho educativo".

> Como ciência pura, desinteressada, a psicologia vai revendo, de pesquisa em pesquisa, a concepção do funcionamento do espírito, vai indicando como surgem e se desenvolvem as condutas, como reciprocamente elas atuam umas sobre as outras, como enfim se solidarizam e se sistematizam, na produção da personalidade, procura dizer *o que é, não o que deve ser*. Indica, por exemplo, como se implanta um hábito, como se forma um sentimento, como a organização lógica do pensamento pode operar-se, mas se lhe perguntarmos que hábitos devemos dar à criança, que sentimentos são os de que carecemos, que pensamentos devemos desde logo inculcar ao indivíduo – ela não responderá (Lourenço Filho, 1930a, p. 18-19).

Quem responde a tais indagações é, para Lourenço Filho (1930a, p. 19), a pedagogia. Do ponto de vista do mencionado autor, a pedagogia não é uma ciência isolada, mas composta por um conjunto de princípios e doutrinas cujo objetivo é a "orientação e a produção do trabalho educativo". A pedagogia "não verifica apenas as relações entre os fenômenos, mas propõe *um plano de ação*, com que pretende influir nos destinos do homem" (Lourenço Filho, 1930a, p. 19, grifo no original). Para organizar o "plano de ação", a pedagogia busca subsídios nas ciências como a biologia, a psicologia e a filosofia. A didática é, nessa direção, remodelada em novas bases de entendimento do desenvolvimento da criança e da aprendizagem.

Na obra *Introdução ao estudo da escola nova*, muitas outras ideias foram apresentadas e delineadas na primeira lição, as quais abrangem a filosofia do conhecimento na Antiguidade, na Idade Média, na Renascença e Idade Moderna; passa-se por tendências pedagógicas e pensamentos de educadores, como o ensino verbal em Comenius, a educação popular em Rousseau, o ensino intuitivo em Pestalozzi e Herbart, chegando ao pensamento filosófico do início do século XX, com indicações sobre educação, ciência, psicologia e as consequências para a pedagogia. A obra inclui questões relacionadas à controvérsia de denominação da escola como: escola nova e escola ativa; escola ativa ou escola funcional; escola ativa e escola do trabalho; além de apresentar princípios da educação ativa.

A segunda, terceira e quarta lições da referida obra encontram-se dedicadas à apresentação de sistemas da educação renovada. Na segunda, a abordagem referencia os precursores da Escola Nova; na terceira e quarta apresenta as principais doutrinas inspiradoras e seus princípios capitais, para, na quinta, movimentar o leitor nas importantes críticas das aplicações da nova pedagogia como: a questão dos programas; do ensino graduado, do programa mínimo; do horário; da disciplina, da autonomia e da liberdade dos escolares; da educação e autoridade.

Algumas dessas questões, especialmente as últimas, serão retomadas posteriormente. Por ora, as reflexões continuam com as linhas gerais das contribuições de Lourenço Filho para com o Movimento de Renovação Educacional no Brasil, como parte integrante do ideário escolanovista. Ideário formulado em meio a tantas controvérsias como foi o relacionado à sua denominação: "escola nova" ou "escola ativa". Nesse quesito, é importante registrar o esclarecimento feito por Lourenço Filho (1930a, p. 47-48):

> A escola ativa é uma das manifestações da escola nova, não toda ela. *Escola nova é gênero; escola ativa, espécie de gênero.* A primeira expressão inclui mais, em si, a revisão dos fins sociais, uma nova filosofia da educação *in extenso*, uma nova compreensão de vida e da fase de evidente transformação social que atravessamos. [...] A escola ativa pode ser feita sem a nova filosofia, como sem os processos de apreciação objetiva (grifos no original).

Tal ideário, produzido a partir de lições compendiadas de um curso realizado no Instituto de Educação, RJ, *Introdução ao estudo da Escola Nova* (1930), auxilia na coordenação de informações dispersas; em estudos de certos problemas organizacionais; nas intenções administrativas e, principalmente, na "formação de uma nova mentalidade dos que educam" expressando a "fase de doutrinação", conforme indicado por Almeida Júnior (1959, p. 51). Para a professora Iva W. Bonow (1959, p. 129), as *lições* da referida obra "mais que doutrinas ou técnicas pedagógicas, apontam os fundamentos científicos do currículo, especialmente os de natureza psicológica".

O caminho percorrido por Lourenço Filho em relação aos princípios escolanovistas, além de ideias e pesquisas, promoveu planejamentos, programas e práticas, tendo em vista o desenvolvimento e a organização cultural da nação brasileira. Ações realizadas com muito compromisso com a educação popular. Conforme palavras de Fernando de Azevedo (1959, p. 26), que representam o entendimento de muitos intelectuais: "Sem Lourenço Filho teria faltado alguma coisa ao movimento moderno de educação no Brasil. Sem esse mestre, guia e conselheiro, no movimento de renovação que teve a sua fase heroica e ainda não perdeu a sua força, não teria sido completo".

Muitas outras "batalhas" foram travadas por um grande grupo de intelectuais da educação. A Associação Brasileira de Educação (ABE), fundada por Heitor Lira, em 1924, desempenhou um importante papel de congregar os educadores, pondo-os em contato uns com os outros e abrindo debate sobre doutrinas e reformas, para difusão do pensamento pedagógico europeu e norte-americano, e principalmente espaço de coordenação e debate para estudo e solução de problemas educacionais (Azevedo, 1958, p. 154-155). Um debate, muitas vezes, acalorado por convicções conflitantes em relação às grandes linhas do ideário de renovação educacional.

De diferentes formas, encontram-se manifestações em favor da Escola Nova. Alguns intelectuais intervieram por meio da administração de reformas da instrução pública, outros, em produções literárias, organização de inquéritos ou, ainda, envolvidos ao mesmo tempo em vários espaços sociais e de divulgação de ideias. Os pontos basilares da nova educação que nutriam os intelectuais educadores caminharam no sentido de romper com as fórmulas do ensino verbal, para um ensino vinculado à vida real, de novas finalidades sociais e tendências educacionais.

Especialmente nas reformas educacionais, os intelectuais modernistas buscaram encontrar respostas ao problema de organização social que intervinha na construção do Estado republicano. A administração da instrução pública pautada em princípios da organização de uma sociedade democrática fez parte do rol das finalidades de reformas educacionais do início do século XX.

Reformas escolanovistas e o problema da organização social

Imbricado ao discurso modernista, instalou-se na educação o movimento de natureza democrática e republicana que se convencionou chamar de *Movimento de renovação educacional*, também conhecido como movimento da *Escola Nova*. Esse movimento educacional abrangeu uma comunidade de intelectuais que, igualmente, multiplicaram a força de suas ideias e de interesses por meio de mecanismos da imprensa escrita, como revistas e jornais, e valendo-se de produções literárias, como traduções de obras, livros didáticos e outros livros de literatura educacional.

As questões da educação foram tomando visibilidade e lugar nos meios jornalísticos, literário e nos discursos políticos, extrapolando a dimensão pedagógica e tornando-se problema de ordem nacional. A educação no meio intelectual apresentou-se como uma demanda para a construção da consciência nacional, associando a escola a todos os argumentos de mobilidade social. A questão da inclusão social envolveu a educação na nascente modernidade sob os auspícios da racionalidade liberal. Conforme explica Monarcha (1989, p. 49), a "inclusão dos excluídos" era objeto de reconhecimento político "mesmo que pela forma de dominação".

Diante do processo de desenvolvimento da modernidade rumo à industrialização e das possibilidades abertas pelo regime federativo, a nação brasileira passou a enfrentar um problema de crise institucional. Para os intelectuais da educação, a crise constituía um problema de organização, na qual todos se viam diante de um projeto de transição, fazendo-se necessário adequar os padrões de cultura para a modernidade nascente, a capitalista (Monarcha, 1989).

Em observações feitas por Anísio Teixeira a Monteiro Lobato, em carta expedida logo após a Revolução de Outubro de 1930, o problema da organização foi destacado como objeto central para instaurar a modernidade e tudo o que dela decorria:

> Estamos em cheio na atmosfera que devia dominar a Europa em 1848. À busca ainda de liberdades políticas e liberdades civis! Quando veremos que o problema de *organização*, e não o problema político é o que mais importa? Preparem-se os homens. Criem-se os técnicos. Eles *organizarão*. De organização virá a riqueza. E tudo mais – política sã, liberdades etc. etc. – virá de acréscimo (Teixeira, 1986, p. 56, grifos no original).

A questão da organização precisava ser enfrentada pelos intelectuais da educação de forma técnica, ou seja, administrativa, para atingir as questões políticas, uma vez que o entendimento era de que "uma sociedade organizada em função de objetivo e convicção liberais seriam impermeáveis à irracionalidade" (Monarcha, 1989, p. 48).

Diante da transformação social, científica e industrial e da tentativa de democratizar a sociedade, a educação passou a ser, antes de tudo, necessária para a organização do sistema social em novas bases e finalidades. A educação, para Anísio Teixeira (1930, p. 88), em sua função social, deveria cuidar dos interesses profissionais, entre outros, "como meios para a participação em todos os interesses das sociedades". A escola, nessa direção, passaria a ser a "agência social específica de preparação das crianças para a sua plena participação na vida social" (Teixeira, 1930, p. 88).

Há de se considerar, conforme dizia Anísio Teixeira (1930, p. 88), que "a sociedade democrática é uma sociedade em permanente desenvolvimento, em permanente revisão dos seus *standards*, em permanente progresso". Diante disso, os programas de ensino desenvolvidos na escola não intentaram somente se adaptar "à criança, cujas leis de crescimento e desenvolvimento a ciência vem revelando, mas adaptá-lo, de outra parte, à moderna sociedade americana" (Teixeira, 1930, p. 87). Assim sendo, "latim, grego ou a profissão de carpinteiro devem ser ensinados com o mesmo espírito de fazer do educando um membro da sua atual sociedade, com poder e oportunidade para participar em todos os seus interesses" (Teixeira, 1930, p. 88-89).

Nos termos de Anísio Teixeira (1930, p. 89), a escola, para o Movimento de Renovação Educacional, representava uma agência da "contínua transformação social que constitui o processo democrático". Por isso, deveria ser continuamente reorganizada em seus programas de ensino para adaptar a criança à escola, respeitando o crescimento e o desenvolvimento, conforme ensinam as ciências, mas principalmente voltado para adaptar a criança à sociedade em desenvolvimento.

A escola, de certo modo, passou a representar "o traço de união entre a criança e a vida social" (Teixeira, 1930, 86), tornando-se cada vez mais objeto de luta e defesa pública por parte dos intelectuais modernistas. Diante disso, consoante a expressão de Venâncio Filho (1999), alguns estados se "esforçaram" para realizar reformas educacionais. Abriu-se, desse modo, em meio a confrontos ideológicos, um espaço para os intelectuais escolanovistas intervirem na educação principalmente, na organização administrativa e pedagógica da escola, abrangendo novos fins e novos meios políticos e pedagógicos. Nessas fronteiras, as reformas educacionais, especialmente as realizadas no período de 1920 a 1930, foram demarcadas de forma imperativa pelo pensamento organizacional.

As principais capitais do país e o Distrito Federal promoveram reformas educacionais (Quadro 1)[22], dirigidas por intelectuais da educação que, de diferentes formas, mantinham-se comprometidos com os interesses de nacionalização e modernização do país, bem como com a renovação educacional ao abrigo dos princípios da Escola Nova.

No período de 1920 a 1940, destacaram-se 14 reformas. São Paulo foi o estado que mais realizou intervenções na instrução pública, delinea-

---

[22] Além das reformas registradas no Quadro 1, outras manifestações da Escola Nova foram realizadas no Brasil, especialmente até meados da década de 1940. Tais manifestações podem ser conferidas no livro organizado por Miguel, Vidal e Araújo (2011).

das pelo pensamento escolanovista: Sampaio Dória (1920/21); Manoel Bergström Lourenço Filho (1930/31); Sud Mennucci (1932); Fernando de Azevedo (1933 a 1935); Antônio F. de Almeida Júnior (1935 a 1938). Em segundo lugar está o Distrito Federal (RJ), com três reformas dirigidas por: Carneiro Leão (1922 a 1926); Fernando de Azevedo (1927 a 1930); Anísio Teixeira (1931 a 1935).

Quadro 1 – Reformas educacionais no pensamento escolanovista de 1920 a 1940

Período	Estado/Distrito Federal	Reformador
1920/21	São Paulo	Sampaio Dória
1920/24	Paraná	Lysímaco Ferreira da Costa e Prieto Martinez
1922/23	Ceará	Manoel Bergström Lourenço Filho
1922/26	Distrito Federal (RJ)	Antônio de Arruda Carneiro Leão
1924/28	Bahia	Anísio Spínola Teixeira
1925/28	Rio Grande do Norte	José Augusto Bezerra de Menezes
1927/30	Minas Gerais	Francisco Campos e Mário Casasanta
1927/30	Distrito Federal (RJ)	Fernando de Azevedo
1929/30	Pernambuco	Antônio de Arruda Carneiro Leão
1930/31	São Paulo	Manoel Bergström Lourenço Filho
1931/35	Distrito Federal (RJ)	Anísio Spínola Teixeira
1932	São Paulo	Sud Mennucci
1933/35	São Paulo	Fernando de Azevedo
1935/38	São Paulo	Antônio Ferreira de Almeida Júnior

Fonte: organização própria com base em documentação oficial

Manoel Bergström Lourenço Filho e Fernando de Azevedo, antes de intervirem em São Paulo, dirigiram outras reformas, no Ceará (1922/23) e no Distrito Federal (RJ) (1927 a 1930), respectivamente. Da mesma forma, Antônio de Arruda Carneiro Leão e Anísio Spínola Teixeira foram intelectuais que atuaram em mais de uma reforma educacional. O primeiro no Distrito Federal (RJ) (1922 a 1926) e em Pernambuco (1929 a 1930) e o segundo na Bahia (1924 a 1928) e no Distrito Federal (RJ) (1931 a 1935).

As reformas do Paraná, por Lysímaco Ferreira da Costa e Prieto Martinez (1920 a 1924); de Minas Gerais por Francisco Campos e Mário Casasanta (1927 a 1930); e do Rio Grande do Norte, por José Augusto Bezerra de Menezes (1925 a 1928), embora com menor abordagem pelos estudos historiográficos, representaram a amplitude em que os ideais escolanovistas, especialmente os relacionados à difusão da escola pública, gratuita e laica, abrangeram a organização da educação na república federativa brasileira.

Além das reformas referenciadas no Quadro 1, o movimento da Escola Nova foi disseminado e desenvolvido por intelectuais da educação em outros estados brasileiros, nem sempre assumindo característica de reforma geral da instrução pública, mas alcançando mudanças na organização do ensino. Entre as mudanças, destaca-se a movimentação a favor da escola pública, gratuita para todos, incluindo as influências nos projetos pedagógicos, que auxiliavam na resolução dos problemas referentes à educação, especialmente os relacionados à renovação dos métodos de ensinar e aprender. Entre esses estados, a historiografia registra Sergipe, Espírito Santo, Rio Grande do Norte, Rio Grande do Sul, Paraíba e Maranhão (Miguel; Vidal; Araújo, 2011).

O trabalho desenvolvido principalmente por meio das reformas criou novas condições políticas e culturais para a participação no projeto de educação nacional e de constituição da nacionalidade brasileira, como, por exemplo, a participação de intelectuais escolanovistas em espaços de grande influência política e organizacional, como ocorreu: na Instrução pública da então capital brasileira, Rio de Janeiro e de São Paulo (Quadro 1); na criação e na direção do Inep (1938) com Lourenço Filho (de 1938 a 1945), Murilo Braga de Carvalho (de 1946 a 1950) e Anísio Teixeira (de 1952 a 1964); na composição do Conselho Nacional de Educação (CNE), com a presença de Lourenço Filho (de 1931 a 1961); nas Conferências Nacionais de Educação (iniciadas em 1927); com o Manifesto dos Pioneiros da Educação Nova (1932); nas comissões de elaboração de políticas para a educação, entre elas, a participação na elaboração das Leis Orgânicas do Ensino e da primeira Lei de Diretrizes e Bases da Educação Nacional (LDB) no período entre 1948 a 1961; e assim por diante.

Formados em diversas áreas das ciências, como do direito, das engenharias e da medicina, os intelectuais que dirigiram as reformas educativas mostraram-se movidos por interesse político ou pelo desejo de se manterem em espaço de luta em favor de princípios culturais liberais. Alinhados aos ideais escolanovistas, em sua maioria, mantinham-se em constante contato.

Porém, o clima era de embate e de disputa entre os grupos que, por suas ações, buscavam influenciar a definição daquilo que Freitas (2005, p. 166) denominou de "formas dentro da forma", o que significa "disputar o formato de currículos, orientações pedagógicas, produção de materiais e tudo o que pudesse dar normas ao trabalho escolar".

Alguns excertos de cartas, trocadas entre os intelectuais no período, revelam memórias de lutas, de disputas, de avanços, de dificuldades (políticas e econômicas) e de amizade em que se envolveu a dinâmica do Movimento de Renovação Educacional, confirmando, assim, se tratar de forças ideológicas em movimento. Para a elaboração deste trabalho, optou-se por colocá-los em sequência, de modo que seja possível explorar o movimento indivíduo-grupo ou, conforme Arendt (1981, p. 106), observar como a ação e o discurso, juntos, "constituem a textura das relações e dos negócios humanos". Além disso, objetiva-se perceber que o movimento escolanovista se realizou pela "pluralidade humana" ao tempo em que intervinham na organização da educação brasileira, no início do século XX:

> *Meu caro Fernando, é preciso não ter <u>todas</u> as ilusões! O ideal seria o que você imaginou. Mas a atitude agora é transigir <u>momentaneamente</u> para vencer <u>definitivamente</u> [...]. Não desanime, portanto, nem se aborreça demais com o resultado final, qualquer que seja. [...]* (Carta dirigida a Fernando de Azevedo por Lourenço Filho, SP, 30/11/1927, grifo no original).
>
> *Do seu ponto de vista pessoal como administrador, o substituto [Projeto, 109/1928] veio trazer-lhe maiores garantias e eficiência de ação e pô-lo a coberto de críticas que seguiriam aos que não compreendessem a profundidade da obra planejada e, portanto, a execução de tempo para realizá-la. [...] Passe uma esponja sobre pequeninos aborrecimentos. Avante! [...]* (Carta dirigida a Fernando de Azevedo por Lourenço Filho, SP, 01/1928).
>
> *Infelizmente como vai, o momento aqui é também de ameaças. A incerteza e a instabilidade de um regime de fato semeiam na atmosfera constantes ameaças* (Carta dirigida a Lourenço Filho por Anísio Teixeira, RJ, 1930).
>
> *O seu livro [Introdução ao estudo da Escola Nova], lido e relido. Magnífico. Fiquei espantado com o seu poder de síntese e de clareza. Sinceramente, achei o seu livro a melhor coisa que se publicou, ultimamente, em matéria de educação no Brasil. [...] Hoje o seu livro é um manual que está nas mãos de nossos mestres* (Carta dirigida a Lourenço Filho por Anísio Teixeira, BA, 22/08/1930).

> *O Instituto de Educação que teve suas origens no curso de aperfeiçoamento – criado por você [Lourenço Filho] em 1931, – germe e núcleo desse instituto universitário, foi a primeira peça que se destruiu, no sistema da universidade foi desmantelado e desprestigiado [...] como se fosse um cancro que o estivesse arrancando. [...] Foi destruído tudo sem consideração à congregação e conselho universitário ou por qualquer um de nós [...] todos dignos pelos seus serviços a respeito das atividades públicas [...]. (Carta dirigida a Lourenço Filho por Fernando de Azevedo, SP, 26/06/1938).*
>
> *Muito obrigado pelo seu 'Tendências da Educação Brasileira". Não é de hoje que venho aprendendo a orientar-me no terreno da pedagogia, graças às lições que prodigamente, o técnico dedicado põe ao alcance dos que não podem desviar o tempo necessário ao esmiúças dos problemas. [...] Mas se assim é a educação no caráter integral, permita o professor que eu discorde da restrição exposta à pág. 114 de Tendências. [...]* (Carta dirigida a Lourenço Filho pelo Cel. Tristão Alencar Araripe, RJ, 15/02/1941).
>
> *Não raro as dificuldades defrontadas nos levam quase ao desânimo. Nesses momentos, porém, não nos tem faltado, ou uma visita grata como a do Dr. Calheiros Bom Fim, ou as palavras encorajadoras do generoso Dr. Lourenço, cuja carta relemos, reunidas, cada vez que se os apresentam obstáculos a vencer. Usamo-la a modo de 'óleo canforado'* (Carta dirigida a Lourenço Filho por Marieta da Cunha Silva, PA, 20/07/1944).
>
> *Acabo de ler em "O Globo", de hoje, uma notícia referente ao currículo mínimo, fixado pelo Conselho, para o curso de Pedagogia. Aí vejo o ciclo básico [...]. E o curso profissional [...] não vejo indicada a Administração Escolar. Será assim mesmo?* (Carta dirigida a Anísio Teixeira por Lourenço Filho, 1962).

Nesses termos, é possível perceber que pensar a organização de uma educação como tentativa de viabilizar um *novo* projeto de nacionalização requer mais que *um* reformador. Abrange, necessariamente, um grupo de intelectuais imbuídos dos mesmos fins. Freitas (2005, p. 166) identifica duas frentes de luta: uma centrada na "renovação das questões metodológicas e pedagógicas com a qual se defendia uma escola nova para que a república pudesse 'civilizar' seus filhos em novas instituições"; e a outra centrada na "disputa sobre qual república deveria ser consolidada".

Em meio à luta ideológica e pedagógica, as reformas envolveram tanto a organização técnica e administrativa da educação que abrangiam desde o planejamento, os encaminhamentos técnicos, até as gerências diplomáticas para resolver problemas decorrentes de embates políticos ou pedagógicos somados no esforço da defesa da inclusão escolar de manifestações escolanovistas. Em vista disso, não se tratou de um programa de reforma fechado. Cada idealizador, em meio às disputas, construiu, pouco a pouco, conforme os ideais de seu grupo, as condições políticas e a disposição social. Na maioria das vezes, o reformador atuava no delineamento político dos ideais e se assessorava por um grupo de profissionais que estavam mais intensamente envolvidos na estruturação e no encaminhamento das ideias-projeto em forma de programas e ações.

Paschoal Lemme (1988b) descreveu fatos, em relação à Reforma da Instrução Pública de São Paulo (1927/30), que explicitam a amplitude da ação com os assessores na gestão e na organização da reforma, ampliando a competência técnica e administrativa: "A Reforma tinha criado dois setores principais em que se dividiam todos os serviços da Diretoria Geral de Instrução Pública: a Subdiretoria Técnica, entregue a Jônatas Serrano, e a Subdiretoria Administrativa, sob a direção de Frota Pessoa" (1988b, p. 3). As *questões técnicas* da reforma voltavam-se aos objetivos e às finalidades da educação, enquanto as *questões administrativas* tratavam dos meios para a realização das intencionalidades da nova escola, dentre as quais o planejamento e as condições, como a do espaço físico, para realização educativa.

Em suas memórias, Paschoal Lemme (1988b, p. 33) registrou a situação vivenciada ao chegar ao departamento de Instrução Pública de São Paulo:[23] "sentia apenas que penetrava num verdadeiro burburinho de pessoas, ideias, discussões, controvérsias, num ambiente que nada tinha de burocrático, de rotineiro, de despacho de papeis [...]". Vigorava, em primeiro plano, o envolvimento de todos com o planejamento da reforma. Lemme (1988b, p. 33) recorda:

> [...] o principal local de trabalho era uma grande mesa situada no centro do salão [...] em torno dela, sucediam-se as comissões de professores que, diariamente, se empenhavam na discussão dos inúmeros detalhes que era preciso elaborar e transformar em proposições claras, compreensíveis, para servir de regulamentação à lei básica que entrara em vigor a 23 de janeiro daquele ano de 1928 (Lemme, 1988b, p. 33).

Memórias como a de Paschoal Lemme (1988b) contribuem para compreensão de dois mecanismos importantes que envolveram as refor-

---
[23] Em 1928, Paschoal Lemme aceitou o convite do diretor de Instrução Pública de São Paulo, Fernando de Azevedo, para ser o assistente de Jônatas Serrano.

mas. Um deles refere-se ao fortalecimento do poder gerado pelo trabalho em conjunto, aquele que envolve muitos profissionais e educadores com mesmos interesses em favor da reforma da educação. Nos termos de Arendt (1981, p. 212), "o poder passa a existir quando os homens agem juntos" e é esse mesmo poder que os mantém unidos. Em meio aos espaços de disputas que envolviam as reformas, a ação em grupo era importante para ampliar a capacidade de organização da educação e da escola em novos ideais.

O outro mecanismo trata da relevância da atuação dos assessores na *organização dos meios*. Por meio dessa organização dos meios, técnicos ou físicos, a sociedade e os próprios profissionais envolvidos observavam e sentiam as mudanças educacionais. Não obstante a centralidade nos fins, o espaço primordial de intervenção da assessoria nas reformas era o processo de organização dos meios como imprescindíveis para cumprir os fins, especialmente àqueles a que se propunha o reformador. Conforme memória de Juracy Silveira[24] (1959) sobre a reforma no sistema escolar carioca realizado por Carneiro Leão e Fernando de Azevedo:

> As reformas de ensino traçando-lhes 'novos fins' trouxe, em consequência, um interesse bastante vivo para o encontro de 'novos meios'. O primeiro mérito desses dois movimentos [de reformas], que se seguiram sem interrupção, foi o de abalar as convicções pedagógicas, as 'certezas didáticas' adquiridas por efeito de uma rotina secular [...] (Silveira, 1959, p. 74).

A apresentação dos novos meios, para superação da rotina escolar que estava "aniquilando o ensino", de acordo com afirmação de Silveira (1959), gerou dúvidas, curiosidade intelectual, conduzindo o mestre primário a olhar para o seu trabalho, analisando e avaliando-o em termos de novos objetivos. A professora na continuidade afirma que nesse momento a função da escola, em seus "aspectos humanos e sociais", aparecia pela primeira vez ao mestre da escola primária.

A defesa da modernidade e da nova função social da escola, em contraponto à escola tradicional, reclamava necessariamente novos *meios* que se igualassem, em relevância, aos fins reivindicados. Os meios essenciais para a organização da instrução popular no Brasil faziam parte das preocupações de todos os reformadores. As *ideias-meios*, paulatinamente, ascenderam-se suscitadas por problemas sociais como o analfabetismo, a saúde pública

---

[24] Professora do Instituto de Educação, no Distrito Federal, na gestão Anísio Teixeira; foi também diretora do Departamento Nacional de Educação – DF.

(higiene e saneamento), a falta de educação escolar profissionalizante, a formação do professor comprometida pelos planos de cursos arraigados na tradição positivista e, principalmente, o problema de adaptação e de desenvolvimento da criança ao meio social.

A utilização de expedientes como o recenseamento, a aplicação de testes, a elaboração de pesquisas estatísticas, técnicas e sociais, produziram *meios* que, vazados por princípios das ciências da educação, tinham por objetivo superar a pedagogia tradicional com fins puramente individualistas, para colocar, conforme palavras de Azevedo (1958, p. 164), em "primeiro plano de suas preocupações os princípios de ação, solidariedade e cooperação social". Isso significou, fundamentalmente, superar os preceitos, hábitos, valores arraigados nas práticas dos professores provenientes da "velha pedagogia primária e intuitiva dos outros tempos", assim denominada por Anísio Teixeira (1930). Nessa direção, a formação de professores se manifestou como ponto nevrálgico para as reformas escolanovistas.

Diante da intencionalidade (princípios filosóficos) e dos objetivos (sociais e políticos: de nacionalização e democracia) que moviam as reformas, observou-se que à ação dos mestres vinculavam-se questões políticas fundamentais de uma reforma, como, por exemplo, o combate ao analfabetismo, a inclusão escolar, a difusão de novos ideais e valores, e outras muitas questões para o desenvolvimento e exercício da cultura democrática.

Assim sendo, nas reformas, em meio às orientações e à organização de instrumentos de acompanhamento aos professores, foram desenvolvidas ações direcionadas à profissionalização, tais como: gratificação aos professores proporcional ao número de alunos alfabetizados (Sampaio Dória, 1920, 1921); autonomia do professor para a efetivação do programa de ensino e promoção e avaliação do mérito de cada professor (Carneiro Leão, 1922, 1926); revitalização da carreira do professor com licença maternidade e licença prêmio, criação de escola normal superior, escola de aplicação, biblioteca do professor, museu pedagógico (Carneiro Leão, 1928, 1930).

Por outro lado, o condicionante para a efetivação da reforma envolveu, além da formação docente, outros dois importantes eixos de atuação. Conforme mostra Sônia Câmara (2011, p. 187),

> [...] para Fernando de Azevedo, a modernização educacional seria feita tanto pelos programas de ensino a serem ministrados, como pela remodelação dos prédios escolares e por

> novas práticas educativas realizadas no cotidiano da escola, cabendo ao Estado a tarefa de diluir as diferenças sociais, econômicas e culturais na cidade.

Ao assumir a reforma da instrução pública no Distrito Federal (RJ) (1927/30), Fernando de Azevedo disse que um dos problemas "que tinha que enfrentar para tornar exequível a Reforma, em pontos essenciais, era o das novas instalações de escolas primárias e profissionais e da Escola Normal que funcionava em condições precárias" (Azevedo *apud* Lemme, 1988b, p. 41). Assim, com a instalação do Instituto de Educação do Rio de Janeiro, projetado e construído em tempo recorde, Fernando de Azevedo "imprimiu à formação de professores primários cariocas uma nova orientação, para que esses futuros mestres pudessem ficar à altura de suas mais complexas responsabilidades traçadas pela reforma" (Lemme, 1988c, p. 202).

Na reforma dirigida por Anísio Teixeira, no Distrito Federal, a centralidade do trabalho passou, do mesmo modo, pela formação do professor. Sônia Lopes comenta que

> A centralidade de seu projeto consistia em preparar uma geração de professores adaptados às novas tendências pedagógicas que, ao mesmo tempo, pudessem dar conta da demanda por uma educação mais sintonizada com as transformações por que vinha passando a sociedade brasileira (Lopes, S., 2006, p. 55).

Assim sendo, um dos primeiros atos "foi viabilizar a transformação da Escola Normal em Instituto de Educação – unidade educacional composta por uma escola secundária nos moldes da reforma implementada por Francisco Campos" (Lopes, S., 2006, p. 55). Em ato contíguo à formação do professor, outras ações foram realizadas, dentre elas: instalações de escolas primárias, profissionais e Escola Normal; reestruturação da administração da escola; proposição de novos programas de ensino em formatos diferentes de organização curricular; articulação dos programas de ensino entre os diversos níveis de escolarização; difusão do método de ensino voltado para as ciências sociais e da natureza; sistematização de cursos de formação de professor nas férias escolares.

As reformas da educação no início da República, inspiradas em ideais escolanovistas, vislumbraram a organização de um sistema educacional público desde a educação elementar até a universidade. Propuseram medidas com o objetivo de encontrar eco no povo pela necessidade e pela oportunidade de mudança social. Nutriram-se da convicção de que a escola poderia intervir nas mudanças da sociedade.

No entanto, os ideais escolanovistas não se realizaram sem intensos debates e disputas. O *Manifesto dos pioneiros* (1932) representou muito bem a disputa entre os signatários, compromissados com reformas do sistema escolar nos ideais da educação nova, e os católicos defendendo a escola tradicional. A obra representou, igualmente, as disputas internas de cada grupo, como, por exemplo, a recusa de Carneiro Leão de subscrever o manuscrito em 1932; não obstante, suas iniciativas mantiveram-se entre as estratégias de implantação da Escola Nova no país (Nunes, 2011).

A defesa da educação nova no *Manifesto*, segundo Carvalho (1994, p. 76), designou o "conjunto de métodos e preceitos pedagógicos", e, principalmente,

> [...] o conjunto de iniciativas que vinham tomando para a consecução deste programa, seja como reformadores, nos cargos técnicos e administrativos que ocuparam, seja como grupo aglutinado na ABE, ou, ainda, individualmente, tomando diversas iniciativas editoriais.

Essa dinâmica de ação – estudos, embates e disputas – entre os educadores tornou-os fortalecidos em relação à proposição da *educação nova* como programa de organização da sociedade brasileira pela escola, sem, contudo, homogeneizar as ações no meio político reformador. A cada reforma, ampliava-se o poder aglutinador das ideias e das realizações escolanovistas. Na passagem a seguir, Juracy Silveira (1959, p. 74), ao se referir à Instrução Pública do Distrito Federal (1931, 1935), notabiliza os avanços gradativos em cada reforma:

> Veio a seguir Anísio Teixeira. Encontrando o trabalho pioneiro dos seus ilustres antecessores [Carneiro Leão e Fernando de Azevedo], pode empreender, com clarividência e arrojo, uma reforma educacional em bases mais profundas, de finalidades mais amplas e mais diversificadas.

As reformas, cada uma à sua maneira, colocaram em ação ideias escolanovistas sustentadas, conforme afirmaram Campos, Assis e Lourenço (2002, p. 17):

> [...] com o objetivo de lutar pela democratização da educação brasileira e pela aplicação de conhecimentos das ciências humanas na organização do sistema escolar moderno e eficiente, capaz de contribuir para a disseminação de conhecimentos uteis para a vida real em uma sociedade em mudança.

No decorrer das reformas escolanovistas, Nagle (1976) acredita que os novos princípios da "moderna pedagogia", ou seja, os princípios pedagógicos do escolanovismo, ganharam tanta importância que chegaram a exceder os princípios políticos, ou seja, "é essa reorientação do movimento reformista que definiu a primeira e mais profunda mudança sofrida pela educação brasileira em sua história: a substituição do 'modelo político' por um 'modelo pedagógico'" (Nagle, 1976, p. 196). Entretanto, Clarice Nunes (1992, p. 2) aponta que

> [...] a literatura pedagógica tem comumente associado ampliação da escolaridade e processo de urbanização, mas não tem feito a mesma relação entre Escola Nova e ampliação das oportunidades educativas ou, mais amplamente, entre Escola Nova e, democratização da educação.

De acordo com a autora, "o desconhecimento dos traços particulares do processo de urbanização tem aberto o caminho para a repetição argumentativa que nivela todas as práticas culturais e empurra as práticas escolares para a penumbra" (Nunes, 1992, p. 2). O que significa não considerar que, no Brasil, realizaram-se versões diferentes da Escola Nova, generalizando o distanciamento de questões políticas das reformas escolanovistas. A ciência, o industrialismo e a democracia constituíram-se em "ideias-força" do movimento da renovação da escola, que, no entendimento de Nunes (1992), encarnaram-se de modo peculiar pelas iniciativas dos intelectuais na prática urbana e nas reformas educacionais.

Antonacci (1993, p. 149), por sua vez, ao situar os discursos de renovação educacional no contexto em que se realizaram, ressalta que é possível pensar "o escolanovismo como projeto cultural que, no horizonte do trabalho moderno e da nacionalização da República, articulou formas de reconstrução social e regeneração dos costumes a partir da educação". O autor segue afirmando que "o escolanovismo promoveu políticas educacionais de sistematização de administração técnica que recaíram sobre todo o universo escolar" e realizou-se "através de imbricados processos, integrando demandas por melhor ensino e ampliação de vagas escolares com interesse em torno de uma reordenação sociocultural" (1993, p. 149).

As reformas educativas manifestaram-se a partir das condições culturais existentes, entre elas, a questão da organização do Estado moderno no Brasil. Naquele momento, conforme mostra Gandini (1985, p. 239),

> [...] assumir os deveres para com a educação, significaria, para o Estado, entendê-la como um *interesse* e não como um *dever*; também, como um instrumento de *ação política* e de *aumento da utilidade social dos indivíduos*, e não como um *direito dos cidadãos* (grifos no original).

Enfim, objetivadas em princípios de organização modernizadora, as reformas educativas realizaram-se não só por interesse da modernização econômica em curso. A dinamicidade do reformador e do seu grupo de intelectuais técnicos e educadores interveio tanto para cumprir funções sociais delegadas à escola como também com a produção de singularidade da instituição escolar e da cultura que lhe é própria, entre elas a do direito à educação de qualidade.

O sentido da organização para Lourenço Filho: administrar é organizar

A questão da *organização*, no contexto da constituição da sociedade liberal-democrática e da organização racional do trabalho do início do século XX, constituiu-se, como já comentado, no grande problema nacional a ser enfrentado pelos republicanos para realizar o desenvolvimento social. Questão essa, de maneira igual, encampada por Lourenço Filho em suas intervenções intelectuais e profissionais, nas quais demarcou o problema do desenvolvimento da nação republicana como problema de *organização social* de extensão administrativa e educacional.

Em seu discurso *"O que é 'nacionalismo'?"*, proferido na inauguração do núcleo nacionalista em Piracicaba, o jovem Lourenço Filho (1918, p. 4) defendeu que uma nação se faz pela sua organização: "o Brasil precisa de nacionalismo [...] porque carece de organização, porque carece de educação, porque carece de saúde, porque carece de força, de paz, de ordem, de moralidade, nos governos e de consciência nos governados". Continua o autor, em uma nação organizada, os fins para o desenvolvimento social tornam-se comuns para toda a população, além de promover sentimentos de respeito pelo país político e social e encontrar "homens dispostos à guarda dos mesmos interesses e a esperança do mesmo futuro" (Lourenço Filho, 1918).

Tais sentimentos e valores sociais foram abrigados como prerrogativas da educação, mas não da educação retórica, do prestígio e êxito da vida social. Por conseguinte, necessitavam de uma escola organizada em novos fins, que abrangessem as "carências" e a "consciência social", garantindo uma cultura geral para o desenvolvimento social e a defesa da nação. Foi nesses termos que Lourenço Filho, em artigo sobre *O ensino no Brasil*, editado pelo jornal *O Estado de S. Paulo*, em 1921, defendeu que a intervenção social, pela via da nacionalização do ensino, deveria estar imersa na consciência dos problemas da educação popular do país. Para tanto, exigiria uma organização escolar direcionada por fins sociais e orientada pelas ciências modernas (biologia e psicologia).

Lourenço Filho, em discurso de formatura dirigido às normalistas do Ceará, aproxima o problema da organização escolar com o desenvolvimento econômico. Pronunciado em 1923, no final do segundo ano de seu primeiro trabalho na administração pública da educação, defendia que "a desorganização do trabalho, pela falta de preparo técnico e a ausência quase absoluta de instrumentos de crédito, é um fato que compromete a estabilidade econômica de todo o Estado" (Lourenço Filho, 1923a, p. 2). Elevava a educação em grau de importância social vinculada aos interesses da organização da sociedade brasileira que, naquele momento, direcionavam-se para uma formação democrática em contraponto à organização oligárquica.

A organização do trabalho imprimiu uma cultura diferenciada de relações, gerando conflito em relação aos hábitos e aos costumes da sociedade oligárquica. A fábrica tornou-se modelo de organização da sociedade. Diante das exigências organicista e mecânica do trabalho, os ideais da nova escola encaminharam-se como espaço de organização da nova cultura social (Monarcha, 1989). Nessa direção, quanto maior o conhecimento, maiores as possibilidades de inserção do indivíduo nas organizações sociais de trabalho que se instalavam. Em seu discurso, Lourenço Filho (1923a, p. 2) voltou a referir-se à falta de educação e de cultura como o grande problema social, pois gerava o "vício que se interpõe a tudo: à correção dos defeitos naturais, à adaptação do homem ao meio que tem de viver, à sua elevação e à sua perfeição". Assim, a desorganização e a falta de desenvolvimento social resultam "da ignorância popular, da incultura da maioria, que desconhece as suas prerrogativas e os seus direitos" (1923a, p. 2).

A educação escolar, nesse meio, passou a ser categorizada, por Lourenço Filho (1923a, p. 1), com amplo poder social e político: "um aparelho de ensino, que se organiza, é uma sociedade que se consolida, encaminha e se aperfeiçoa". Já o desenvolvimento da sociedade foi associado ao desenvolvimento do indivíduo enquanto ser social, pertencente a uma nação. Portanto, faziam-se urgentes as inovações propostas na escola, e que fosse encontrado "eco no povo pela necessidade e pela sua oportunidade" (1923a, p. 1).

Essa preocupação acompanhou as intervenções de Lourenço Filho, tanto que sete anos mais tarde, no discurso por ocasião da *instalação de serviço de Assistência Técnica do Ensino* (1930), em São Paulo, retomou a relação entre o trabalho social e o trabalho da escola. Para o reformador, a sociedade caminhava para "profunda transformação de costumes, de costumes políticos, de costumes de administração, de costumes de trabalho, de costumes de educação", elevando a vida brasileira para um novo "sentido" (1930d, p. 5). No entendimento do autor, tais transformações não poderiam se processar de forma desorganizada e sem a participação da sociedade. O *sentido* da transformação viria de fins sociais delimitados e organizados para o bem comum. Nesses termos, as mudanças na educação não poderiam ser feitas por proposição dos interesses individuais dos educadores ou dos reformadores, deveriam aproximar-se das mudanças de interesses da organização da sociedade.

A ideia do *bem comum* foi então apresentada pelo reformador como relacionada à elevação cultural do povo pela educação, a qual deveria se realizar não mais por "romantismo pedagógico", mas nos parâmetros do ensino de "renovação pedagógica", fundamentada por princípios científicos, metodológicos e socializantes. Em 1926, Lourenço Filho, quando escreveu para o Inquérito, dirigido por Fernando de Azevedo sobre o ensino em São Paulo, já havia posicionado a necessidade da elevação cultural por meio de uma nova organização da escola. A escola teria de ser uma obra eminentemente social, "ser um plano de renovação dos costumes, sem choques com os atuais costumes" (Lourenço Filho, 1926, p. 4). Ocorre que o Brasil República, naquele momento, não havia superado as características deixadas pelo largo tempo da colônia e do império. Por conseguinte, a escola pública deveria ser organizada para todos e a comunidade deveria envolver-se para garantir espaços para acolher as crianças de todas as camadas sociais.

Isso não quer dizer que, para o jovem educador e reformador, haveria uma solução rígida ou simplista dos problemas sociais. Para a organização dos cidadãos, a grande dificuldade consistia em despertar o povo para as necessidades sociais e persuadi-los de que deveriam cuidar de seus problemas. Questões como essas envolveriam a instrução. Tal consciência circulante recuperou, de certo modo, o pensamento de Alexis de Tocqueville (1805-1859). Para o pensador político, em suas célebres análises sobre a Revolução Francesa e sobre a democracia, a manutenção da república democrática passa pelo grau de instrução do povo: "da instrução que esclarece o espírito, da educação que regula os costumes." (Tocqueville, 2005, p. 357). A preocupação da nação republicana residiu, para Tocqueville, em salvaguardar a liberdade e a igualdade de acesso à educação.

Nesse sentido, havia necessidade de organização do Brasil República rumo à liberdade e à igualdade de acesso à educação, uma vez que, entre tantas outras questões, permanecia o problema de ajustamento das novas gerações a novas condições, maneiras e costumes sociais. Questões que envolveriam o acesso à educação, ou seja, a organização da escola para o desenvolvimento social. Conforme afirma Lourenço Filho (1926, p. 4), "A boa escola deve realizar não é apenas o homem, em abstrato, mas o homem de seu tempo e de seu meio, o homem de que a sociedade tem necessidade, no momento".

A partir da década de 1930, o problema da organização da educação continuou sendo um problema do desenvolvimento social, porém nutrido por outras motivações. Recorre-se ao pensamento do sociólogo Marcos Almir Madeira (1971) para entender que as relações estavam sendo encaminhadas por outro complexo organizacional. O social passou a apresentar-se na esteira do direito (mesmo que desenvolvido no modo individual); apontou-se a consciência ou o entendimento da existência de grupo (grupo família, grupo econômico, grupo político, grupo-Nação), abrindo-se o que o autor chama de *ciclo do realismo jurídico*. Este representa, para Madeira (1971, p. 163), o deslocamento de noções do "individual puro", buscando "compreender o indivíduo pela compreensão do grupo", assentadas em motivações existenciais, uma vez que "essa motivação revela um sentido coletivista, solidarista, grupalista, um intuito de ação conjugada, de trabalho conjugado, de conjunção de valores".

Oliveira Vianna (1974), intelectual do início do século XX com grande influência na constituição do pensamento político e social no período, contribui para compreender que, a exemplo dos grandes Estados Modernos, o Brasil, desde a Constituição de 1934 à Constituição de 1946, passando pela de 1937, encaminhou a reação contra o individualismo, de gravitação para o grupo. No entanto, a formação social nacional de ocupação do espaço deu-se por ação individual, minorando o desenvolvimento de consciência coletiva ou de *grupo comunal*. A ausência histórica de mentalidade coletiva gerou uma série de problemas para a organização e a direção da nação. Por isso, para o referido autor, se fazia necessária a intervenção do Estado por intermédio de instituições.

Nesses limites, Oliveira Vianna (1974) acreditava na necessidade da unidade e da centralização como mecanismo de organização da nação e da educação como responsável para desenvolver um novo substrato cultural ou mentalidade para o desenvolvimento social. O sentido da educação do cidadão, para atender às exigências do Estado Moderno, residia no "sentimento de coletividade", sendo assim, também se realizaria por ações dos sindicatos, convenções coletivas, corporações, autarquias e do próprio Estado Moderno.

Não se tratava, entretanto, para Oliveira Vianna (1974, p. 27), de anular o individualismo, mas de corrigi-lo de maneira a desenvolver o *sentido grupalista* da existência na conduta de cada um *servir* o bem comum. Os métodos educativos, para o sociólogo, não intencionavam "absorver o *indivíduo no grupo*, como pretendiam certas doutrinas universalistas ou totalitaristas"[25]; mas visavam a "completar, em nosso povo, o indivíduo", no sentido de dar-lhe uma consciência mais viva e clara da sua solidariedade com o grupo a que pertence, de modo a constituir-se numa sociedade de homens, voltados ao sentimento de "interesse geral", ao "bem da coletividade, da classe, da localidade, da nação" (Oliveira Vianna, 1974, p. 27).

Esse movimento de deslocamentos do individual para o coletivo, nos termos apresentados, é possível de ser percebido no pensamento de Lourenço Filho. Um dos marcos foi a Conferência proferida no Palácio Tiradentes, a convite do Departamento de Imprensa e Propaganda, em maio de 1940. O conferencista, então diretor do Inep, se empenhou em mostrar que as tendências de origem e organização do indivíduo estão ligadas aos fatos de formação social e política da nação e a educação moderna deve se voltar, ou então se *importar* por tais questões:

> As tendências de educação de um povo são as de sua própria vida social, as gerais e as particulares, as do presente e as do passado. Tudo o que importa e tenha importado à formação histórica e cultural, à organização social e política, às crenças religiosas, ao estatuto da família e ao trabalho, às condições de desenvolvimento demográfico e de produção – isso importa também ao processo educativo [...] (Lourenço Filho, 1940a, p. 14).

A educação de um povo, para Lourenço Filho (1940a, p. 40), precisa ser intencionalmente organizada, associando os fins às necessidades reais da

---
[25] Oliveira Vianna (1974, p. 27) refere-se às doutrinas de Spen, Spengler, Spranger, Frobenius, Boas, e suas escolas. Todos os destaques desse parágrafo são do autor, da obra referenciada.

vida da nação, isto é, ser posta "na direção de objetivos nacionais de ordem, de segurança, de disciplina". O problema da organização da educação foi revisto e orientado por objetivos políticos, ou seja, como um "problema da segurança nacional". Evidencia-se que o problema da educação foi deslocado do plano individual para o institucional, para ser compreendido em função dos aspectos da vida coletiva: política e social do país.

Para a organização republicana em curso, havia necessidade de os indivíduos envolverem-se com os ideais do Estado Moderno, participando da nova configuração de relações sociais. A educação deixaria "de ser um empreendimento do Estado no sentido formal, para ser um empreendimento sentido e desejado pelo povo, como obra necessária à direção e ao desenvolvimento da vida social" (Lourenço Filho, 1940a, p. 41). Nesse sentido, Lourenço Filho demonstra acreditar que a educação para uma democracia não pode ser marcada apenas como interesse político representado por seus dirigentes. A ideia de organização e de cultura se apresenta associada ao desenvolvimento do indivíduo, cujos interesses precisam ser encorpados de objetivos direcionados ao bem comum. Contudo, como chegar ao indivíduo e alcançar os seus valores, costumes, hábitos e, ao mesmo tempo, vinculá-los aos interesses amplos da sociedade?

O caminho traçado por Lourenço Filho passou pela organização da escola (estrutura e programa de ensino) e pela formação do professor. A partir do trabalho do professor, seria possível alcançar os valores, os costumes e as maneiras individuais e sociais desde que a escola, por seus programas de ensino, estivesse direcionada para tais fins. Por isso, Lourenço Filho (1940a) reafirmou, constantemente, que o educador não pode separar o seu trabalho do contexto social, da mesma forma que não pode prescindir de uma organização escolar que lhe forneça instrumentos para compreender e atuar para o desenvolvimento da sociedade.

Lourenço Filho seguiu o entendimento de que a escola, como instituição de educação intencional e sistemática, tem condições de influir na organização social do pensamento. Para o autor, "educar é influir na organização das condutas motrizes de conservação e defesa da vida, diretas e imediatas, e nas de organização social do pensamento, para reações indiretas e mediatas" (Lourenço Filho, 1930a, p. 13). Para isso, há necessidade da "integração da escola, na ação social educativa de cada comunidade" (Lourenço Filho, 1930a, p. 7).

No entanto, de acordo com o intelectual educador, a realização da organização da escola e da formação do indivíduo direcionadas a um fim social comum envolve um trabalho amplo em nível de sistema nacional e da mesma forma um trabalho conjunto de capilaridade da educação escolar. Trabalho esse que demanda o educador-administrador: aquele que organiza o sistema, o que organiza a escola (diretor), assim como aquele que organiza a sala de aula (professor).

A intervenção de forma intencional nas questões do desenvolvimento da educação pelos administradores, em nível de sistema e de escola, atenderia às necessidades da organização social, como "problema de segurança nacional". Esse problema passaria pela necessidade de unidade de cultura da nação. Lourenço Filho, no primeiro número da *Revista Brasileira de Estudos Pedagógicos* (RBEP), criada em 1944 pelo Inep, afirma: "a educação deverá ter, por sua organização e por seus propósitos, um profundo cunho social, que interesse à organização econômica do país, condições de manutenção e fortalecimento da própria unidade política e moral da nação" (Lourenço Filho, 1944b, p. 27). O desenvolvimento social é assim entendido como um problema de cultura geral, isso significa um problema a ser atendido, primordialmente, pela escola por meio de sua organização, que inclui, necessariamente, a administração e o ensino.

Em outra conferência proferida na Academia Brasileira de Letras, a convite da Liga da Defesa Nacional, em agosto de 1940, Lourenço Filho, ao discorrer sobre *alguns aspectos da educação primária*, mais uma vez, colocou em destaque a dimensão reformadora e restauradora de um povo pela educação. Para uma nova organização social, pretende-se que a escola

> [...] coopere de maneira positiva na formação integral do homem e do cidadão; que cuide da saúde dos escolares; que os inicie nas técnicas do trabalho; que neles suscite sentimentos de maior coesão social, no sentido de aumentar a disciplina interna e de garantir a continuidade histórica de cada povo, em face de outros povos (Lourenço Filho, 2002b, p. 37).

Educar é, dessa forma, promover condições para a organização social. A educação, para Lourenço Filho (2002b) – conforme entendimento apresentado na Conferência sobre a *Educação e segurança nacional*, proferida também a convite da Liga da Defesa Nacional em agosto de 1940 –, consiste em um processo contínuo de adaptação e de desenvolvimento do indivíduo. Na adaptação do indivíduo ao seu ambiente, revela-se a força conservadora da educação; por outro lado, ela proporciona igualmente o desenvolvimento das capacidades do indivíduo que podem ser utilizadas para modificar e dominar o ambiente, o que mostraria a força da mudança e do progresso de uma nação.

Nesse processo de adaptação e desenvolvimento, de conservação e de mudança do indivíduo, a educação deve sempre visar, conforme palavras do conferencista, ao "equilíbrio das tendências e aspirações do indivíduo com as do grupo social organizado de que ele recebe a cultura e a segurança, os valores morais e os instrumentos de trabalho, a força da tradição e os elementos com que possa cooperar no progresso" (Lourenço Filho, 2002b, p. 62-63).

Nesse entendimento, educação e questões relacionadas ao desenvolvimento social realizam-se em função e em relação a uma cultura social que pode ser influenciada por sua organização. Não pode ser qualquer organização. O que se tem presente é que se trata de uma organização voltada ao bem comum.

Apesar da organização educacional se apresentar, para Lourenço Filho, desde o início de seu envolvimento público, como um problema social vinculado ao problema da cultura geral, conforme já destacado, foi na conferência, com o tema *A psicologia a serviço da organização*, realizada no Dasp, em 1942, que ele justificou o sentido filosófico e técnico da organização.

Pautado no pensamento de Dutton[26], Lourenço Filho (1942, p. 1) delimita que organizar é "dispor instrumentos, já no sentido próprio (coisas), já no figurado (pessoas, grupos, relações), para a obtenção de determinado objetivo ou de rendimento certo". Nesse sentido, a organização traz contida em si "um comportamento com um fim em vista, de um ato inteligente", isso significa "a percepção da necessidade – fins; a compreensão de relações simples ou complexas – meios; a verificação causal – meios para fins; o sentido de previsão – meios ao serviço dos fins" (Lourenço Filho, 1942, p. 1). Organizar, nesses termos, envolve todo o esforço empregado para a realização de fins[27]. Exigência que requer mais que conhecimento técnico, requer igualmente saberes científicos dos envolvidos na organização.

---

[26] Dutton (1796-1869), como político norte-americano, foi governador em Connecticut e ocupou durante muito tempo cargos políticos; foi professor de Direito na Universidade de Yale, na qual lecionou até sua morte. Lourenço Filho referência a obra de Dutton, H. *Principles of Organization*, 1931. Nesse texto, foi utilizada a 5.ª ed. da tradução datada de 1965.

[27] Dutton (1965, p. 11) acreditava que a "organização é a arte de empregar eficientemente todos os recursos disponíveis, a fim de alcançar determinado objetivo. É evidentemente uma das artes mais antigas entre os homens [...]".

Dutton (1965, p. 11) argumenta que a capacidade de organizar está em "assegurar a ordem, a disposição e as relações funcionais de todos os elementos em toda e qualquer situação", requisitos esses essenciais e comuns a todas as ciências. Assim sendo, organização na categoria de ciência representa um "importante papel, não somente nos empreendimentos coletivos, mas também em todo o planejamento e em toda a premeditação do indivíduo". Sem contar, continua o autor, que organização, entendida como ciência, entrelaça-se com outras ciências, entre elas "a sociologia, porque, como esta, se interessa pela conduta do homem nas relações sociais", além da colaboração da psicologia, que tem produzido resultados substanciais e práticos, úteis à organização social (Dutton, 1965, p. 11).

Seguindo a vertente do pensamento de Dutton, Lourenço Filho (1942, p. 2) considera que "a vida é inseparável da organização, [...] onde encontremos um ser vivo, aí reconhecemos um organismo [...] a vida, em si mesma, é organização". O aspecto distintivo, para Lourenço Filho (1942, p. 2), da organização racional é que a organização se apresenta "não mais como a arte primeira, mas sob a forma de aplicação científica às atividades de produção". Isso representa, conforme palavras de Dutton (1965, p. 12), "que há sempre uma ciência ou teoria de organização servindo de base para a respectiva arte ou técnica". Nesse entendimento, ao pensar em uma organização escolar, caberia uma indagação inicial: qual ciência ou teoria de organização servirá de base para o administrador, ao delinear o planejamento?

Tal questão torna-se importante, uma vez que em uma organização também ocorrem complicações, as quais se manifestam na forma de concorrência, como conflitos de vontades ao serviço de fins idênticos. Os problemas da organização da produção, como exemplo citado por Lourenço Filho, ocorrem em função da busca desenfreada da eficiência financeira, que motiva a concentração de organizações nacionais e internacionais. Motivado por valores técnicos, econômicos e financeiros, o homem explora o homem, ameaçando entre outras coisas a ordem pública. Para que isso não aconteça, Lourenço Filho (1942, p. 5) acredita que "novos esforços de organização devem ocorrer no plano social" e aponta para a necessidade da intervenção do Estado, "primeiramente com a regulamentação do trabalho; depois com a limitação da propriedade individual [...] e por fim com amplos planos de economia dirigida".

Lourenço Filho (1942, p. 6) entende que a organização racional utilizada pelas empresas é um expediente científico pautado em princípios e métodos, por isso pode ser utilizado pelo Estado desde que com a finalidade de combater a "organização dos interesses *não comuns*" (grifo no original). Os princípios e métodos adotados para a organização racional do Estado devem contribuir para atender aos "interesses comuns ou da vida social". Assim sendo, essa forma de organização é uma das mais completas integrações humanas. É na condição organizada de integração "que reside, verdadeiramente, o racional, que não significa oposição à natureza humana, mas, ordem, proporção, conciliação dos impulsos e necessidades do homem, sob formas de mais elevada cooperação"[28] (Lourenço Filho, 1942, p. 6).

A dimensão da organização racional para os problemas educacionais, segundo Lourenço Filho (1942), abrange a formação geral e o desenvolvimento do homem na direção de relações sociais de características democráticas. Considerando a conexão processada entre o taylorismo e a psicologia, conforme apresentada na obra de Leon Walther, *Psicologia do serviço industrial,* traduzida por Lourenço Filho, em 1926, a organização da nova escola estava marcada por princípios da organização racional. Essa forma de pensamento gerou muitas controvérsias. Jorge Nagle (2001), por exemplo, comenta que Lourenço Filho, assim como a geração de intelectuais dos anos 1920, apoiou-se, sobretudo, na ciência social para fundamentar uma organização mais "científica" da sociedade.

É relevante ter presente que o contexto do início do século XX foi marcado por grandes problemas sociais gerados pela transformação da produção. Com a industrialização, houve a necessidade de uma administração diferenciada. O trabalho passou a ser racionalizado, ou seja, passou-se a exigir preparação técnica da matéria prima e da utilização das máquinas. A organização traria, de qualquer modo, uma nova forma de administração das fábricas. Os químicos e engenheiros depositaram confiança ilimitada na possibilidade de substituir o trabalho humano pelo trabalho das máquinas. No entanto, para Leon Walther (1953, p. 17), "mesmo que a força humana fique cada vez mais subordinada à da máquina, esta nunca poderá substituir aquela, caberá sempre ao homem o encargo de conduzi-la e conservá-la". Para o autor, o fator humano enquanto capacidade de trabalho ficava no primeiro plano da vida econômica e industrial, uma vez que o *mais trabalho* passaria a ser o centro de interesse do capital e não mais o ser humano.

---

[28] Lourenço Filho atribui essa forma de pensar a J. Dewey, em sua obra *Human Nature and Conduct*, a Santayana, em *Reason and Common Sense,* e a Blondel.

Leon Walther reportava-se ao pensamento de Taylor[29]. Para o autor, Taylor foi profundo, relacionando trabalho com o aumento do rendimento, mas não científico. O que propõe Leon Walther (1953), em relação a Taylor, é relacionar os problemas de organização do trabalho humano de produtividade, que geram fadiga, treinamento, ritmo, com a psicologia e a fisiologia. Assim sendo, para Lourenço Filho (1963), Leon Walther acreditava na adaptação psicofísica do operário ao trabalho, na formação profissional com base na psicologia e na adaptação psicofisiológica do trabalho operário como meio para reconhecer o homem no primeiro plano da vida econômica.

É longa a discussão sobre a organização do trabalho na sociedade por influência de pensamentos como os descritos. No entanto, o interesse deste estudo é compreender que Lourenço Filho, em suas intervenções na administração da educação, mostra-se envolvido com a organização racional do trabalho educativo. Influenciado pelo pensamento de Leon Walther, buscou, nos conhecimentos científicos e em instrumentos técnicos, elementos para superar a fragilidade da organização escolar direcionada ao desenvolvimento social, daquele momento histórico.

Entre essas ações está o procedimento estatístico elaborado a partir de recenseamento e a aplicação dos *Testes ABC* às crianças nas escolas. Ambos foram utilizados quando Lourenço Filho dirigiu as reformas educacionais no Ceará e em São Paulo, tanto para resolver problemas em termos de quantidade e de recursos, como para a instalação de escolas que pudessem receber as crianças, onde quer que estejam elevando os números de atendimento à população em idade escolar. Do mesmo modo, eram utilizados para a organização da educação em seus aspectos qualitativos, o que envolvia, por exemplo, a elaboração das normatizações, a definição das classes escolares e a organização de programas de ensino.

A fragilidade da organização escolar aparecia principalmente com os altos índices de evasão e repetência. Com a organização das classes por afinidade de deficiências do escolar, assinaladas pelos *Testes ABC,* contribuía-se para atender a criança em suas diferenças, permitindo a expansão de suas capacidades intelectuais e sociais. A finalidade do uso de instrumentos

---

[29] Frederick Winslow Taylor (1856-1915) propõe um sistema de racionalização do trabalho como "um conjunto de regras práticas introduzidas nos processos de trabalho industrial destinadas a produzir rendimento máximo". Essas regras têm "por base o estudo tão exato como possível dos movimentos profissionais, e de sua duração por meio da cronometragem e a mudança na organização interna na fábrica, pela substituição do tradicional sistema de direção pelo sistema chamado funcional" (Walther, 1953, p. 40). Nesse sentido, "o grande mérito de Taylor reside, sobretudo, no fato de ter sido o primeiro a tomar em consideração o elemento humano como fator principal da produção" (*idem*).

técnicos e de fundamentos da psicologia aplicada à definição das classes atenderia, desse modo, à expansão de escolaridade com qualidade. Nesse sentido, a busca por um nível mais elevado e qualificado de educação protege, de alguma maneira, os indivíduos das ameaças da organização social da produção, bem como da ideia de reprodução passiva da força de trabalho.

Outra ação diferencial na organização racional do trabalho por Lourenço Filho está na organização do ensino. Lourenço Filho, ao registrar as memórias sobre a *Prática de ensino* (1945) na formação de professor no Instituto de Educação, elucida os encaminhamentos realizados na disciplina. Ao concluir, afirma que o "segredo da grande experiência" da Escola de Professores foi "a organização racional de trabalho, pela aceitação de que há uma técnica de ensino, certamente complexa e delicada, mas que pode ser ensinada e aprendida. 'Educar-se para educar'" (Lourenço Filho, 2001, p. 59).

Essa afirmação remete ao que Lourenço Filho escreveu, em 1926, na introdução da obra de Leon Walther (1953). O educador se refere a duas questões fundamentais que permeiam a organização da educação escolar nos ideais escolanovistas. Primeiramente, em tempos de desenvolvimento das ciências humanas, a organização do ensino não é mais intuitiva. É sistematizada e planejada com base em fundamentos filosóficos, psicológicos e didáticos. Isso significa que a organização do ensino, no sentido amplo, delineia a relação entre o professor e o aluno por fundamentos científicos. Em segundo lugar, a organização racional de trabalho não significava, para Lourenço Filho, administração centralizada do trabalho educativo. É preciso levar em consideração, conforme foi exposto anteriormente, que o professor é o principal agente na organização escolar, o qual tem como prerrogativa, nos ideais escolanovistas, autonomia na elaboração do programa de ensino. Tal assunto será abordado mais adiante neste estudo.

Quanto a essa segunda questão, recorre-se ao já citado discurso de instalação do Serviço de Assistência Técnica em SP, no qual Lourenço Filho (1930d, p. 6) afirmava que a organização dos fins da educação popular seria responsabilidade do Estado, desde que este "reflita, de fato, o espírito, os desejos, as necessidades da coletividade". No entanto, o modo de atingir os fins "não é, nem pode ser, dentro da moderna compreensão do problema, passível de determinação legal ou regulamentar" (Lourenço Filho, 1930d, p. 6). A organização dos meios de atingir os fins não se daria pelo Estado de forma centralizada, por outro lado não seria transferido de qualquer modo às escolas. Lourenço Filho se refere à necessidade da organização do sistema de ensino em nível nacional, considerando a participação do educador:

> O mestre não pode ser um autômato, mas um criador. [...] nem pode ser livre para praticar o que quiser e como quiser. Então não teríamos uma organização de ensino. Ele é livre na sua didática, isto é, nos meios que pode escolher para a consecução dos 'fins' da educação pública (Lourenço Filho, 1930d, p. 5).

Não pode ser esquecido que esse mestre, a que se refere Lourenço Filho, é aquele que, em um primeiro momento, seria aluno do curso de formação de professor para depois ensinar. Desse modo, o "educar-se para educar" abrangeria não apenas o acesso ao conhecimento por parte do aluno-mestre. Abrangeria o envolvimento pessoal na forma de organização da escola onde vai ensinar. Inicialmente, por meio da elaboração do plano de atividades e, posteriormente, na avaliação de todo o processo educativo. Para exemplificar, a disciplina de Prática de Ensino foi marcada por extenso roteiro de atividades que o aluno-mestre deveria desenvolver e de formas de acompanhamento, possibilitando a avaliação de toda organização do trabalho em sala de aula e, do mesmo modo, da organização escolar (Vidal, 1999).

É certo que as medidas de organização da educação para Lourenço Filho envolvem diretamente princípios científicos, políticos e culturais, cujo fim social é o fortalecimento e a unidade moral da nação. Assim sendo, administrar é organizar; é dar direção à educação que, em tempos modernos, requer racionalização do trabalho escolar por fundamentos científicos, vinculando o desenvolvimento do indivíduo em sociedade.

Considerações e limites sobre o Movimento de Renovação Educacional

Analisar as contribuições e os limites do Movimento de Renovação Educacional e, a sua mais forte expressão, o Manifesto de 1932 não é o objetivo deste trabalho. Apenas são elencadas aqui algumas observações apresentadas por teóricos que contribuem para melhor compreender e situar o problema da organização e da administração escolar no início do século XX.

Com a criação da ABE, foi estruturado o movimento pela modernização e organização de um sistema de educação público de ampla abrangência social e com metodologias pedagógicas modernas, tendo como principal bandeira: escola pública, universal e gratuita. Para os renovadores, a função da escola pública visava "formar o cidadão livre e consciente que pudesse incorporar-se sem a tutela de corporações e ofícios ou organizações sectárias de qualquer tipo, ao grande Estado Nacional em que o Brasil estava se formando" (Schwartzman; Bomeny; Costa, 2000, p. 70). O projeto de desenvolvimento de uma educação para todos seria realizado nos mesmos moldes para todos. Envolvia, da mesma maneira, o ensino, que se realizaria de forma mais prática, condizente com a industrialização em curso, visando à igualdade básica de oportunidades com o desenvolvimento das qualidades pessoais de cada um.

Um grupo de educadores pertencentes à ABE que, além dos objetivos previamente mencionados, defendiam a *escola laica* entrou em conflito com os interesses de setores mais tradicionais da Igreja. Estes representavam um setor organizado da sociedade e pretendiam se utilizar da educação para fins mais amplos, ligados a um projeto de Estado Nacional forte e bem constituído. A resistência dos setores da Igreja visava impedir que o Estado assumisse um papel mais decisivo no sentido de proporcionar educação básica para a população do país (Schwartzman; Bomeny; Costa, 2000, p. 79).

A abordagem dos intelectuais modernistas eleva a importância de romper com os princípios anteriores à República e assenta a organização da política educacional em novas bases filosóficas alinhadas ao regime republicano. A organização, de modo geral, expressou-se por meio de legislação e regulamentação. A ausência de uma política escolar oficial gerava, especialmente nos grandes centros urbanos, um movimento pendular de política reacionária e política renovadora, que se manifestava em defesa de uma escola nova. Lourenço Filho figurava, como visto anteriormente, entre os intelectuais educadores envolvidos no movimento em defesa de ideais modernistas para a escola.

A Reconstrução, proposta no Manifesto de 1932, repõe o problema das novas bases filosóficas escolanovistas e do desdobramento destas até atingirem diretrizes didáticas (Nagle, 2006). Com o Manifesto, conforme palavras do jornalista Azevedo de Amaral (1932)[30], reascendeu para a sociedade a esperança de que "o Brasil poderá sair do hiato [...], entre um regime destruído e um futuro obscuro e ameaçador" e abriu-se "uma nova fase de ação construtora no domínio das ideias" (Lourenço Filho *apud* Azevedo, 1958, p. 56).

Entretanto, o movimento realizava-se em meio a amplas controvérsias. A presença do modernismo[31] no Brasil, que tinha como um de seus

---

[30] Artigo jornalístico publicado em *O Jornal*, por Azevedo de Amaral, do Rio de Janeiro, de 27 de março de 1932.

[31] O modernismo ramificou-se, inicialmente, pela forma estética da cultura, da música e das letras, discutindo principalmente a questão da linguagem; posteriormente, pela compreensão ideológica, discutindo a função da literatura, o papel do escritor, as ligações de ideologia com a arte (Lafetá, 1974).

principais representantes Mário de Andrade, abrangia, primordialmente, a tarefa educativa de transmissão de conhecimentos e formação de mentalidades. Por decorrência, "era necessário ter uma ação sobre os jovens e sobre as mulheres que garantisse o compromisso dos primeiros com os valores da nação que se construía, e o lugar das segundas na preservação de suas instituições básicas", como a construção e manutenção de valores e de costume (Schwartzman; Boney; Costa, 2000, p. 97).

Beisegel (1999, p. 107) indica que o objetivo primordial das intervenções sociais, principalmente por meio da educação, visava à formação de cidadãos para uma moderna sociedade urbano-industrial. O autor chama a atenção no sentido de, "além das razões de ordem econômica, a educação do povo impunha-se também para a preservação da democracia e a afirmação da nacionalidade. A educação do povo era exigência da democracia". Essa exigência envolvia os direitos civis, tais como o de votar e a elevação cultural dos imigrantes estrangeiros, no que tange aos conhecimentos brasileiros em defesa da nacionalização.

Nessa direção, segundo Carvalho, J. M. (2004, p. 92), a educação proposta pelos defensores da Escola Nova, em seu início, na década de 1920,

> [...] tinha um lado de pura adaptação do ensino ao mundo industrial, que se tornava cada vez mais dominador. O ensino deveria ser mais técnico e menos acadêmico. Mas tinha também um lado democrático, na medida em que apontavam a educação elementar como um direito de todos e como parte essencial de uma sociedade industrial e igualitária. Num país de analfabetos, tal pregação apontava para um problema central na formação dos cidadãos.

No período posterior, de 1930-45, diante do problema social e da formação dos cidadãos, o governo federal desenvolveu um processo de criação de instituições para a organização da sociedade. Conforme assinala Ianni (1996, p. 34), nesse período, o governo criou "comissões, conselhos, departamentos, institutos, companhias, fundações e formulou planos. Além disso, promulgou leis e decretos [...] alcançando praticamente todas as esferas da sociedade nacional". É significativo destacar a criação de organismos encarregados de planejar e executar projetos de caráter público: o Ministério do Trabalho, Indústria e Comércio (1930); o Ministério de Educação e Saúde Pública (1932); o Instituto Nacional de Estatística (1934); o Dasp (1938); o Instituto Brasileiro de Geografia e Estatística (IBGE, 1938); o Serviço Nacional de Aprendizagem Industrial (Senai, 1942); e, em 1943, a Consolidação das Leis do Trabalho (CLT) e o Serviço Social da Indústria (Sesi).

É importante ter presente que o pensamento moderno se vinculou ao desenvolvimento da industrialização nascente, sendo marcada pela necessidade organizacional que se desenvolve cingida aos interesses dos setores político-econômicos. Tratava-se, como observa Ianni (1996, p. 34), "de estudar, coordenar, proteger, disciplinar, reorientar e incentivar as atividades produtivas em geral", como forma de organização das forças políticas, econômicas e sociais.

Entretanto, conforme mostrou Monarcha (1989), à medida que, na modernidade, era atribuído à educação o poder mágico de transformação social das consciências e à escola a manifestação do sagrado, entende-se que o poder de sua organização não ultrapassava os espaços que a lógica da organização social possibilitava. Significaria, nas palavras de Monarcha (1989, p. 17), "a revolução dentro da ordem ou a lógica da identificação entre razão e dominação".

É certo que a difusão da escola pública, gratuita e obrigatória, no contexto social do início do século XX, representava avanços sociais em direção a uma sociedade democrática. A educação moderna, proposta pelos escolanovistas, encaminhava-se para a democratização da escola, contudo seguia a linha de reprodução da ordem social, sem apontar para a superação das condições de classe. Por outro lado, significava importante conquista do conhecimento enquanto valor científico no processo de autoconstrução humana.

Nesse período, foi igualmente incentivada "a realização de debates, em nível oficial e oficioso, sobre os problemas econômicos, financeiros, administrativos, educacionais, tecnológicos e outros" (Ianni, 1996, p. 34). Tais movimentos do pensamento, político e ideológico, contribuíram para o novo cenário organizacional da República. Estudos como o realizado por Miceli (1979, p. 165) apontam que os intelectuais foram recrutados com interesses políticos por governantes para atuar em diferentes níveis de organização administrativa governamental. Muitos intelectuais foram recrutados por várias razões, entre elas, porque pertenciam a antigas famílias dirigentes e atuavam como educadores profissionais; e, além disso, a atuação no governo se deu "em virtude da competência e do saber de que dispunham em suas respectivas áreas de atuação".

Os reformadores, especialmente a partir do Primeiro Governo Vargas, segundo Miceli (1979, p. 131), "assumiram as diversas tarefas políticas e ideológicas determinadas pela crescente intervenção do Estado nos mais diferentes domínios de atividade". Na educação, a intervenção realizava-se de modo mais contundente por meio de reformas da instrução pública nos diferentes níveis da esfera pública. Essa tendência de realizar reforma indicaria, para Miceli (1979), não destruir ou substituir os costumes existentes.

Os reformadores da educação eram considerados credores de lealdade ao governo central, assim sendo, para Miceli (1979, p. 132), os intelectuais, especialmente na década de 1930, "contribuíram decisivamente para tornar a elite burocrática uma força social e política que dispunha de uma autonomia relativa tanto em relação aos interesses econômicos regionais como em relação aos dirigentes políticos estaduais". Entretanto, o autor adverte que "não se pode aferir o valor da contribuição dos intelectuais ao trabalho de organização do poder com base apenas nas cauções de legitimação que trazia sua presença nos aparelhos do Estado" (Miceli, 1979, p. 165).

Por outro lado, segundo Antonio Candido (2011, p. 236), Miceli estudou os aspectos externos das tensões e acomodações dos intelectuais em relação à submissão ao Estado que se manifestava, a partir de 1930, cada vez mais autoritário. Em seu entendimento, "seria preciso, todavia acrescentar que o serviço público não significou e não significa necessariamente identificação com as ideologias e interesses dominantes". Pautado em pesquisa de Annateresa Fabris (1977)[32], Antonio Candido (2011, p. 236) afirma que

> O artista e o escritor aparentemente cooptados são capazes, pela própria natureza da sua atividade, de desenvolver antagonismos objetivos, não meramente subjetivos, com relação à ordem estabelecida. A sua margem de oposição vem da elasticidade maior ou menor do sistema dominante, que os pode tolerar sem que eles deixem com isto de exercer a sua função corrosiva.

Antonio Candido (2011) traz elementos que levam a pensar que muitos intelectuais, apesar de envolvidos com as questões conservadoras próprias das instituições políticas e sociais, aproximavam-se da consciência crítica. Nesse sentido, o autor aponta para a compreensão de que organizar e administrar uma política pública não significa, necessariamente, ser apenas reprodutor da ideologia governamental. É, sim, ser capaz de encontrar espaços para imprimir suas crenças, valores e cultura. E isso pode ser observado, no âmbito da educação, em muitas formas de luta, de resistência, de intervenção que se efetivaram, no período em estudo, por esforço de muitos intelectuais.

---

[32] FABRIS, A. *Portinari pintor social*. Dissertação (Mestrado em Artes) – São Paulo: Universidade de São Paulo, Escola de Comunicação e Artes, 1977. (mimeo).

Recorrendo ao pensamento de Arendt (1981), a grande força dos intelectuais da educação encontrava-se na iniciativa da ação, nos riscos que enfrentavam por decorrência das intervenções e na realização que colocava em processo os seus ideais. O processo é sempre causa de novos processos, ou seja, toda a ação estabelece relações que conduzem tendências das mais variadas, nem sempre considerando as fronteiras legais e seus princípios.

É nesse contexto intelectual e político, bastante conturbado de organização do estado republicano, que Lourenço Filho desenvolve seu pensamento. Suas ideias não podem ser entendidas como configuradas no entendimento filosófico-político, conforme explica Virgínia Fontes (1998, p. 3), da "sociedade como fulcro explicativo", na qual o pressuposto é de que o indivíduo se realiza nas "condições de produção e reprodução da vida social".

Segundo a professora Iva Bonow (1959, p. 131), o ponto de vista de Lourenço Filho é de que "a natureza social do homem pode chegar a sobrepujar sua natureza biológica, dirigindo-a e integrando-a, dentro das situações da vida real". Para a autora, os motivos de origem social para Lourenço Filho se tornam imperativos no desenvolvimento da personalidade à medida que o ser humano recebe o banho de cultura e interioriza padrões grupais, de forma a levar ao ajustamento ou à integração da sociedade universal (Bonow, 1959).

Por fim, entende-se, com Sonia Lopes (2006, p. 65), que Lourenço Filho, em seu trabalho de organização e de administração, "procurava adequar o sistema educacional às novas exigências da sociedade, sem questionar a fundo suas desigualdades".

Capítulo 3

ADMINISTRAÇÃO E ORGANIZAÇÃO ESCOLAR NA OBRA DE LOURENÇO FILHO: A QUESTÃO DO "PROGRAMA DE ENSINO"

Lourenço Filho, em sua vida pública, realizou ações abrangentes em relação à administração escolar e à organização do ensino. Este capítulo segue sua trajetória, no período de 1920 a 1945, buscando resposta para uma afirmação de Fernando de Azevedo: como Lourenço Filho fazia da administração "a ciência do possível" (Azevedo, 1959, p. 17)?

Nos capítulos anteriores, a narrativa gira em torno da vida de Loureço Filho e do contexto histórico social de organização do estado republicano em bases democráticas. Considerando a necessidade de organização política e educacional em novas bases, o texto apresenta como a *questão dos programas de ensino* vai sendo configurada na obra do mestre e administrador público como necessidade histórica para uma nova escola, a escola baseada na ciência. Nesse sentido, as ações do intelectual-educador selecionadas para esse caminho são precedidas por aspectos relacionados ao espaço social e cultural daquele momento.

A organização do "programa de ensino" na Escola Normal de Piracicaba

O ano era 1921, Lourenço Filho, no auge de sua juventude, com apenas 23 anos, tinha concluído os estudos na Escola Normal da Praça, em São Paulo, e interrompido estudos de Medicina por motivo de saúde; iniciava o magistério, lecionando Psicologia e Pedagogia, na Escola Normal de Piracicaba, e em comissão a Prática Pedagógica. Hilsdorf (2003, p. 96) comenta:

> A vinda de Lourenço filho para Piracicaba não foi do tipo "remoção de cadeira", tão comum na vida dos professores: ela está diretamente ligada à implantação da reforma do sistema de ensino público paulista empreendida por Antonio Sampaio Dória em fins de 1920 (Decreto 1750, de 08/12/1920).

A Reforma Sampaio Dória (1920), marcando um ritmo diferenciado ao ensino primário e normal paulista, propõe um conjunto de mudanças seguindo paradigmas modernos ascendentes do escolanovismo, conforme listados por Hilsdorf (2003, p. 97):

> O controle e normatização dos procedimentos com a unificação e centralização das diversas instituições de formação de professores pelo padrão das Escolas Normais Secundárias de formação acentuadamente pedagógica, o reforço da inspeção escolar e a criação de Delegacias Regionais de Ensino; tomada de decisões com base em informes técnicos, do tipo dados do Censo Escolar; adesão à Escola Nova [...].

No contexto das reformas encampadas na Primeira República, o programa político apresentado por Sampaio Dória era considerado radical sendo necessário educadores para atuar em pontos chave, administrativos e pedagógicos, compromissados "quer com o ponto de vista do compartilhamento de ideias, quer do ponto de vista das relações pessoais" (Hilsdorf, 2003, p. 97-98). Em suas relações pessoais, entre seus ex-alunos, adeptos das novas teorias de ensino e simpatizantes ou como membro da Liga Nacionalista, Sampaio Dória encontra "homens de sua confiança pessoal, intelectual e política", que, nomeados em bloco, configuram "uma intervenção orquestrada em todo o ensino paulista" (Hilsdorf, 2003, p. 98).

Lourenço Filho era um desses nomes que preenchia todos os requisitos e se destacava por sua dupla formação de professor, pela Escola Normal de Pirassununga (1914) e, depois, pela Escola Normal Secundária de São Paulo (1917), além de sua ampla produção de artigos sobre temas de pedagogia e psicologia publicados em jornais da capital e do interior de São Paulo. As cadeiras que assumiu, na Escola Normal de Piracicaba, eram as mais importantes da instituição, aquelas que iriam imprimir aos trabalhos escolares as novas diretrizes pedagógicas.

A situação caótica denunciada pelos baixos números de escolarização revelava a necessidade de reestruturação da administração escolar, de combate ao analfabetismo e de difusão da escola primária. Ações que envolviam fé no valor da educação e na cultura, assim como empenho de renovação e atualização permanente para a organização do ensino em novas bases e de ampla abrangência social (Hilsdorf, 2003). Lourenço Filho, em seus primeiros escritos e ações, trilhava esse caminho de curso evolutivo, colocando o ensino a serviço da organização da sociedade.

Enquanto desenvolvia o seu trabalho de professor, Lourenço Filho continuava a escrever para o jornal *Estado de São Paulo* e fundou, em Piracicaba, a *Revista da Educação* de finalidade pedagógica.

> Foi nela que divulgou os seus primeiros trabalhos de maior fundamentação técnica: *A crise na Escola*, que prenunciava a renovador pedagógico (v.1, n.1, maio/1921), e *Estudos da Atenção Escolar*, em que apresentava resultados numéricos de testes que havia aplicado na escola modelo, anexo à Escola Normal (v. 1, n. 2, agosto/1921) (Lourenço, 1999, p. 43).

Na organização do ensino, as novas ideias da reforma norteavam-se pelo entendimento de que "educação é vida, e viver é desenvolver-se, é crescer" (Teixeira, 1978, p. 31). Assim sendo, a escola destinava-se essencialmente para preparar o educando para viver e desenvolver-se no meio social do qual está inserido. Para isso, a escola necessitava aproximar a criança da vida social com um ensino ativo no qual o aluno, em contato com a matéria, desenvolveria atividades reais de participação.

Como exemplo, a educação moral e cívica deixava de ser uma matéria para ser uma prática: "Cada Escola Normal deveria se constituir como uma República autônoma, com sua constituição particular, integrada à Federação das Escolas Normais" (Hilsdorf, 2003, p. 107). Seguindo o direcionamento do ensino moderno, Hilsdorf (2003, p. 107) conta que "no final de fevereiro de 1921, os alunos já haviam realizado eleições em cada classe da Escola Normal para os deputados constituintes e para a comissão relatora do projeto de Constituição".

O trabalho encampado por Lourenço Filho, na Escola Normal, incluía atividades de pesquisa que tinham como finalidade a melhoria do ensino da linguagem. O trabalho era de medida da acuidade visual e auditiva dos alunos das classes primárias da escola-modelo. Realizado no início do ano letivo, o resultado da pesquisa contribuía, principalmente, para organização das classes de ensino por grau de dificuldades dos alunos e para a adaptação do mobiliário às crianças, medida saudada como uma "prática de Higiene, resultando numa prática pedagógica mais eficiente" (Hilsdorf, 2003, p. 107). A atividade de pesquisa envolvia seus alunos normalistas nas aulas de Prática Pedagógica.

As "Conferências Pedagógicas", constituídas de uma série de palestras aos alunos do 4.º ano da Escola Normal, foram uma realização da cadeira de

Psicologia e de Pedagogia de responsabilidades de Lourenço Filho. Também foram realizadas "visitas pedagógicas" às escolas reunidas da Vila Rezende, estas, também, como parte da cadeira de Prática Pedagógica.

Em um ano de trabalho em Piracicaba, a liderança exercida por Lourenço Filho extrapola as atividades educacionais e jornalísticas.

> A liderança exercida por Lourenço Filho em Piracicaba, nesse ano de 1921, manifesta-se também em espaços culturais peculiares, mas não inesperados, pois fenômenos sociais sempre têm mais de uma face: nas reuniões festivas e nos encontros promovidos pelo seu grupo, ou seja, nas atividades simbólicas. Nelas, às vezes, Lourenço Filho foi apenas um participante entre outros [...]. Mas, quase sempre é o orador principal da noite (Hilsdorf, 2003, p. 111).

Dentre a liderança exercida por Lourenço Filho, uma delas marcou a ruptura com a feição literária da escola, desenhando alterações no modelo do ensino de formação de professor e da organização da escola. Com o suporte de conhecimentos da Psicologia Aplicada à Educação e da Pedagogia Experimental, Lourenço Filho desenvolveu um "programa de ensino" para a organização da cadeira de Prática Pedagógica.

A atividade ali descrita, de forma bastante minuciosa, extrapolou o nível da Escola Normal de Piracicaba, servindo de plano para a organização da Prática de Ensino nas escolas normais paulistas. Além disso, o *programa de ensino* "foi apresentado pelo professor Antônio de Sampaio Dória à Conferência Interestadual de Ensino Primário, convocada em 1921 pelo Ministro do Interior e Justiça, e divulgado nos Anais dessa reunião de estudos, no ano seguinte[33] (Ed. Norte, Rio, 1922, p. 376 e seguintes)" (Lourenço, 1999, p. 43).

O que continha o *programa de ensino* organizado por Lourenço Filho que o qualificava como "forma" e "cultura pedagógica" para a nova escola?

O *programa de ensino* foi elaborado com o propósito de formação profissional dos alunos-mestres da Escola Normal de Piracicaba para atuarem na educação primária. Para a sua organização, Lourenço Filho levou em consideração elementos técnicos, a exemplo da organização da estrutura curricular e dos elementos pedagógicos, como a necessidade de aproximação do professorando ao ambiente escolar de ensino.

---

[33] O "Plano de prática pedagógica" foi publicado como artigo na *Revista de Educação*, Piracicaba, v. 2, n. 1, p. 50-59, maio 1922, e também está disponível nos Anais da Conferência Interestadual de Ensino Primário, RJ, 12 out. 1921, p. 351-389. Nesse estudo, utilizou-se a versão publicada na Coleção Lourenço Filho, Inep/MEC, organizada por Ruy Lourenço Filho (2001, p. 63-71).

De forma clara, objetiva e com finalidade definida, características próprias de Lourenço filho, organizou o "programa de ensino", tendo presentes fatores limitadores como o "tempo", o "espaço" e a "matéria de ensino". O programa foi delimitado para os três anos, em separado, da Prática Pedagógica no Curso Normal.

A Prática Pedagógica iniciava no segundo ano com duas aulas semanais – 60 anuais, em média, sendo 10 de orientação e 50 de observação nas classes. Os aspectos iniciais da organização do plano eram assim apresentados por Lourenço Filho (2001, p. 63):

> Os alunos não têm ainda conhecimento algum de Psicologia Aplicada à Educação ou de Pedagogia Experimental, disciplinas que só irão encontrar nos 3.º e 4.º anos. Deve iniciar-se, pois, na Prática Pedagógica, pelo conhecimento empírico do ambiente escolar, no qual começarão a exercer as suas análises, recolhendo dados de observação, concretos e experimentais. Tudo indica que a educação profissional do professor seja iniciada pelo conhecimento prático do corpo da escola, motivo pelo qual o programa do 2.º ano se resume em responder a esta indagação: Onde se ensina?

Dessa maneira, as aulas de observação, para as turmas do curso normal a partir do 2.º ano, destinavam-se ao conhecimento prático do "ambiente escolar", o chamado corpo da escola. Seriam eles: "I. A sala de aula"; e "II. O recreio". Para a observação da sala de aula, Lourenço Filho (2001) organizou um roteiro com dez itens para serem observados sobre o *espaço* escolar, atentando para o "onde se ensina". Logo no primeiro item do roteiro, relaciona a observação com a finalidade da escola. Conforme suas palavras, "A escola se destina a educar, a *desenvolver*; antes de tudo, pois, ela não deve *prejudicar*" (Lourenço Filho, 2001, p. 63, grifo no original).

Entre os itens de observação na "sala de aula", constava: dimensões apropriadas; condições especiais de arejamento; condições peculiares à boa iluminação; mobiliário; material didático; ornamentação das salas; condições que favorecem a ordem e a higiene individual do aluno; entrada e saída da classe; noções de regime escolar; e o papel dos órgãos dos sentidos no aprendizado e os cuidados que eles exigem (Lourenço Filho, 2001, p. 63-64). Quanto ao "recreio", seriam observados: "a) Extensão adequada; a água potável e as instalações higiênicas; condições que facilitam a ordem e a segurança; e b) Jogos permitidos e jogos proibidos" (Lourenço Filho, 2001, p. 64).

As observações no 2.º ano eram registradas em caderno próprio, seguindo roteiro e questionários quando propostos pelo professor. A partir dos registros, realizavam-se novas observações, críticas e correções conjuntas com toda a classe. Só então eram atribuídas notas para as "cédulas" (relatórios) dos professorandos. As observações tinham por base um tema de estudo e eram realizadas, em forma rotatória, em todas as classes da escola-modelo, para posterior estudo e reflexões.

No 3.º ano de formação do professorando, a Prática Pedagógica contava com três aulas semanais – 90 anuais, 15 eram dedicadas a orientação e 75 a observação e experimentação. Nesse ano escolar, os alunos iniciam-se no estudo, igualmente objetivo e experimental do "regime escolar".

> Como o curso está em paralelismo com o de "Psicologia Geral e Aplicada à Educação", e bem assim como o de "Anatomia e Psicologia Humanas", é possível, sem complicações teóricas, um rápido exame científico da criança e do aluno. O programa procura responder, assim, a uma nova indagação: *A quem se ensina?* e o faz iniciando os praticantes na compreensão da necessidade do "método" (Lourenço Filho, 2001, p. 64, grifos no original).

A atividade de observação, delineada por Lourenço Filho (2001) para o 3.º ano, tinha como espaço "o regime escolar", que precisava levar em consideração "I. A criança" e "II. O aluno". Em relação à criança, a observação conduzia os professorandos para compreendê-la em novos princípios e fundamentos. Assim sendo,

> (a) A criança deve ser vista, por parte do professor, como um ser objetivo, que sofre a influência educadora do meio. O mestre precisa conhecer a significação natural da infância e compreender a sua necessidade. b) O ideal seria conhecer a história social e fisiológica de cada educando, possuindo, de cada um, uma carteira biográfica, com dados essenciais, é possível organizar essas carteiras nas escolas primárias? (Lourenço Filho, 2001, p. 64).

Essa indagação incluía a observação e a reflexão que no 3.º ano já envolvia orientação metodológica de análise por meio das outras matérias da estrutura do curso. Da mesma forma, a observação do "aluno", enquanto ser em desenvolvimento e em formação psicológica, necessita "da higiene mental que só um regime escolar científico pode dar" (Lourenço Filho, 2001, p. 65).

Lourenço Filho (2001) descreve detalhadamente, em 12 itens, o que deve ser observado em relação ao desenvolvimento do aluno e das formas de ensino, envolvendo a atividade intelectual, a memória, a atenção, o interesse, os jogos, a disciplina, incluindo a necessidade de repouso, de técnicas de testes e da escrituração escolar. Cada um dos temas vinha acompanhado de um pequeno esclarecimento que servia de condutor teórico para a observação e o estudo dela decorrente. Em seguida, registra-se uma das orientações na qual Lourenço Filho coloca como centro da atividade da escola o processo de ensino.

> Toda a organização e direção da classe (afora a parte administrativa da escrituração, que é estudada a seu tempo) deve visar, pois, à atenção da classe. Como a atenção é uma dupla atitude, somática e intelectual, exige cuidados relativos ao corpo e à mente da criança. Os cuidados relativos ao corpo são os que dizem respeito ao bom funcionamento dos sentidos e à defesa de seus órgãos. [...] A atividade intelectual dos alunos é condicionada pelo jogo de seus próprios interesses (Lourenço Filho, 2001, p. 65).

Com as observações e os registros, realizados no 3.º ano do curso, Lourenço Filho (2001, p. 65) esclarece que "ao mesmo tempo em que vão tendo a significação exata de muita noção teórica de psicologia, pelo contato com a criança e com a classe, vão também os alunos se enfronhando nos cuidados da direção de uma escola".

Na Prática Pedagógica do 4.º ano da Escola Normal, com cinco horas semanais – 150 anuais, 30h são destinadas à orientação e 120h a "aulas reais pelos alunos-mestres":

> No 4.º ano, depois do estudo prático do ambiente e do regime escolar, do conhecimento da "psicologia aplicada à educação", e, agora, *pari passu* com o da "pedagogia experimental", os alunos se exercitam a dar aulas, aplicando conscientemente os preceitos da metodologia especial de cada disciplina. O programa procura responder, assim, às duas indagações finais: *Que se ensina?* e *como se ensina?* (Lourenço Filho, 2001, p. 66, grifos no original).

O programa de ensino para o 4.º ano está organizado em dois eixos. O primeiro é o da "Metodologia Geral", que contempla a "organização de uma classe" em seus aspectos de organização higiênica e pedagógica e da organização quanto ao regime escolar, como horário, programa e método.

O segundo eixo é o da "Metodologia Especial", que envolve a "Orientação Didática" de todas as metodologias, a saber: do Desenho, da Caligrafia, do aprendizado da leitura, da leitura oral, da linguagem oral, da linguagem escrita, do cálculo, das Ciências Naturais e Físico-Químicas, da Geografia, da História, do Ensino Moral e Cívico, da Geometria, da Música, da Educação Física, e dos Trabalhos Manuais (Lourenço Filho, 2001, p. 66-67). Para cada metodologia, são descritos conteúdos mínimos e seus fundamentos a serem observados.

Em nota final, Lourenço Filho (2001, p. 68) destaca a relação teoria e prática, indiscutivelmente relevante para a formação do professor na, tantas vezes enunciada, "escola nova".

> Este programa está em perfeita conexão com os de Psicologia (3.º ano) e de Pedagogia Experimental (4.º ano). Nessas disciplinas, os alunos aprendem as razões teóricas, os fundamentos científicos; na prática, verificam primeiramente *que é que se faz* e *como se faz*, para depois, fazerem eles próprios (grifo no original).

O processo visado por Lourenço Filho é o de "construção e reconstrução da experiência" do aluno-mestre pela relação entre a teoria e a prática. Na cadeira de Pedagogia, é dada "a noção genérica de método, a concepção moderna do ensino ativo e a noção do método didático único" (2001, p. 68). Com essa formação, o aluno-mestre entra preparado para "se exercitar na arte de ensinar". É o aluno-mestre quem compõe seus planos de aula, para posteriormente serem executados. O regente da Prática Pedagógica acompanha sempre todo o processo de elaboração do plano. Todas as atividades de observação dos alunos-mestre são realizadas com um questionário que guia a reflexão sobre o que está sendo observado e a crítica às aulas dadas pelos seus colegas.

Como pode ser observado, o "programa de ensino" organizado por Lourenço Filho diferenciava-se das práticas e dos saberes escolares tradicionais, por vários fatores. O que mais desqualificou a forma e a cultura escolares anteriores foi a atenção dada ao ensino, ou seja, ao modo de ensinar e como o aluno aprende. A escola tradicional estava assentada no saber sobre as coisas, muitas vezes dividido, fracionando a realidade. A educação nova aposta no "processo de construção e reconstrução da experiência"; no fazer para aprender e conhecer as coisas; no agir sobre algo e observar suas reações; na interação que envolve o pensamento para reorganização constante do que se aprende.

Nesse entendimento, a organização do programa de ensino na nova escola representa o centro do trabalho escolar. Isso porque a criança e o professor são os "elementos" fundamentais do processo educativo. O ensino e a aprendizagem efetivam-se na relação entre o professor e o aluno. Assim sendo, a interação entre ambos e a escola mostra-se, conforme foi possível perceber pela ação de Lourenço Filho, conduzida pelo "programa de ensino".

Outro fator a se destacar envolve a preocupação com os fundamentos: é o conhecimento científico que conduzia os saberes e os fazeres da escola, aproximando o aluno-mestre ao trabalho escolar. Contava-se, do mesmo modo, com a valorização do ato de observar, de intuir, por meio de estudo e críticas coletivas, na construção do conhecimento do aluno.

Aparece, constantemente, a preocupação com a metodologia que, conforme descrita por Cavalcante (2009, p. 17), constitui um "programa de ensino" elaborado e realizado por Lourenço Filho, em 1921, efetiva um protocolo de práticas tido "como um tratado de metodologia do ensino", uma vez que indica,

> [...] com riqueza de detalhes, desde o modo como deve ser organizada uma classe, do ponto de vista médico e higiênico [...] até a adequação dos procedimentos do processo escolar, relativos à organização quanto ao regime, horário, programas, interpretação de uns e outros quanto ao método até a orientação didática (Cavalcante, 2009, p. 17).

Lourenço Filho, ao delimitar a organização de *tempo*, *espaço* e *matéria de ensino*, acalentado, nos termos de Monarcha (2009, p. 39), em "modelos de educação branda" – embora a época não fosse de brandura –, indica que a mudança de uma prática pedagógica se realiza alicerçada em uma organização de ensino. Assim, o "programa de ensino" representa um importante recurso de organização do trabalho escolar.

Apresentado como modelo da educação renovada, o "programa de ensino", elaborado pelo jovem professor Lourenço Filho, registra-se no conjunto de documento histórico da organização pedagógica em novas feições literárias.

Realidade social e o "programa de ensino": a reforma da Instrução Pública do Ceará (1922-1923)

Após um ano de trabalho na Escola Normal em Piracicaba, Lourenço Filho recebeu convite para trabalhar na instrução pública do Ceará.

O presidente da província, Justiniano de Serpa, solicitou ao presidente de São Paulo, Washington Luís, um técnico experimentado para a tarefa de reorganizar o ensino.

> Em 22 de fevereiro de 1922, o "Jornal de Piracicaba" publica que Lourenço Filho recebera convite do Secretário do Interior para ir reorganizar o sistema de ensino no Ceará: "organizador de rara têmpera, apesar da pouca idade, talvez ele aceite [...]". Um mês depois, noticia as despedidas públicas e privadas, oferecidas a Lourenço Filho (Hilsdorf, 2003, p. 112).

A direção da Instrução Pública do Ceará seria o primeiro trabalho desenvolvido por Lourenço Filho no âmbito administrativo da educação. Trabalho esse que marcaria as raízes do Movimento de Renovação Educacional no estado do Ceará e colocaria Lourenço Filho como um dos primeiros reformadores escolanovistas. Em entrevista, concedida em 1940, relembra:

> Ao ser convocado, não recebi um convite, mas uma intimação para partir [...]. Tinha vinte e quatro anos de idade e havia-me casado fazia três meses. Iniciava também o curso de Direito, na faculdade de São Paulo. Mas não hesitei. Senti que, malgrado as minhas deficiências, poderia prestar talvez um pequeno serviço ao país (Lourenço Filho, 1940, p. 11).

Lourenço Filho encontrou no Ceará um quadro social e educacional caótico. Na capital, no lugar dos senhores rurais, dos capitães-mores e de um sistema de trabalho escravocrata, do século XIX, encontrava-se radicada uma burguesia comercial e uma elite letrada a par das inovações do capitalismo europeu e norte-americano, que chegavam por meio de obras literárias e de viagens ao estrangeiro. As ideias liberais materializavam-se na iniciativa de reformas urbanísticas inspiradas no estilo francês, "os jornais multiplicavam-se, ao lado da chegada das facilidades de comunicação operadas pela estrada de ferro, telégrafo, telefonia, cinema e ampliação das atividades portuárias de exportação e importação de bens e serviços" (Cavalcante, 2011, p. 32).

Já no interior do estado, a situação era bem diferente. Com as secas constantes e as políticas dos coronéis somadas ao deslocamento do polo de desenvolvimento econômico para a região sudeste, somente aprofundaram-se a pobreza e as desigualdades político-econômicas entre as regiões. Com a falta de instrução e de cultura, agravava-se o problema da pobreza.

Lourenço Filho relatou a situação precária do interior cearense em artigos de jornais, que, reunidos, tornaram-se a clássica obra *Juazeiro do Padre Cícero*[34]. A partir de viagem ao Juazeiro, no interior do Ceará, conhecido como a Meca dos Sertões, para convencer Pe. Cícero a fazer o recenseamento escolar e abrir escola, Lourenço Filho adentrou de forma mais profunda nos problemas sociais e culturais do estado.

> A impressão primeira, quando pelo Nordeste se interne, é a de que vai, como num sonho, recuando pelo tempo. A vida parece que desanda que inicia giro inverso, marcando para trás duas dezenas de anos em cada dia de viagem. Povo, habitações, aspectos de vilas e cidades, processos de cultura da terra e meios de transporte, modos de falar e vestir, manifestações de toda a existência social e política, de estética ou religiosidade – tudo se lhe mostra sob espessa pátina do tempo, ou soa na alma, com as vozes indefiníveis de alongado pretérito (Lourenço Filho, 1959, p. 24).

O ambiente geográfico, as condições econômicas e a vida cultural da região, aos olhos de Lourenço Filho (1959, p. 24), rememoravam relações do passado como a imperialista e a de escravidão: "as condições da vida rural de muitos pontos do sertão, onde o fator humano é de tal desvalia que chega a ser empregado, normalmente, no transporte de cargas". O quadro social das vastidões semiáridas, para Lourenço Filho, mostrava-se estagnado num passado histórico[35],

> [...] uma dezena de homens se entrega à precária criação de gado bovino ou caprino, onde a alimentação que lhe ofertam é, às vezes, um prato de farinha seca ou uma mancheia de frutos silvestres, onde tristes casebres semelham ocas, e os utensílios mais elementares reproduzem os dos tapuias primitivos e com as mesmas denominações originais (Lourenço Filho, 1959, p. 24).

O quadro de exclusão e de fanatismo em que se encontrava grande parte da população do interior cearense, de acordo com Lourenço Filho (1959, p. 18), revelava-se como "um problema de coordenação de cultura"

---

[34] Os artigos foram publicados inicialmente em jornais de São Paulo e posteriormente reunidos e lançados em livro no ano de 1926. Em 1930, a obra foi premiada pela Academia Brasileira de Letras. As referências têm por base a 3.ª ed. de 1959.

[35] Para Monarcha (2006, p. 132), a teoria social eleita por Lourenço Filho, "para representar o sertão e as expressões dos fenômenos religiosos era aquela sancionada no sistema intelectual cearense", incluindo aquela decorrente do contato "com intelectuais como Justiniano de Serpa, Ildefonso Albano, João Hipólito de A. e Sá e com os últimos membros da Padaria Espiritual: Antonio Sales e Rodolfo Teófilo".

brasileira. Somado aos problemas climáticos, o ambiente de ignorância, de superstição, "quase sem lei", não favorecia mudanças das organizações administrativas e educacionais. Diante de tais circunstâncias sociais, culturais e administrativas, Lourenço Filho (1959) observava que o poder político tripudiava sobre o caótico estado de miséria, procurando colher proventos pessoais. As ações dos governantes, em face dos problemas sociais, eram conduzidas pelo empirismo. O problema estava também na falta de cultura dos administradores. Lourenço Filho reclamava uma formação intelectual e moral dos administradores, contudo assentada em nova cultura, a científica. Um novo projeto social capaz de incluir de forma democrática a população, até então excluída, viria de novas bases culturais.

> A essa população disseminada em pequenos focos dispersos, sem relação direta com o progresso do litoral, ao sertanejo atual, enfim, de pouco valerá saber ler, apenas. Mais valerá, para mil cabeças, cem cabeças bem formadas, adaptadas às necessidades e ao desenvolvimento da região, apetrechadas para lutar, vencer e impor-se aos demais, como exemplo e guia. Que valerá saber ler sem hábitos de observação e trabalho, sem energias para pronta reação de adaptação ao meio? (Lourenço Filho, 1959, p. 179).

Para além da campanha de alfabetização do cidadão interiorano, Lourenço Filho (1959, p. 181) entendia que havia um problema de cultura que abrangia a necessidade de adaptar o homem às suas condições sociais: "O que é fato é que a ignorância, sobredoirada com a cultura formal desadapta, e extirpa, muitas vezes, as melhores qualidades morais".

A situação social desordenada, não só do Ceará, mas em todo o país, mostrava para Lourenço Filho (1959, p. 181) a necessidade emergencial de "administradores, verdadeiros políticos, capazes de compreender as necessidades e possibilidades do país", entre elas, contribuir no sentido da adaptação do homem à terra, com capacidade de decifrá-la, e não o contrário, desadaptando-o e isolando-o de suas raízes. Isso significava a preocupação com a formação da criança, na escola elementar e, igualmente, a preocupação com a formação de uma elite, no nível superior. O que estava em questão, para o intelectual-educador era a formação da mentalidade do povo brasileiro. E isso não se faria sem uma elite preparada na ordem intelectual e moral para compreender as verdadeiras necessidades e possibilidades do país.

Para a professora Marta Kohl de Oliveira, Lourenço Filho em toda a sua obra baseia-se numa posição fundamental,

> [...] a crença na *educabilidade* do ser humano, na educação como processo de formação, desenvolvimento e ajustamento das pessoas, no ensino como ação intencional, graduada e sistemática de educar, na aprendizagem como processo natural de humanização do ser humano. Essa posição está claramente associada à postulação da necessidade de *transformação* social e da responsabilidade das elites na condução dos processos de transformação (Oliveira, 1999, p. 140, grifos no original).

Diante do quadro de desenvolvimento, assim como de ajustamento cultural e econômico, a necessidade de uma *elite* é antes de tudo, conforme esclarece Lêda Lourenço (1999, p. 49), a premência da "afloração intelectual e moral de uma grande cultura extensa", uma vez que o conhecimento científico sobre o desenvolvimento humano daria condições para o "aproveitamento de todas as aptidões existentes em todas as camadas populares, em aproveitar todos na luta pela vida".

É relevante ter presente que observações como de Lêda Lourenço não consideram as contradições existentes que se mostravam pela intensidade de problemas sociais de várias ordens, por decorrência do crescimento das cidades ou que se mostravam por meio da intensidade de movimentos trabalhistas dos anos 1920/30. Nas palavras de Mate (2002, p. 65),

> [...] esses temas nem sempre estavam presentes nos discursos pedagógicos da época, mas sim os seus efeitos, como a doença, a falta de higiene, a desordem, o desinteresse pela escola, etc., como se esses fossem os problemas geradores da *desordem* social (grifo no original).

À vista disso, o quadro educacional que se mostrava na Província do Ceará, no início da década de 1920, era desolador. Vigorava a descentralização do ensino, instituída pela Constituição da República de 1891, a qual transferia aos estados a responsabilidade de criação e controle do ensino primário, sem a transferência de recursos. Sem interesse político e sem base econômica, o estado cearense se mostrava com um reduzido número de escolas públicas e com uma população de mais de 70% de analfabetos. Somado a isso, "também não valia a pena ser professor primário nos sertões do Ceará, com cento e poucos mil réis por mês, sujeito ainda a perseguições políticas dos coronéis e à ganância desenfreada dos "bodegueiros" sem coração [...]" (Souza, 1959, p. 48-49).

O quadro da educação pública, conforme apresentado por Moreira de Souza (1959), estava relegado a um plano inferior por deficiente e desinteressante. A educação popular cearense não havia avançado com o Brasil República. O objetivo social da escola primária e a criança continuavam tratados à antiga, como adulto em miniatura, sem dar atenção a interesses, necessidades e prerrogativas. Quase como um lamento, o autor diz que

> [...] havia-se perdido a confiança na escola primária e a carreira do professor não oferecia então o mínimo atrativo, só procurado por jovens do sexo feminino, que não tinham outra possibilidade de fugir ao ramerrão das labutas domésticas, pesadas e monótonas (Souza, 1959, p. 49).

Entretanto, as mudanças econômicas levavam a sociedade a exigir novos padrões de ensino. Souza (1959) relembra que o órgão até então era ocupado por político partidário, e a instrução pública no Ceará caminhava sem plano de conjunto, sem finalidade definida, sem orientação, fiscalização e avaliação. Continua o autor: "a instrução pública estava abandonada constituindo, apenas uma peça a mais e onerosa, no aparelho burocrático e improdutivo do Estado" (1959, p. 49).

Tal fragilidade do plano educacional foi percebida em Fortaleza por "intelectuais inteirados do clima novidadeiro que envolvia o debate educacional na Europa e no Estado de São Paulo naquele momento" (Cavalcante, 2000, p. 160); entre eles, Justiniano de Serpa (1852-1923), presidente do Ceará, que incluiu a preocupação reformadora do ensino e a tarefa modernizadora em sua plataforma de governo. A atitude de convidar um educador do estado de São Paulo revelou a participação interessada de outros intelectuais da terra para a criação de novos caminhos na formação do cearense. Conforme estudo historiográfico de Cavalcante (2011, p. 32), "a reforma educacional de 1922 não teria sido possível pela ação isolada de Lourenço Filho ou de quem quer que fosse". É preciso considerar a presença de defensores ardorosos da educação renovada como João Hippolyto e Moreira de Souza, que atuaram antes, durante e depois da presença de Lourenço Filho no Ceará. Conforme Cavalcante concluiu em sua tese, "a reforma não resultou de uma ideia pronta ou pessoal de Lourenço Filho, e sim de um embate com as forças políticas locais" (2000, p. 160).

A imprensa e a máquina de propaganda, diante da crise do "mundo político da administração política", também precisam ser consideradas no clima de realização da reforma educacional no Ceará (Cavalcante, 2000). A participação de Lourenço Filho contribuiu como o elemento novo no debate propagandista e, como conhecedor das causas da educação e da política educacional, soube articular a construção e ocupação de um espaço para a educação na administração pública. Apesar do quadro social que encontrou no Ceará, Lourenço Filho logo

> [...] se entusiasmou pela terra e pelo povo e pôs-se a trabalhar com tal disposição e vivacidade e solicitude que, prontamente conquistou as simpatias gerais da classe intelectual do meio e obteve, por isso, a mais franca cooperação do magistério e o apoio incondicional do Governo (Souza, 1959, p. 50).

O espaço de intervenção inicial de Lourenço Filho foi na Escola Normal de Fortaleza, onde assumiu as cadeiras de Psicologia, Pedagogia e Didática na Escola Normal. As aulas de Lourenço Filho seguiam novo método e novo programa. Assentadas em forma de cursos práticos, as aulas seguiam motivadas por finalidades sociais e fundamentadas em conteúdos científicos, atraindo um grupo diversificado de pessoas que vinham assisti-las.

Newton Craveiro, auxiliar de Lourenço Filho nos trabalhos da reforma, registrou no anuário Estatístico do Ceará de 1923:

> As lições do professor Lourenço Filho apaixonaram os espíritos. Assistiam-nas, diariamente, assim os alunos da Escola Normal, como professores públicos e particulares, inspetores escolares, deputados, literatos, advogados e jornalistas. O próprio Sr. Presidente do Estado, talvez o mais entusiasta, costumava distinguir as aulas com a sua presença. O recinto já tinha o aspecto de um salão de conferências, ou melhor, de um cenáculo, porque nunca as aulas eram puramente expositivas, mas animadas das mais interessantes discussões. E foi assim que começou a reforma: por uma reforma de ideias (Ceará, 1923, p. 103).

Sem deixar a docência, quatro meses mais tarde, o jovem paulista assumiu a administração da Instrução Pública da Província. Motivado por seus propósitos educacionais, Lourenço Filho iniciou a reforma pelo ponto considerado nevrálgico para a estruturação de uma nova escola e de uma nova mentalidade para o desenvolvimento da nação: a formação do professor.

Newton Craveiro (Ceará, 1923, p. 103) relembra que, para o jovem reformador, a formação do professor tinha o papel de

> [...] estreitar e multiplicar as relações do indivíduo com o meio, não só aproveitando as circunstâncias, mas criando circunstâncias artificiais de que o aluno terá que sair, agindo e raciocinando, associando e abstraindo – organizando enfim a sua própria mentalidade.

Tamanha abrangência de ações exige professores com formação adequada. Pensamento que motivou Lourenço Filho a duas grandes ações. Uma foi a que produziu atos de suspensão de nomeações, remoções e permutas de professores não formados, fato que gerou constrangimentos e disputas políticas. Convém registrar que foi com o apoio do presidente Justiniano da Serpa e do diretor da escola que as ações se consolidaram.

Com o auxílio do diretor da escola, João Hypólito de Azevedo, realizou-se a segunda importante ação: reorganizou o programa de ensino da Escola Normal, visando "corrigir a orientação literária ou formalística do programa, que composto mais de ciências abstratas ou descritivas, orna o espírito, mas não o forma" (Craveiro, 1923, p. 184). Moreira de Souza (1959, p. 51) comenta que, sem tempo a perder, Lourenço Filho

> [...] começa reorganizando a escola de formação de professores primários; supre cadeiras, como as de Inglês e Literatura e cria outras, a saber, de Física e Química, de Anatomia e Fisiologia Humanas e Higiene, de Prática Pedagógica e aulas de Música e Ginástica. Ia tudo, assim, dos alicerces. Logo em seguida, foi estruturado o Curso Complementar, porta de entrada ao Curso Normal, que ficava, dessa maneira, livre da incursão ligeira de elementos mal preparados nos estudos iniciais de humanidades.

Craveiro (1923, p. 184) registra que foram criados o "museu pedagógico e gabinetes de Psicologia e Pedagogia Experimental, onde seriam conservados e adequadamente catalogados, todos os objetos destinados ao ensino prático, haveria também uma biblioteca para uso dos professores e alunos".

Com a reorganização curricular da Escola Normal, composta por quatro anos, foram da mesma maneira reorganizadas as práticas escolares. Até então, as práticas de ensino realizavam-se por repetições e memorização. Com Lourenço Filho, passaram a fundamentar-se nas orientações da Psicologia "segundo as quais, o aluno é um ser ativo que se educa, reagindo ao contato do meio ambiente" (Craveiro, 1923, p. 103). Já a Prática Pedagógica na Escola Modelo, anexa à Escola Normal, realizava-se "sentindo-se e vivendo-se a matéria ensinada", seguindo o "programa de ensino" desenvolvido em Piracicaba no ano anterior (Souza, 1959, p. 51).

O problema de formação do professor envolvia questões pedagógicas e, principalmente, de organização política e administrativa da educação do estado. A composição administrativa das políticas de educação da Província desagradava ao renovador. Conforme aponta a professora Silvia Saviano Sampaio (1999), o quadro educacional da nação, regido no princípio de descentralização do ensino, refletia as profundas desigualdades político-econômicas dos estados. À União cumpria a criação e o controle da instrução superior e do ensino secundário acadêmico, assim como a instrução em todos os níveis no Distrito Federal; e aos estados a criação e o controle do ensino primário e do ensino profissional (escolas normais, de nível médio e escolas técnicas).

Essa forma de descentralização beneficiava somente a classe de dirigentes, os quais tinham as escolas para fabricação das elites. Já para a maioria da população, o acesso era por meio político e, na maior parte das vezes, o corpo docente sem formação produzia um ensino de baixa qualidade. Sem considerar, acrescenta Sampaio (1999), que não havia serviço de organização de inspeção escolar com direcionamento e avaliação das atividades escolares, colocando em prejuízo toda a formação escolar.

Tais problemas faziam parte das preocupações da reforma da instrução pública no Ceará, diante da qual Lourenço Filho propõe ações de responsabilidade administrativa para a esfera central, intercede e advoga a participação das unidades político-administrativas do território cearense. Lourenço Filho compreendia, conforme registrado no Anuário Cearense (1923, p. 104), que "uma reforma do ensino, é uma reforma de costumes, e que não pode ser feita por um homem só nem tão somente pelo governo. Era preciso acordar o povo".

Realizou parcerias com os municípios e inspetores escolares regionais para executar o recenseamento escolar, o qual era considerado, para o reformador, um serviço básico para a organização do ensino. O recenseamento escolar, realizado em três meses no início da gestão de Lourenço Filho, visou primordialmente identificar quantas crianças havia de 6 a 12 anos de idade, analfabetas ou não. Quanto à parceria, esta abrangia aspectos estruturais, em que o município organizava o prédio em condições adequadas para o ensino das crianças e o governo do estado responsabilizava-se com os professores e o material escolar necessário.

As informações produzidas pelo recenseamento escolar constituíam-se em instrumento primordial de controle de matrículas e de frequência escolares, dando sustentação ao planejamento das ações e de políticas da Diretoria da Instrução, tais como: organização de salas de aula, contratação de professores e técnicos, edificações apropriadas para a educação escolar e previsões de material. Por meio do cadastro escolar, conforme descrito no Anuário do Ceará (1923, p. 103),

> Organizaram a planta cadastral de cada município, na qual foram determinados os núcleos de população escolar, as distâncias entre si e em relação à sede do município; os algarismos correspondentes a cada núcleo, de modo a se poder fazer a distribuição justa e equitativa das escolas. Inventariou-se todo material existente nas escolas, organizaram-se estatísticas, [sendo possível determinar quais] os horários, programa e férias mais convenientes às diversas regiões do Estado.

O cadastro contribuiu para mostrar, aos pais e à comunidade, a realidade educacional do seu município, elevando o interesse e a preocupação pela educação da criança, registrando-se um rápido aumento das matrículas. Feito o recenseamento, ou seja, efetivado o levantamento da realidade educacional, por instrumentos teórico e estatístico, Lourenço Filho realiza uma importante etapa da administração da reforma. Põe às claras a dimensão dos problemas educacionais e expõe politicamente a necessidade de proteção dos direitos sociais, pela via da educação.

Da mesma forma, fez parte do plano de trabalho do reformador a edificação de prédios escolares apropriados às faixas educativas ou casas dignas para as escolas públicas. "O prédio da Escola Normal Pedro II, depois Escola Normal Justiniano de Serpa, atualmente Instituto de Educação, e os de alguns grupos escolares da capital primam pelo bom gosto arquitetônico e pelo sentido funcional da escola moderna" (Souza, 1959, p. 52). Nos dois anos de estada no Ceará, foram criados muitos grupos escolares, escolas reunidas, escolas urbanas e escolas rurais em todos os municípios.

Outra etapa importante na organização da educação, abrangendo a administração da escola, foi a instalação de uma *diretoria* somente para a instrução pública, que até então funcionava agrupada com outras funções. Compuseram a Diretoria Geral[36] duas inspetorias: a Médico-Escolar e a

---

[36] A autonomia da Diretoria legitimou-se pela Lei n.º 1.953, de 2 de agosto de 1922, que tratava da Instrução do Ensino Público no Estado e pelo Regulamento próprio que serviu de base de sustentação e reconhecimento

Municipal de Educação. Os trabalhos das inspetorias abrangiam o atendimento administrativo e técnico a todos os níveis (preliminar, p. integral, secundário especial, profissional e superior) e instituições de ensino; e a fiscalização do ensino municipal e particular. Com essa organização, Lourenço Filho individualizou e destacou as questões da educação na organização administrativa do Estado de forma desvinculada das políticas partidárias.

Com a criação da Diretoria Geral, Lourenço Filho delimitou a organização do ensino público no Estado, com a gratuidade e a obrigatoriedade do ensino primário; manteve o ensino particular; criou a inspeção médico-escolar e a escola complementar; remodelou o ensino da escola normal; reestruturou os grupos escolares e escolas reunidas; compôs a fiscalização local do ensino; regulou as escolas isoladas. Além disso, instituiu conselhos municipais com a função de fiscalização das escolas isoladas do município (Ceará, 1922).

Com o *Regulamento da Instrução Pública do Estado do Ceará* (1922) registrou-se a consolidação das diretrizes reformadoras. O "Regulamento" dividia-se em quatro partes: Parte I – Do ensino em geral; Parte II – Do Ensino Público Primário; Parte III – Do Curso Complementar e Normal; Parte IV – Código Disciplinar.

Monarcha (2010, p. 40) observa que o reformador, como partidário de programas escolares de base psicogenética e métodos de ensino ativo, fez constar descrição minuciosa sobre os processos práticos dos ideais escolanovistas, como pode ser confirmado com o artigo 39 do Regulamento:

> Art. 39 – Os programas de ensino primário são os anexos a este Regulamento, cumprindo aos professores dar-lhes cabal execução.
>
> § 1. Na cultura intelectual deve ser dada toda a preferência aos processos objetivos e práticos de ensino, procurando-se desenvolver o espírito de observação, verificação e de crítica dos fatos; educando a inteligência, não como mero armazenamento de noções, mas ensinando o aluno a aprender por si mesmo; fazê-lo observar, experimentar e executar; pô-lo em contato direto com as realidades, evitando a confusão entre "saber" e "dizer".
>
> § 2. No que respeita à educação moral, dever-se-á desenvolver nos alunos a cultura e a orientação da vontade, pela formação de hábitos de ordem, trabalho, disciplina, iniciativa, tenaci-

---

político à educação escolar.

dade, economia e previdência. O professor deverá ensinar, mais que tudo, pelo exemplo, comunicando aos seus alunos bons hábitos e sentimentos, deverá ter sempre em vista que é um "educador", para o qual estão voltadas todas as vistas da sociedade, e não um simples "ensinante" (Ceará, 1922).

O Regulamento tinha incluídas em suas intenções "dar unidade e direção ao que se achava disperso, sentido orgânico ao que até então fora tratado sem ideia de conjunto, em compartimentos estanques, sem qualquer ligação" (Souza, 1959, p. 55). Para tanto, apresentava uma clara finalidade social para todos os níveis de ensino, organizando um sistema de educação, ação até então impensada no meio político e cultural do estado.

Com o Regulamento, ficou definido o modo de provimento das escolas; da posse e do vencimento de professores, assim como seus deveres, e aspectos relacionados a falta, licença, substituição, entre outros; ajustou-se o pessoal dos grupos escolares em termos de quantidade e funções; estipulou-se o regime de aulas e de férias; delimitaram-se os exames e promoção dos alunos; definiu-se o material de escrituração escolar; e discorreu-se sobre instituições auxiliares de ensino: a caixa escolar, o escotismo, as bibliotecas e os museus escolares (Nogueira, 2001).

Diante de tais encaminhamentos, a utilização da norma, da lei, do regulamento, da instrução, entre outros, manifesta-se como mecanismo importante para a reforma e para a organização administrativa e política da educação. O regulamento funcionava como um instrumento político e como um instrumento técnico. O Regulamento, elaborado por Lourenço Filho, delimitou diretrizes, princípios e finalidade da educação escolar, e, como aponta Souza (1959), operou como mecanismo para "solução racional e positiva" dos problemas da educação.

A Lei da Instrução Pública representava "a nova ideia a respeito da educação cearense" (Ceará, 1922). Todavia, segundo Nogueira (2001, p. 229),

> [...] não surgiu como resultado de experiências realizadas no campo da educação popular ou resultante de um experimento foi, no entanto, elaborada pelo poder, liderada por Lourenço Filho refletindo alguns aspectos da lei que regia a Reforma da Instrução Pública de São Paulo.

Para Nagle (1976), a situação específica da atuação de Lourenço Filho, no Ceará, parece ser um caso que não tem registro de influências da realidade educacional paulista. Para o autor, Lourenço Filho

> [...] de um lado não se deixou envolver demasiadamente pela 'concepção' paulista de vida e de escolarização, de outro, soube perceber com bastante agudez muitos aspectos da ambiência social cearense, retirando dela muitas consequências para a atuação na esfera educacional (1976, p. 347).

Para além dessa controvérsia, as intervenções realizadas por Lourenço Filho mostram que ele compreendeu os problemas da realidade educacional cearense, propondo educação popular de acordo com as especificidades culturais e econômicas do Estado. Por meio da reorganização das cadeiras e dos programas de ensino, envolvidos pelos ideais escolanovistas, o reformador levou em consideração as individualidades, particularizando um projeto de nacionalização da cultura brasileira. Projeto esse que, ao realizar-se individualmente, aproxima os indivíduos às questões nacionais e, por conseguinte, às questões da sua cidadania.

O *longo caminho da cidadania*, abordado por Murilo de Carvalho (2004, p. 83), mostra que "até 1930 não havia povo organizado politicamente nem sentimento nacional consolidado. O povo não tinha lugar no sistema político, seja no Império, seja na República". Para o autor, a educação proposta pelos defensores da Escola Nova, na década de 1920,

> [...] tinha um lado de pura adaptação do ensino ao mundo industrial, que se tornava cada vez mais dominador. O ensino deveria ser mais técnico e menos acadêmico. Mas tinha também um lado democrático, na medida em que apontavam a educação elementar como um direito de todos e como parte essencial de uma sociedade industrial e igualitária. Num país de analfabetos, tal pregação apontava para um problema central na formação dos cidadãos (Carvalho, 2004, p. 92).

O momento era de construção de elementos de defesa dos direitos sociais, dentre eles o acesso à educação, inclusive como condição de acesso aos outros direitos: políticos e de cidadania. Lourenço Filho, juntamente aos envolvidos no movimento de renovação educacional, tinha em mente a transformação social, no sentido de ofertar condições de acesso à cidadania e aos bens materiais de uma sociedade capitalista em ascensão. Nesse momento, não se falava em direitos sociais. Falava-se em organização da sociedade para conquistar condições mínimas de saúde, de organização política e social, direcionada à preparação para o trabalho na forma como se apresentava na estrutura de desenvolvimento econômico.

Com a criação da Diretoria da Educação, organiza o sistema em base normativa: leis, regimentos, decretos e em base prática, como, por exemplo, o levantamento estatístico. Essas ações produzem instrumentos de força política e técnica para viabilizar a educação popular. Entre elas, sustentavam o chamado ponto nevrálgico da reforma: a formação de professor, com a reorganização das matérias e dos programas de ensino da Escola Normal. Esses encaminhamentos evidenciam que para Lourenço Filho a realização da mudança educacional passa pelo professor e pelas condições de trabalho na escola, porque é ali que se realizam as mudanças do programa de ensino.

O papel do professor, para Lourenço Filho, conforme relato de Newton Craveiro (1923, p. 103),

> [...] é de estreitar e multiplicar as relações do indivíduo com o meio, não só aproveitando das circunstâncias, mas criando circunstâncias artificiais, de que o aluno terá que sair, agindo e raciocinando, associando e abstraindo, organizando, enfim, a sua própria mentalidade.

A escola moderna visava à adaptação dos indivíduos às necessidades sociais do presente e do futuro. Para tanto, o programa escolar elevar-se-ia de grau de importância na organização da escola. Conforme explica Sampaio (1999, p. 73),

> E já que o papel da escola é preparar para a vida, pela própria vida, tudo que constar no programa escolar deve ser prático, a fim de influir sobre a existência social, criando hábitos e conhecimentos. [...]. Por isso, a organização dos programas escolares é de fundamental importância, já que os programas devem corresponder à realidade da escola para a qual são elaborados.

Por fim, nos quase dois anos que Lourenço Filho permaneceu no Ceará, é possível identificar que suas intervenções atenderam ao seu apelo organizativo em nível do sistema, da escola e do ensino em bases científicas, tendo como centro o desenvolvimento do indivíduo em seu meio social.

Pesquisa e administração: a experiência na Instrução Pública de São Paulo (1931)

Após a passagem no Ceará, Lourenço Filho retornou para Piracicaba, onde permanecera por pouco tempo. Com a vaga deixada por Sampaio

Dória em 1925, transfere-se para São Paulo para ocupar a cadeira de Psicologia na Escola Normal da Praça, deixando-a em outubro de 1930 para ocupar o cargo máximo da educação paulista, onde permaneceu até 23 de novembro de 1931.

Na passagem pela Escola Normal da Praça, segundo Monarcha (2010, p. 51), Lourenço Filho "se predispôs a sistematizar suas críticas sociais e clarear sua pedagogia científica", e "associou-se com entusiasmo à construção de uma escola nova genuinamente brasileira". Intensificou a publicação de artigos em jornais e revistas da época sob o tema Escola Nova e seus procedimentos para superação da escola livresca ou literária. A obra magistral sobre o tema foi o livro *Introdução ao estudo da Escola Nova* (1930).

Reconhecida como o marco referencial da modernidade, a década de 1930 inaugurou muitas mudanças e protagonizou movimentos políticos como a Revolução de outubro de 1930, a Revolução Constitucionalista de 1931 e o Estado Novo, em 1937. Segundo Monarcha (2010, p. 70),

> Em outubro de 1930, Getúlio Vargas inicia um governo revolucionário dotado de poder legislativo e executivo. Pouco depois, em 25 de outubro, em São Paulo, instalava-se o governo provisório liderado pelo coronel João Alberto Lins de Barros, líder da Legião Revolucionária de São Paulo, um dos núcleos mais importantes da Legião de Outubro, cujo programa político defendia o aprofundamento das ações revolucionárias.

A política de Getúlio Vargas, nacionalizante e centralizadora, marca a "passagem do estado de revolução para o estatismo governamental" (Monarcha, 2010, p. 70). O período, de intensa agitação política e social, com projetos de construção de uma mentalidade nacional pela via da educação, teve em Lourenço filho, conforme palavras de Fernando de Azevedo (1959, p. 18), a "firmeza, o tato e prudência no manejo dessa espécie tão delicada de negócios públicos, que é a de assuntos e problemas de educação".

Logo de início, enfrentou aulas paralisadas devido ao processo revolucionário. Todavia, em pouco tempo, foi restabelecida a ordem. Em entrevista, Lourenço Filho (1940b, p. 13) comenta sobre o convite e o problema da paralisação enfrentado na Diretoria Geral de Ensino:

> No momento, a tarefa era muito difícil. Mas, a maneira pela qual [José Carlos] Macedo Soares a apresentava não admitia recusa. Ao seu alto espírito público deve-se o restabelecimento

da normalidade do ensino, em pouco mais de quinze dias, e a ausência de quaisquer perseguições de caráter político, tão comuns em momentos como aquele.

Lourenço Filho era reconhecido por sua competência técnica e pedagógica em relação à administração e ao ensino da educação. Segundo Fernando de Azevedo (1959, p. 18-19),

> [...] é que o administrador que se revelou, tinha em seu apoio, para lhe dobrar o prestígio e a autoridade, não só uma alta concepção de vida, a sabedoria nas relações humanas, "o saber de experiências feito", como ainda uma excepcional capacidade técnica e o conhecimento profundo dos problemas que era chamado a resolver.

Seguindo o caminho que construiu no Ceará, mais as experiências docentes e, por outro lado, o caminho de reformas já realizadas no Brasil de manifestações escolanovistas, Lourenço Filho tem presente que uma reforma inclui amplas finalidades políticas, sociais e culturais. Para tanto, havia necessidade de uma organização que tanto desse suporte para a luta política como para melhorar o ensino nos ideais de uma nova escola popular.

A Instrução Pública de São Paulo, de 1931, é organizada em dois aspectos, denominados por Lourenço Filho como: o "técnico-escolar" e o "administrativo". Conforme suas palavras na comunicação sobre o primeiro ano de trabalho,

> [...] uma reforma de educação não é uma reforma simplesmente administrativa. Certo, ela supõe um aparelho estável e organizado, de prontas comunicações, de controle e coordenação. Sem isso seria pretender construir no vácuo. E foi por aí que começamos (Lourenço Filho, 1931, p. 3).

Nesse entendimento, o aspecto "administrativo" da reforma iniciava pelo problema burocrático que assolava a educação, resultado de uma centralização excessiva. Buscando solucionar tal problema, Lourenço Filho (1931) criou duas seções, sendo uma de "protocolo e notas", por meio da qual se realizava a comunicação entre os funcionários, repartições públicas e as organizações sociais; e a outra seção, a de "estatística e arquivo", era responsável para fornecer os dados do que se fazia e como se fazia. O trabalho de arquivamento e registros contribuía, inclusive, para ampliar e fornecer dados do presente e do passado, organizando a história da educação paulistana. Essas duas seções atuavam no "controle e segurança do serviço" educacional em sua parte material, ou seja, administrativa.

A seção de "estatística e arquivo" foi responsável pela coordenação do levantamento de dados para conhecer o quadro geral da educação e das condições de ensino com que trabalhariam. Realizado logo no início da reforma, o levantamento possibilitou a produção de dados estatísticos da população matriculada nos grupos escolares da Capital. O recenseamento da população escolarizada nos estabelecimentos de ensino primário de todo o estado atentou-se para os dados sobre o rendimento escolar, as condições das escolas, incluindo informações sobre a população não escolarizada. Com os dados coletados, foi possível a ampliação e redistribuição de escolas, por região, considerando-se número de turmas e distribuição dos alunos. Entretanto, estudos como de Mate (2002, p. 67) mostram que tais levantamentos funcionariam, ademais, como "instrumentos de fabricação de consensos". Além da percepção de tais instrumentos para melhorias sociais, pode-se percebê-los "no contexto de lutas para ordenar e regular experiências" (p. 68).

Como parte do levantamento de dados e informações educacionais, Lourenço Filho, com a colaboração e o empenho dos educadores, aplicou os *Testes ABC* em todas as escolas. Os dados coletados e organizados num prazo de dez meses serviram como instrumentos metodológicos para a "organização do controle objetivo do trabalho escolar" (Lourenço Filho, 1931, p. 9). Forneceu elementos para a homogeneização das classes, cuja finalidade era de melhorar as condições de ensino e aprendizagem do escolar. É Lourenço Filho (1931, p. 10) quem explica e apresenta os números a partir da aplicação dos *Testes ABC*:

> O ensaio de organização de classes seletivas de 1.º grau nos grupos escolares desta Capital, que foi a maior experiência de psicologia aplicada à educação já realizada na América do Sul, permitiu em junho, a promoção de ano de 1.038 crianças. O que veio a representar para o Estado uma economia de mais de 105 contos de reis anuais, dado que cada aluno custa ao tesouro 202$000 por ano. As taxas de promoção, nas classes desse grau, oscilaram nos últimos três anos, entre 62 e 64%. Serão neste exercício, segundo estimativa digna de fé, agora recolhida, de 78% em média.

Com dados da realidade educacional em mãos, em sua forma numérica e estatística, e em registros das realizações e dos problemas do ensino, Lourenço Filho tinha condições técnicas e teóricas para propor a reorganização estrutural da instrução pública. Com tais dados, contribuiria para que a base empírica da organização escolar vigente fosse, pouco a pouco, transferindo para uma base de aplicação racionalista (1931, p. 10). Tais questões mostraram-se de fundamental importância para o administrador Lourenço Filho, uma vez que a reforma visava à mudança na forma de organização do ensino e de realização de práticas educativas para consolidação da obra de renovação da educação popular. Dessa maneira, afirmava Lourenço Filho (1931, p. 1): "Ouvindo e vendo sempre, e lembrando quando necessário, a seção de movimento pode vir a ser o que realmente é hoje, uma alma bem-informada, com articulação justa e precisa". No entanto, estudos diversos demonstraram que havia um excesso de importância atribuída à aplicação de testes psicológicos e de aptidão, tendo em vista a necessidade de homogeneizar as classes, os quais, motivados pela organização Estatística, acabavam produzindo dados classificatórios de eficiência, reproduzindo, na escola, a organização do trabalho do sistema capitalista.

Ainda, em relação aos "aspectos administrativos" da reforma, Lourenço Filho buscou a estabilidade administrativa, diante do conturbado quadro social e político do momento, separando os órgãos da administração de fins e os de meios. Com o Decreto n.º 4.795, de 17/12/1930, reorganizou a Diretoria Geral de Instrução Pública do Estado que passou a se denominar Diretoria Geral do Ensino. Criou, conforme artigo segundo, além da secretaria que lhe é própria:

> (b) os serviços de Assistência Técnica e de Inspeção Escolar;
>
> (c) a Biblioteca Pedagógica Central e o Museu da Criança;
>
> (d) a Inspeção Médica Escolar;
>
> (e) o Almoxarifado da Instrução Pública.

O Decreto incluía a implantação de Delegacias Regionais de Ensino, descentralizando os serviços de inspeção escolar. Além da melhoria do ensino, por decorrência da coordenação e do acompanhamento mais próximo e constante do ensino nas escolas, haveria reajustamento seguro e eficiente das unidades escolares, em todos os municípios, com as coletas de dados precisos e a observação da realidade local.

Como órgão consultivo da Diretoria Geral de Ensino e deliberativo no julgamento de sindicâncias e processos disciplinares do pessoal de ensino, Lourenço Filho criou o Conselho de Educação (Decreto n.º 8.845, de 21/01/1931), servindo como importante meio participativo da comunidade na administração (Abu-Merhy, 1997, p. 105).

Cabe registrar que, para Lourenço Filho, a obra da reforma não se fazia livremente por ideais ou por planos de trabalho. Manifestava reconhecimento da importância do trabalho de cada um no processo administrativo para dar condições para a realização do ensino:

> Toda a preocupação em reunir as condições materiais necessárias ao bom andamento dos serviços burocráticos, de nada valeria se não houvesse boa vontade por parte dos srs., chefes de seção e do sr. Diretor da secretaria. Não existe só boa vontade: existe uma alta compreensão de seus deveres, dedicação e entusiasmo pelo trabalho (Lourenço Filho, 1931, p. 2).

O outro aspecto da Reforma da Instrução Pública foi o "técnico-escolar". A dificuldade maior da reforma nos princípios escolanovistas, para o reformador, não pairava sobre os procedimentos administrativos. Envolvia, primordialmente, mudança na forma de pensar e conduzir as relações sociais. Com a organização dos aspectos "técnico-escolar", pretendia realizar mudança social na reforma paulista. Conforme ele próprio dizia: "O que há de perturbador, no entanto, em relação aos serviços da educação é que a obra que lhes compete não é simplesmente uma obra de administração, mas uma obra social, uma obra política, por excelência" (Lourenço Filho, 1931, p. 4).

Para tanto, no entendimento do reformador, as ações escolares, para realizarem-se com ampla abrangência social e com qualidade, deveriam ser assumidas por toda a comunidade, especialmente pelos que trabalhavam na escola. Entretanto, como conseguir o envolvimento dos trabalhadores da escola nos projetos de mudança do ensino?

O reformador tinha presente que o pressuposto básico de qualquer ação administrativa é organização e controle, bem como conservação e rotina administrativa e pedagógica, mas isso não queria dizer centralização como muitos poderiam acreditar. Dizia ele, uma "obra eminentemente social, na sua estrutura e nos seus desígnios, a educação popular não pode ficar sujeita aos limites estreitos de uma organização escolar definida e estática" (Lourenço Filho, 1931, p. 5). Teria de se pensar na autonomia para a realização do ensino nos ideais da escola nova. E como haveria de se realizar tal autonomia, levando-se em consideração a organização que pretendia para o estado paulista?

Em circular enviada aos diretores de grupos escolares e escolas reunidas do Estado, publicada no *Jornal O Estado de São Paulo*, no dia 14/11/1930, Lourenço Filho direciona ações para aproximar a escola das mudanças pretendida. Com a chamada "Os Novos Moldes do Ensino: a diretoria da Instrução pede aos srs. Professores que elaborem os seus programas", o jornal descreve o teor da circular de um dia anterior. Lourenço Filho, em menos de um mês que havia assumido a direção geral da Instrução Pública de São Paulo, assim se dirige aos dirigentes de escola:

> Sr. Diretor – um dos pontos capitais da atual administração do ensino é o de dar, aos srs. Professores, ampla autonomia didática, dentro das normas compatíveis com a boa regularidade do serviço e adoção de técnicas que se baseiam um conhecimento objetivo da criança e compreensão da finalidade social a que devem tender as escolas. Nesse sentido, venho solicitar-vos redijais, em colaboração com os srs. professores desse estabelecimento de ensino, para aí ser adotado, no próximo ano desde que aprovado por esta Diretoria (*O Estado de São Paulo*, 1930, p. 7).

Na organização dos programas de ensino, a participação de todos mostrava-se um importante fator para que o projeto educacional se realizasse. Para a execução desse trabalho, Lourenço Filho fazia várias recomendações. "Deveis realizar uma reunião geral preparatória, de todos os srs. Professores, em que lereis esta circular e dividireis o estudo do projeto de cada ano, cometendo-o de preferência aos srs. professores das classes respectivas". Os professores que regem a mesma classe trabalhariam juntos, porém o projeto final deveria ser aprovado pela maioria, caso contrário deveria respeitar as individualidades, ou seja, "cada professor poderá enviar o seu projeto". Na continuidade do trabalho de elaboração do plano, todos se voltariam para o coletivo da escola conforme orientação do diretor da instrução pública.

> Concluindo, assim, o estudo de um programa, para cada ano ou grau de ensino, deveis proceder a uma nova reunião geral, em que os srs., relatores, sob vossa presidência, procurarão articular os programas parcelados, de modo a que, do conjunto, resulte um plano tão perfeito quanto possível. Para os esboços referentes aos 2os, 3os e 4os anos, devem os srs. professores atender, também, ao preparo médio obtido, nesse estabelecimento, pelos alunos nele matriculados (*O Estado de São Paulo*, 1930, p. 7).

A liberdade já se mostrava pela indicação das matérias no programa como uma ação já vigente. O diferencial parece estar na exortação ao comprometimento e à responsabilização com a qualidade do ensino, que Lourenço Filho (1930e) faz aos professores:

> [...] ao assinar o trabalho do relator, os esboços pessoais, entende-se que os srs. professores se comprometem a executar fielmente os programas apresentados, e tem consciência de que eles venham a produzir maior eficiência do ensino, respeitadas as leis de higiene mental dos alunos.

As recomendações aos diretores em relação à elaboração dos programas de ensino abrangem, da mesma maneira, elementos que Lourenço Filho (1930e) reafirma constantemente em relação ao problema social de desenvolvimento da criança. Para ele,

> O programa deve atender, no seu conjunto, as necessidades reais da criança a que a escola serve. De modo geral, deve atender primeiramente as possibilidades e necessidades econômicas da zona em que está a escola (zona agrícola, de pecuária, do litoral). Antes de tudo, a escola pública precisa radicar o aluno ao seu pequeno torrão, seja a fazenda, bairro ou cidade. Pelo apurado exame dos problemas locais, e proposição de soluções que o habilitam a agir, nesse pequeno mundo, no sentido de melhorá-lo e engrandecê-lo (*O Estado de São Paulo*, 1930, p. 7).

Tendo presente tais indicações, o diretor da escola atuaria como um colaborador na elaboração do programa "sem impor quaisquer ideias" (Lourenço Filho, 1930e). As recomendações são norteadas pela premissa de autonomia didática ao professor e, seguramente, à escola por seu trabalho em conjunto na definição geral do programa de ensino. À comunidade, a autonomia se mostra por outro viés, o da participação, trazendo a realidade social e econômica para a escola, com a intenção de desenvolvimento geral da criança.

Concedendo autonomia didática aos professores, abriria "o caminho para que a renovação dos meios de ensino se começasse a produzir, da melhor maneira, isto é, permitindo a escolha dos instrumentos para a realização de um trabalho definido e com responsabilidade, em cada docente" (1931, p. 4). Para Lourenço Filho (1931, p. 4),

> [...] à administração que por sua natureza é conservadora e rotineira, tão conservadora quanto mais bem organizada, seria pouco producente juntar uma técnica de ensino oficial, determinada em regulamentos, fórmulas e instruções taxativas. Na sua essência, a obra do ensino é de criação pessoal, uma arte, e como toda a arte, à procura de valores que só se atestam pela ação e reação do meio social.

Nesses termos, Lourenço Filho reconhece que a reforma educacional é uma obra administrativa, normativa e regulamentadora, delimitando rotinas e conservando práticas e políticas. Para superar essa condição própria da administração, precisa ser reconhecida a dinâmica que envolve a relação entre professor e aluno e compreendê-la como espaço de arte e criação pessoal e, portanto, que só se realiza num espaço que lhe permita autonomia. Para o reformador, a arte, os valores, a criação não são gerações espontâneas. Muito menos são produzidas por meio de regulamentos, fórmulas ou instruções. Elas se constroem tendo como suporte leituras, experiências testadas, mudança de mentalidade, entre outras. Ademais, envolvem interesses e valores dos que ensinam e dos que aprendem num movimento de "ação e reação do meio social". A formação do professor, conforme Lourenço Filho (1931, p. 4), é então o "ponto nevrálgico da reforma", por isso que "reanimando-se o professorado, pelo seu interesse em sua missão, está-se por certo criando em São Paulo *uma escola nova*" (grifo no original).

Todavia, para Lourenço Filho (1931, p. 5), o espaço de criação pessoal e da autonomia do professor não se faz por anarquia, mas por equilíbrio; não se faz por meio do caos, mas pela produção. A autonomia e a criação configuram-se na relação entre os instrumentos e os fins sociais da educação e se realizam, para Lourenço Filho, por meio do "programa escolar". Assim sendo, a reforma em seu aspecto "técnico-escolar" tem como preocupação central a formação do professor. Em 1926, ao escrever sobre "O ensino em São Paulo"[37], Lourenço Filho já apontava nessa direção, afirmando: "tanto mais bem organizado é um aparelho de ensino tanto quanto mais estabilizados são os professores, para que se veja a que conclusão poderemos chegar" (1926, p. 3).

Uma das preocupações com a formação do professor veio com a proposta de reforma do Ensino Normal, apresentada pelo Decreto n.º 4.888, de 12/02/1931. Com o objetivo de formar os professores primários em nível superior, o Decreto apresenta entre as considerações para a reorganização do Ensino Normal a falta no Estado de um órgão de preparação técnica para inspetores, delegados de ensino, diretores de estabelecimentos e professores do curso normal; e inclui a impossibilidade de, no momento, criar e fazer funcionar uma escola normal superior.

---

[37] Lourenço Filho (1926) escreve sobre "O ensino em São Paulo" com subtítulo: "A Escola Extensa". O texto objetivava apresentar ideias práticas ao presidente eleito do estado de São Paulo, Júlio Prestes (1927-1930), para dar escola a todas as crianças paulistas, considerando as condições de orçamento do Estado.

Com a reforma, o Curso Normal passou a ser de quatro anos com curso complementar de três anos. O programa das escolas normais compreende cadeiras e aulas. As Cadeiras contemplam: Português e Literatura; Francês; Inglês; Matemática; Física e Química; Biologia, Higiene e Puericultura; Geografia e Cosmografia; História Geral e do Brasil; Psicologia e Pedagogia. As aulas envolvem: Organização Escolar e Didática; Trabalhos Manuais e Desenho; Desenho Pedagógico; Música. O Curso complementar engloba cadeiras de ensino geral. Com essa estrutura, os estudos de nível médio perfazem um total de sete anos.

A preocupação com a construção da autonomia do professor aparece com a atenção dada à "prática pedagógica" ou à "prática de ensino" na formação do educador. O programa do curso, além das lições teóricas, passa a ser realizado com práticas conjugadas com a pesquisa conforme os termos do Artigo 8.º: "Passam a denominarem-se Escolas de Ação os atuais grupos-modelo, anexos às Escolas, mas, os quais serão reorganizados de modo a se constituírem em centros de pesquisa pedagógica" (São Paulo, 1931).

Voltado para a formação geral, ampla e integral do educador, com aprendizagens incluindo a área da administração escolar, o Decreto organiza os níveis de ensino com a conversão da Escola Normal da Capital em Instituto Pedagógico de São Paulo, como pode ser conferido no Artigo 10.

> O Instituto Pedagógico compreende:
>
> (a) um jardim de infância;
>
> (b) uma escola de aplicação;
>
> (c) um curso complementar;
>
> (d) um curso normal;
>
> (e) um curso de aperfeiçoamento pedagógico (São Paulo, 1931).

Abu-Merhy (1997, p. 107) comenta que "nesse Instituto, deram-se cursos de Pedagogia em nível superior, tal como em Minas Gerais já vinha sendo feito desde a Reforma efetuada em 1928, por Francisco Campos, quando ali foi secretário da Educação".

A preocupação de Lourenço Filho com a formação do professor para a administração da escola aparece em dois momentos da reestruturação da Escola Normal: primeiramente, com a inclusão da cadeira de "Organização Escolar" no Ensino Normal; e, em seguida, com a inclusão de "Administração Escolar" no curso de aperfeiçoamento pedagógico.

A escola, para tornar-se um organismo vivo, no sentido de realizar a socialização da criança, não poderia prescindir do desejo e do envolvimento da comunidade no sentido de realização de uma educação diferenciada. Essa articulação e essa cooperação entre a escola e a comunidade passariam pelo trabalho do diretor. O entendimento é de que, para que o Estado cumpra a sua função coordenadora, não basta haver normas, leis, projetos, intenções. É preciso contar com um sistema de cooperação que envolve o Estado, em primeiro lugar, além da Igreja, os grupos de profissão, a imprensa, do mesmo modo que pais e professores.

Com tal finalidade social e com o objetivo de atuar "fortemente sobre as diretivas do trabalho escolar", Lourenço Filho, na diretoria de ensino, estimulou a organização de associações de pais e mestres, arregimentando, em seis meses, 688 Associações (1931, p. 7). É interessante registrar que, para o reformador, ele apenas coordenou o movimento social que já estava em curso, "para uma ação positiva, eficaz e honesta" (1931, p. 8).

Convém lembrar que, consoante a Lourenço Filho, os fins e a organização da escola, antes de tudo, assumem os propostos pelo sistema de educação. Entretanto, explica que os fins deverão funcionar de forma flexível para acompanhar a evolução dos princípios sociais e das mudanças científicas. Para isso, necessitam de equilíbrio entre direção e o espaço de criação. A direção administrativa, seguindo os princípios da psicologia e da sociologia, daria suporte ao professor para trabalhar com maior autonomia, em seu tempo e em seu meio, para "integrar-se no meio social a que deve servir, servindo a educação popular e não mais a um plano de sujeição por parte do Estado" (1931, p. 8).

Ademais, Lourenço Filho (1931), amparado no francês Ferdinand Buisson[38], indica que, na "instrução pública, a direção deve vir de cima, mas a inspiração necessita vir dos próprios mestres". Ele complementa afirmando que "de outra forma ficará tudo no papel, o que é mais cômodo para quem administra, mas menos produtivo para a nação" (1931, p. 10). Pensamento esse que abre um espaço para a autonomia do professor ultrapassar o âmbito de sala de aula e participar na organização e administração escolar. Isso se deve ao fato de que, para Lourenço Filho, uma das bases da organização

---

[38] Ferdinand Buisson (1841-1932), filósofo, educador e político francês; atuou na Liga dos Direitos Humanos e na liga da Educação (1902-1906). Foi diretor de ensino fundamental na França. Presidiu a comissão parlamentar para implementar a separação entre Igreja e Estado. Em 1927, recebeu, conjuntamente a Ludwig Quidde, o Prêmio Nobel da Paz. Entre as suas produções, destaca-se o "Novo Dicionário da pedagogia e educação primária" (1887 reeditado em 1911 e 1929). Lourenço Filho não referencia a obra citada.

administrativa da escola e do sistema da educação é a "prática pedagógica" dos mestres, planejada pelos mestres e coordenada pela direção da escola. Esse eixo do trabalho de Lourenço Filho, que envolve o programa de ensino, será objeto do próximo capítulo.

Como observação final, registra-se que muitas outras ações fizeram parte da reforma paulista com Lourenço Filho na Diretoria do Ensino, tais como a reestruturação do ensino profissional e médio, ao qual foi dado grande impulso; a criação do Serviço de Psicologia Aplicada, o qual, na direção da professora Noemy M. Silveira, revelou o nível alto em que se colocavam as investigações pedagógicas no Estado; o desenvolvimento do escotismo, como força de apoio à educação moral e cívica; a luta pelo financiamento da educação, que dependia da boa vontade dos profissionais das outras seções e diretorias administrativas do governo; a produção de material pedagógico para o uso no ensino; a publicação da revista *Escola Nova* como meio de comunicação, coordenação e divulgação das ideias da reforma. De acordo com Abu-Merhy (1997, p. 108),

> [...] a obra de Lourenço Filho no estado de São Paulo, é bastante conhecida. Nela, revelou-se como administrador atilado, deixando uma sementeira que veio a germinar nas administrações sucessivas, levando aquele estado, mais tarde, a erguer o ensino primário ao nível oficial mais alto, quando da estruturação da sua Universidade, em 1934, medida essa que, infelizmente, teve caráter transitório.

Muitas das ideias contidas na reforma do ensino de São Paulo serviram de base para o trabalho de assessoria quando atuou no Inep. Porém, antes, assumiu a direção do Instituto de Educação do Distrito Federal (RJ), tema objeto da próxima etapa da narrativa das vivências administrativas de Lourenço Filho.

A organização do ensino na Escola de Professores do Instituto de Educação (RJ) (1932-1937)

As ideias escolanovistas apresentadas em grandes obras como *Aspectos americanos de educação* (1928)[39], de Anísio Teixeira, e *Introdução ao estudo da*

---

[39] A obra constitui-se de relatório de uma excursão de estudos aos Estados Unidos da América, contendo comentários sobre oito estabelecimentos de ensino, o órgão federal de Educação, a Associação Nacional de Educação e o Departamento Estadual de Educação, no sul. Anísio Teixeira trata sobre a integração dos métodos ativos e progressivos da educação americana com os métodos de precisão, rendimento e organização que governam a máquina industrial, o comércio e a burocracia naquele país, bem como aos contrastes que estabelece

Escola Nova (1930), de Lourenço Filho, tinham a possibilidade de um encontro que transformaria em realidade as ideias ali vislumbradas, embaladas e valorizadas. O espaço era o Rio de Janeiro, o ano 1932.

Lourenço Filho estava no Rio de Janeiro, havia assumido a chefia do gabinete do ministro da Educação Francisco Campos com a principal finalidade de organizar a Faculdade de Educação, Ciências e Letras. No entanto, conforme ele comenta:

> Surgiram dificuldades de várias naturezas, especialmente quanto ao contrato de professores estrangeiros, que o Ministro Campos desejava chamar para Faculdade. [...] foi por essa ocasião que o Dr. Anísio Teixeira, diretor da Instrução Municipal, planejou o Instituto de Educação, da Prefeitura, e submeteu o plano ao Ministro Campos. O Ministro da Educação não só achou o plano bem concebido, como encorajou o dr. Anísio a desenvolvê-lo, por ver que no instituto ideado poderia estar o núcleo da futura Faculdade de Educação (Lourenço Filho, 1940b, p. 13).

Lourenço Filho trabalhava junto a Anísio Teixeira no estudo técnico de implantação do instituto quando recebeu o convite para auxiliá-lo na transformação da Escola Normal em Instituto de Educação. Diante do convite, responde:

> Tinha que recusar, como recusei, porquanto me achava no Rio para uma comissão de confiança e não poderia abandoná-la. [...] foi o dr. Campos que me levou a aceitar o encargo, pois como pensava – e os fatos oito anos mais tarde lhe deram razão – da tentativa municipal haveria de surgir a escola federal de formação de professores secundários (1940b, p. 14).

Conforme palavras de Juracy Silveira (1959, p. 78), professora no Instituto de Educação, os educadores Lourenço Filho e Anísio Teixeira associaram-se "para levar a efeito o mais belo, emocionante e generoso empreendimento humano – a educação das novas gerações brasileiras".

A administração do Instituto de Educação estaria nas mãos de um *técnico*. Um repórter da revista *Fon. Fon* (*apud* Monarcha, 2010, p. 74) comenta que se tratava de "um técnico em assuntos de ensino, com projeção no cenário da atividade pedagógica nacional". Por outro lado, tratava-se, antes

---

entre essa unidade da moderna civilização norte-americana e a situação brasileira. Disponível em: http://www.bvanisioteixeira.ufba.br/delivro.htm. Acesso em: 19 fev. 2016.

de tudo, de um *educador* assim declarado, tempos mais tarde, por Anísio, no *Livro Jubilar,* que "Tinha, Lourenço Filho mais que nenhum outro, no Brasil, a alma de educador" (1959, p. 67).

As atividades e relações de trabalho desenvolvidas pelo novo diretor do Instituto fizeram com que Mário de Brito (1959, p. 71), diretor da Escola Secundária, afirmasse tratar-se de um profissional com "personalidade integrada, de administrador e professor, dificilmente separariam os dois aspectos". Além das responsabilidades administrativas no Instituto, Lourenço Filho desempenhou a regência da disciplina Psicologia Educacional, enquanto Anísio Teixeira, a disciplina de Filosofia de Educação.

Lourenço Filho permaneceu na direção do Instituto até 1937, dois anos após Anísio Teixeira ter sido barrado pelo Estado autoritário que despontava no cenário político do país. Sobre "deixar" o Instituto de Educação Lourenço Filho, em entrevista, diz:

> Não o deixei. Deixei a direção, quando a lei que proibia acumulações, em fins de 1937, não permitiu que eu continuasse como professor e diretor. Posteriormente, uma lei que transferiu os cursos da Universidade Municipal para a Universidade do Brasil, transferiu também algumas cadeiras para esta corporação. Passei, assim, a pertencer ao corpo docente da Faculdade da Universidade do Brasil onde me cabe a cadeira de Psicologia Educacional (1940b, p. 14).

O sistema educacional da capital federal vinha marcado pela efervescência política e social dos anos 1920, na qual recebeu o impacto de dois grandes educadores e administradores: Carneiro Leão (1922 a 1926) e Fernando de Azevedo (1927 a 1930). Segundo Juracy Silveira (1959, p. 74), "as reformas do ensino traçando-lhes 'novos fins' trouxe, em consequência, um interesse bastante vivo para o encontro de 'novos meios'". Ainda, para Silveira, o grande mérito desses dois movimentos da educação moderna no Distrito Federal foi o de abalar as convicções pedagógicas, ou seja, as "certezas didáticas" adquiridas por efeito de uma rotina secular que vinham aniquilando o ensino. Por outro lado, persistiam os altos índices de analfabetismo, os prédios escolares, em sua grande maioria, exigiam reformas ou reconstrução e, acima de tudo, não havia unidade do ensino entre as escolas.

Diante do frágil quadro educacional, Anísio criou a Divisão de Medidas e Eficiência Escolar para desenvolver estudos da realidade educativa por análise e inquéritos e aplicação de testes para aferir a qualidade do ensino em todas as escolas. Essas informações contribuíram para a elaboração do projeto de reorganização econômica e financeira da Instrução Pública, do RJ, e reestruturação do Departamento de Educação, criando vários órgãos especializados para melhorar a qualidade da educação pública, entre eles, o Instituto de Educação, Instituto de Pesquisas Educacionais, a Divisão de Obrigatoriedade Escolar e Estatística, a Divisão de Biblioteca e Cinema Educativo, a Superintendência do Ensino e Extensão.

Conforme esclarece Nunes[40] (1994 *apud* Lopes, S., 2006, p. 144), esses *saberes* na obra política da educação, de base estatística e científica, representavam *poderes* dos profissionais envolvidos, que transbordaram da organização racional da escola para o cotidiano da cidade:

> Observar, perguntar, apurar, descrever, contabilizar, agrupar, classificar. Em outras palavras: controlar e hierarquizar. Esses procedimentos fariam parte de toda atividade educadora e exigiriam investimentos em horas de trabalho na elaboração de fichas, boletins, quadros e mapas. A Estatística aplicada ao campo cultural funcionou simbolicamente como instrumento de unificação do universo social que foi submetido aos mesmos códigos (Nunes, 1994, p. 194 *apud* Lopes, S., 2006, p. 144).

O projeto do Instituto de Educação revelou-se como muitas das iniciativas de Anísio Teixeira: grandioso, novo e inovador. Nascia marcado como a primeira experiência do país a promover a formação do magistério em nível de estudos superiores, ou universitário, e para, além disso, conforme registro de Lourenço Filho, nos Arquivos do Instituto de Educação (1934), "uma experiência de preparação de mestres primários, em novas bases, e mediante processos ainda não sistematicamente utilizados nas escolas brasileiras".

Mário de Brito, mais tarde, acentuava que o trabalho desenvolvido no Instituto de Educação, tendo Anísio Teixeira como seu mentor e Lourenço Filho como seu diretor, assegurou "à capital do país uma evolução acelerada e intensa, na organização e desempenho das lidas educacionais, constituindo um marco de relevo na história intelectual de nossa cidade" (1959, p. 71).

De fato, Anísio e Lourenço Filho embarcaram juntos "numa jornada cheia de promessas", conforme relembra Anísio Teixeira (1959, p. 66):

---

[40] NUNES, C. A escola reinventa a cidade. *In*: HERSCHMANN, M.; PEREIRA, C. A. *A invenção do Brasil Moderno*: medicina, educação e engenharia nos anos 20-30. Rio de Janeiro: Rocco, 1994.

> [...] os primeiros tempos foram de total identificação, que não estávamos juntos apenas os dias, mas prolongávamos pela noite, jantando, eu, quase sempre em sua casa. Enquanto fui Diretor Geral da Instrução no Rio, nem um momento me passou pela cabeça que Lourenço Filho não fosse o companheiro mais sábio e eu o colega menos experimentado, pronto para ouvi-lo. A obra do Instituto foi sua, levando, eu, tão longe meu escrúpulo, que jamais presidi o que quer que fosse naquela grande casa de educação, de que o fiz diretor efetivo, contrariando legislação geral, para que todos vissem que nenhuma autoridade ali era maior do que a do mestre, cheio de equilíbrio e experiência, a quem as circunstâncias me haviam permitido entregar a formação do magistério da Capital do meu país.

O trabalho no Instituto, para Anísio Teixeira e Lourenço Filho, configurava-se, nos termos de Nunes (2003, p. 10), como "lugar de ação". Os reformadores tinham o trabalho *como ação* e *lugar de ação*. Este último representa o local onde se reúnem as "dimensões corporal, social e política e onde se dá a alquimia com a própria substância da vida. Nele se forjam o sentido e a justificativa de uma biografia" (2003, p. 10). Depois desse trabalho conjunto, Anísio e Lourenço Filho se distanciaram, reencontrando-se muito tempo depois nas lides dos ideais de uma educação popular.

No processo da educação escolar, conforme escreveu Celso Kelly (1959, p. 224), "dois polos extremos se tocam nos domínios do ensino: a realidade de um lado e a Filosofia, do outro. De permeio, toda uma gama infinita de experiências e meditações". Essa relação é difícil de compreender e, ainda mais, de estruturar no espaço administrativo da escola. Nessa perspectiva, o trabalho intenso de prática de ideias, filosofia, valores, conhecimentos, entre outros, como desenvolvia Lourenço Filho na Escola de Professores do Instituto de Educação, tem muito que *dizer* que não foi dito em termos de organização e administração.

Como pode se observar no Quadro 2, o Instituto de Educação estava assim organizado: três anos de jardim de infância, quatro mais um do ensino primário (quatro do ciclo fundamental e um do ciclo complementar), cinco mais um de ensino secundário (cinco do ciclo fundamental mais um do ciclo complementar) e dois de magistério, perfazendo um total de 16 anos de escolaridade.

Quadro 2 – Estrutura da organização do Instituto de Educação: nível de ensino, duração e ensino complementar

NÍVEL DE ENSINO ELEMENTAR	DURAÇÃO (ano)	ENSINO COMPLEMENTAR
1. Jardim de Infância	3	
2. Escola Primária	4 +1	Matérias de conhecimento gerais, práticas educativas relacionadas à formação de professor e trabalhos manuais
3. Escola Secundária	5 +1	Cursos facultativos Cursos de férias
4. Escola de Educação Curso regular de formação do magistério primário; Curso regular de formação do professorado secundário	2	Cursos de Aperfeiçoamento; Cursos de Especialização (orientadores); Cursos Extraordinários

Fonte: organização própria a partir de dados oficiais

Com uma organização escolar concentrando alunos e alunas por um período de 16 anos consecutivos, permitia-se

> [...] não só a observação continuada da criança e do adolescente, nas fases de maior interesse para a educação escolar, e a experimentação, com rigoroso controle dos resultados, dos processos didáticos modernos, como também o arquivo de dados objetivos para o estudo do escolar brasileiro (Vidal, 1996, p. 241).

O atendimento do Instituto incluía cursos facultativos e de férias, bem como práticas de formação do magistério secundário aos profissionais em exercícios nas escolas públicas ou privadas.

Figura 3 – Lourenço Filho, Anísio Teixeira e Almeida Jr. no Instituto de Educação – RJ (1932)

Fonte: arquivo Lourenço Filho, CPDOC/FGV[41]

Lourenço Filho era o diretor geral do Instituto de Educação e diretor da Escola de Professores (ou Escola de Educação), e Mário Paulo de Brito tinha ao seu encargo a direção da Escola Secundária. A legislação previa independência das direções das escolas, todavia Mario de Brito diz que ambos trabalhavam em conjunto, "minha associação com Lourenço Filho provou que dispositivos legais porventura inconvenientes, não são óbices a uma administração eficaz" (1959, p. 70). Essa associação, continua Brito, era iluminada pela "inteligência e denodo de Anísio Teixeira, cuja ação [...] criou um clima eminentemente favorável a grandes conquistas".

A Escola de Professores, formada pelo curso regular de formação do magistério primário e de formação do professorado secundário, tinha como escolas de aplicação (de demonstração e de prática de ensino) o Jardim de Infância e a Escola Primária, juntamente à Escola Secundária do Instituto de Educação.

---

[41] Disponível em: https://cpdoc.fgv.br/sala-consulta. Acesso em: 15 jan. 2016.

Para o ingresso na Escola de Professores, o interessado deveria ter formação inicial concluída (ciclo fundamental) no Instituto, comprovar conhecimentos por meio de prova escrita e oral e por documentos da escolarização anterior; por outro lado, se verificavam as condições de idade, saúde, inteligência e personalidade. Além disso, observava-se aptidão individual que seria apreciada durante a frequência à Escola Secundária do Instituto, obrigatória para quem desejasse ingressar na Escola de Professores[42].

A preparação do professorado elementar passou a ser feito em oito anos com duas medidas: (1) separação total do curso geral ou preparatório, do curso profissional-pedagógico; (2) organização de cursos diferenciados para especialização em áreas como do desenho, artes aplicadas, educação física, música e saúde. Esses cursos eram ofertados após o curso geral, acrescido em um ano. A Escola de Professores compunha-se, também, por cursos de aperfeiçoamento, de extensão e cursos extraordinários, possibilitando acesso ao conhecimento aos já formados ou aos profissionais de outra formação básica.

O curso geral para a formação do magistério primário era organizado em dois anos, divididos por trimestres. No primeiro ano, o ensino versa sobre os *fundamentos*: Biologia, Psicologia e Sociologia Educacional, e o segundo dedicado à *aplicação*: observação, participação e direção de classe. Na passagem do primeiro e no início do segundo ano, ocorrem "estudos intermediários" trabalhando vinculados os princípios da teoria e da técnica aos problemas da realidade prática. Esse estudo, afirma Lourenço Filho (1934, p. 23), faculta o "discernimento entre o real e o ideal, entre a teoria perfeita e a prática imediatamente possível e conveniente". Os alunos-mestres finalizam o curso com debates sistematizados sobre questões de Filosofia de Educação.

Os "estudos intermediários" compreendiam a "Seção de Matérias do Ensino Primário" e representavam, para Lourenço Filho, "a maior originalidade do sistema e a garantia da formação dos mestres, em novos moldes" (1934, p. 23). A finalidade do estudo era de superar a análise de conteúdos distantes do processo de ensino e, em abstrato, com imposição de fórmulas, seguindo a experiência de *matérias de ensino*, já desenvolvidas no *Teachers College* (Lopes, S., 2006), que visava à articulação do saber científico e da

---

[42] Diana Vidal (2001, p. 77-101) apresenta, com riqueza de detalhes, o processo de seleção para ingresso na Escola de Professores do Instituto. Registra, também, polêmicas ocorridas, por exemplo, pela exigência do peso correto: "Corpo perfeito, biológica e psicologicamente, era condição imprescindível para o ingresso. Corpo saudável, morada do saber racional e científico".

prática docente. Para o diretor do Instituto, o que caracterizava o estudo de Matérias era "a libertação do espírito do futuro mestre". Com um amplo entendimento de Matérias, os estudos forneceriam ao professor

> [...] a suficiente desenvoltura para que possa aquilatar, por si, os processos antigos e modernos, e decidir, com personalidade e íntima convicção, da sua escolha e de sua constante modificação, segundo o tipo do aluno, os objetivos a alcançar, o material e tempo disponíveis (1934, p. 23).

Desse modo, a preparação do professor abrangia a preocupação em oferecer condições para o exercício da autonomia no processo de ensino, como caminho indispensável para realização dos ideais da Escola Nova. Nesse sentido, o estudo de Matérias seguia um cuidadoso programa de ensino, conforme apresentado detalhadamente por Lourenço Filho (1934, p. 24),

> Os alunos investigam, primeiramente, o histórico de cada matéria, recordando-lhe o conteúdo, sob forma genética; examinam depois a psicologia especial de sua aprendizagem, perquirindo também a intercorrelação das diferentes matérias do programa; e, só então, à luz desses dados e em face dos modernos processos de verificação da aprendizagem e do alcance social de cada matéria, é que passam a encarar os processos didáticos, gerais e especiais, simples meios de ação, sem significação em abstrato. Não se separa, assim, o método do conteúdo; nem o conteúdo especial da matéria dos objetivos gerais do ensino; nem estes objetivos do meio social da individualidade do aluno e da individualidade do professor.

Essa forma de ensino guarda, no entanto, um grande perigo, o da dispersão estéril. Por conseguinte, Lourenço Filho (1934, p. 24) chama a atenção para a necessidade de uma "conveniente organização de trabalho e professores capazes de o realizarem". Quanto à organização e à realização do trabalho educativo, esses deveriam passar por acompanhamento e avaliação constante do programa de ensino. Era preciso que os resultados fossem avaliados por todos os aspectos e confrontados com o resultado das avaliações anteriores.

A Seção de Matérias e a Prática de Ensino deveriam caminhar juntas como um "centro de pesquisa e investigação" (Lourenço Filho, 1934, p. 24). A estrutura do Instituto representaria o grande laboratório para as atividades científicas que a Prática de Ensino passaria a desenvolver. Um dos importantes processos de ensino utilizados para as atividades diferenciadas da Prática de Ensino era o "seminário, com investigações dirigidas e investigações livres" (1934, p. 24). Na Seção de Prática, incluíam-se igualmente o inquérito com várias indagações às alunas-mestre em relação aos problemas de ensino, incentivando-as a pensar sobre eles e indicar sugestões para melhorar o trabalho ali realizado. As sugestões seriam incorporadas no ano seguinte. Além disso, a preocupação em servir de modelo e influenciar no "pensamento pedagógico do país" tornava imprescindível que os inquéritos fossem publicados. A revista *Arquivos do Instituto de Educação* desempenha, então, um papel fundamental na divulgação dos estudos efetuados pelo Instituto (Vidal, 1996).

A Escola de Professores do Instituto despendia, assim, inteira atenção e incentivo aos trabalhos de investigação científica de diferentes problemas do ensino primário e secundário, caracterizando-se, conforme legislação em vigor, como "centro de documentação e pesquisa" (Lourenço Filho, 2001, p. 48). Vidal assim descreve o trabalho científico ali desenvolvido:

> O Instituto de Educação funcionava como uma verdadeira escola laboratório. Os conhecimentos, adquiridos nas aulas da Escola de Professores, voltavam para a sala da Primária, mediante as atividades de Prática de Ensino. As/os professoras/es do Jardim de Infância e do ensino primário e secundário acostumavam-se a observar suas/seus alunas/alunos, anotar seu comportamento, realizar inquéritos e pesquisas; além de observarem e avaliarem o fazer das professorandas e serem, por essas, observadas/os e avaliadas/os. As professorandas engajavam-se, ainda, como pesquisadoras em trabalhos desenvolvidos no estabelecimento. Assim, investigavam, por exemplo, os hábitos alimentares das/dos alunas/os, a maturidade para a aprendizagem e as técnicas de ensino da escrita e da leitura (Vidal, 1996, p. 241).

Lourenço Filho (2001), na apresentação de relatório de atividades do Instituto referente ao ano de 1936, a Afonso Penna Junior, reitor da Universidade do Distrito Federal, enumerava as pesquisas realizadas, entre elas as relativas ao ensino da aritmética nos vários graus da escola primária; aos conhecimentos de cálculo e linguagem, nas crianças pela primeira vez matriculadas na escola; à velocidade da leitura corrente e sua correlação com a idade e com a graduação escolar; à velocidade e à qualidade da caligrafia e à aprendizagem do ritmo.

Uma das pesquisas de grande repercussão no Instituto, desenvolvida por Lourenço Filho, foi a de investigação sobre *testes pedagógicos*[43], iniciada em 1933, perdurando até o final do período em que lá permaneceu. A obra publicada como *Testes ABC: para a verificação da maturidade necessária à aprendizagem da leitura e escrita* constituiu-se em "contribuição original ao diagnóstico e prognóstico do trabalho escolar e interpretação nova das relações entre *maturação* e *aprendizagem*" (Lourenço, 1959, p. 208, grifos no original).

O resultado das pesquisas contribuía, especialmente, para a organização do ensino e das classes mais homogêneas. Após esse trabalho de organização, Lourenço Filho, enquanto diretor da Escola de Professores, auxiliava diretamente na organização do programa de ensino para as classes consideradas fracas, propondo exercícios e subsidiando materialmente o desenvolvimento do projeto da classe (Vidal, 1996).

Para uma formação ampla e envolvente dos estudantes e educadores, havia uma estação transmissora radiofônica, instalada no prédio do Instituto que transmitia três programas diários: *Hora Infantil*: para os três turnos escolares; *Jornal dos Professores*, às 18h; e *Suplemento Musical* (Vidal, 1996).

Os objetivos da Escola de Professores não se limitavam à preparação de atividades didáticas de ensino das crianças para os alunos-mestres. Lourenço Filho entendia que a Escola Nova é aquela que atua como "um organismo vivo, capaz de refletir o meio, nas suas qualidades, e de cooperar para a melhoria dos costumes" (1930b, p. 3), assim sendo, formação do professor deve dar conta dos amplos aspectos que compõem o conhecimento e de sua relação com o desenvolvimento da sociedade. Para tal amplitude, a formação do professor não poderia parar com o ensino regular.

O trabalho de socialização da criança nos ideais escolanovistas tornava-se muito mais difícil do que se podia imaginar. A sociedade estava em constante mudança impelida pelo desenvolvimento dos saberes tecnológicos. Mudanças que elevam a necessidade de sucessivas atualizações aos novos meios de aplicação científica e das formas de transformação da organização estática pelo estudo objetivo da criança. Para Lourenço Filho (1934, p. 19), "os problemas da cultura geral continuam a existir, e uma das preocupações do ensino, na Escola de Professores, é mesmo a de dar aos futuros mestres a conveniente atitude de tê-los como permanentes por toda a vida". Nesse

---

[43] Lêda Maria Silva Lourenço (1959) destaca que ascendem a uma centena os trabalhos publicados em outros países que relatam experimentações com os Testes ABC.

sentido, o Instituto ofertava cursos de aperfeiçoamento, especialização e cursos extraordinários, atendendo com matéria de estrita aplicação profissional e matérias de cunho intermediário e cultural.

A necessidade de formação permanente para uma educação de cunho social aponta para um dos grandes problemas das escolas de professores. Trata-se da questão da reorganização contínua dos programas de ensino, tanto para os cursos regulares como para os complementares. Esse problema, consoante a Lourenço Filho, depende muito mais do professor e dos diretamente envolvidos no ensino do que do diretor. Em entrevista, anos mais tarde, ressalta que

> [...] no Instituto de Educação o trabalho não foi pequeno, mas sempre agradável e facilitado pelo professorado de escola que ali se reuniu. Foi esse professorado que realizou uma das obras mais sérias de educação já tentadas no Brasil, e creio que ele o teria realizado com qualquer diretor. Minha atuação era apenas a de coordenar e uma ou outra vez sugerir (1940b, p. 14).

A obra da escola não se mostra, de acordo com Lourenço Filho, como obra do diretor. A este cabe o trabalho de coordenar a organização e a realização do ensino em função da finalidade social da escola. Finalidade que primeiramente deveria estar delimitada no programa de ensino. Essa coordenação, na Escola de Professores, extrapolava a organização do programa das *Matérias de Ensino*, abrangia igualmente a organização do ambiente físico e humano, para a sua realização. Cumpre lembrar, com Sonia Lopes (2006), que os "novos métodos e processos" dos programas das *Matérias de Ensino* apresentavam o *ativismo* ao qual os dirigentes do Instituto de Educação encontravam-se vinculados. De um modo geral,

> [...] os processos de trabalhos expostos nos programas de ensino previam leituras e pesquisas bibliográficas, discussões, debates, inquéritos e seminários para as disciplinas teóricas, além da observação, experimentação, demonstração e elaboração de relatórios para as de caráter prático. Excursões, dramatizações, confecção de material didático e de pequenos aparelhos científicos para figurarem em exposições ou feiras [...] (Lopes, S., 2006, p. 224-225).

Assim, o trabalho do diretor é o de envolver-se com a realização dos processos de trabalho expostos nos programas de ensino e a eles envolver toda a comunidade escolar. Como exemplo, diante da dificuldade da realização do programa da "Prática de Ensino" na Escola de Professores, Lourenço Filho chama a atenção para a necessidade do trabalho conjunto da comunidade escolar e para a harmonização das ações.

> O que haverá de buscar-se, para esse efeito, é *ambiente total* nas escolas [...] um clima de entendimento e coordenação, harmonia de elementos de estudo e de situações que se solidarizem e encaminhem as oportunidades que levam a viver, em cada aluno-mestre, uma personalidade esclarecida, confiante, capaz de autocrítica, de sensibilidade em face das reações dos alunos – de capacidade criadora, enfim (1945, p. 56, grifo no original).

Contudo, antes de qualquer ação, é necessário considerar os fundamentos que encaminham a organização dos programas de ensino. Na Escola de Professores, conforme Sonia Lopes observou em seus estudos,

> [...] os fundamentos biopsicológicos da educação influenciavam diretamente os programas das *Matérias de Ensino* tendo em vista melhorar o conhecimento da evolução anotomofisiológica da criança, bem como subsidiar o estudo de questões relativa ao pensamento, linguagem e às diferenças individuais que interfeririam no processo de aprendizagem. A Sociologia tornava-se necessária pelo valor social [...] (Lopes, S., 2006, p. 224).

Um trabalho, amplo e criativo por certo, não se realiza sem uma coordenação segura dos fundamentos e objetivos traçados para a educação e para o ensino da matéria. Da mesma forma, a coordenação do trabalho dos professores envolvia o serviço de acompanhamento que se realizava pelo controle do que era ensinado e por informações teóricas e práticas que permitissem a análise e a revisão dos programas de ensino. Lourenço Filho assim concluía seu relatório de atividade no Instituto de Educação: "O ano letivo de 1936 veio permitir a este Instituto, conforme os dados apresentados em resumo, neste relatório, o desenvolvimento de seus serviços de controle administrativo, do ensino, de investigação pedagógica e da ação social" (2001, p. 48).

De fato, o trabalho de direção no Instituto de Educação não foi pequeno. Lourenço Filho era reconhecido como um "trabalhador infatigável, permanecia no seu posto das 7 às 19 horas e não raro prorrogava o seu dia funcional até altas horas da noite, embora residisse a dois passos do Instituto" (Silveira, 1959, p. 81). A sua presença traduziu em termos de ação prática o seu pensamento educacional, conferindo ao Instituto uma organização de "autêntica casa de educação".

O pensamento educacional de Lourenço Filho na direção do Instituto manifestava-se permeado por conhecimentos científicos e didáticos e envolvia tanto as questões relacionadas à gestão do ensino como à dinâmica da cultura escolar. Na sequência, descrevem-se lembranças de alunas da Escola de Professores, as quais comentam a cotidianidade de Lourenço Filho desvelando ações, valores e outros aspectos, nem sempre descritos, porém importantes no trabalho da administração escolar.

Juracy Silveira (1959, p. 79) relembra que a presença diária de Lourenço Filho era sentida em todos os níveis de ensino ofertados no Instituto. "Acolhedor e simples, a todos ouvia, com igual solicitude. Não havia problema técnico ou administrativo que fosse por ele negligenciado, sob pretexto de falta de tempo ou de carência de valor". Acrescenta que "Nunca o buscamos para uma sugestão, ou para uma crítica, que não nos recebesse com simpatia, boa vontade e paciência" (1959, p. 81). Da mesma forma demonstrava um amplo cuidado com as condições de higiene da Instituição para acolher o aluno. Tarefa que atribuía a todos que estavam na escola. Exigia igualmente de "funcionários subalternos, do corpo discente e do docente, que as galerias, salas de aula, pátio central, jardim, que todo o prédio se mantivesse rigorosamente limpo" (Silveira, 1959, p. 79).

Silveira (1959, p. 79), por sua vez, coloca em evidência o valor do exemplo, demonstrado por Lourenço Filho, para a formação de hábitos e atitudes das crianças e dos adolescentes: "se na sala em que estivesse lecionando, por acaso caísse um pedaço de giz, ele próprio o apanhava". Em sala de aula, a linguagem era mais que uma questão de ensino e comunicação, revelava o cuidado com as relações formativas e com a qualidade do conhecimento.

> Sereno, enérgico, mas afável, falando intencionalmente baixo para nos obrigar a um esforço de atenção para ouvi-lo; explanando em linguagem sóbria, elegante e precisa, a que não faltava nem sobrava um único vocábulo, as mais atualizadas teorias de aprendizagem (Silveira, 1959, p. 80).

Maria da Glória Maia Almeida (1959, p. 216) relembra que o ensino vinha acompanhado por amplo estímulo à aprendizagem. O

> Prof. Lourenço Filho criou tão intensa atmosfera de estímulo cultural, que cada uma de nós, na ânsia de superação em que

vivíamos se sentia capaz de arrancar do céu da cultura, qual Prometeu a solução para todos os problemas de nossa vida e de nossos alunos.

Lourenço Filho desejava que cada um se sentisse integrado à escola e, ao mesmo tempo, reconhecendo-se seres "com problemas e reações particulares com uma individualidade distinta do grupo. A educação considerada 'como vida' se entrelaçava profundamente com a orientação" (Almeida, 1959, p. 217). Um traço marcante da personalidade de Lourenço Filho era a preocupação em dar aos seus alunos uma vida mental organizada. Para tanto, leitura se fazia sempre presente, como contribuição na reorganização mental e como formação de uma cultura.

A professora Maria da Gloria comenta que além da leitura, marcaram ao estilo escolanovista de ensino de Lourenço Filho as atividades de "trabalho de pesquisa" e de "trabalho de grupo". Esses trabalhos rompiam com o ensino verbalista e repetitivo. Com uma biblioteca enriquecida de obras atualizadas, as discussões de temas, as festas de ginásio e de auditório, a participação na disciplina da escola, os cartazes que, de quando em quando se renovavam pelos corredores, revelavam a nova dinâmica do ensino. Lourenço Filho manifestava constantemente o orgulho das atividades realizadas interna e externamente como as de intercâmbio escolar e de visitas de pais (Almeida, 1959, p. 218).

O ensino diferenciado, que rompia com o conceito de criança como adulto em miniatura, ou tábua rasa, é lembrado por Carmem Pereira Alonso (1959, p. 219). "Penetrávamos, então, pouco a pouco, os mistérios da conduta infantil, compreendendo a sua motivação e os problemas. E, sobretudo, aprendíamos a amar a criança, com esse amor que envolve compreensão, respeito e desprendimento". Lourenço Filho acreditava que, sem os educandos, não havia criação em educação. Entretanto, não era suficiente o amor, era necessário que o professor estivesse preparado para receber e ensinar as crianças. Conforme rememora Carmen Alonso (1959, p. 220), o professor Lourenço Filho

> [...] estimulava-nos a pensar em termos objetivos, a pesquisar, a ler, a meditar, a discutir, a assimilar, a ter independência de julgamento e de expressão. Mas, exigia de nós, sempre uma atitude experimental; uma expressão clara, escorreita e sintética – tão clara, escorreita e sintética quanto a sua própria – e, sobretudo, uma atitude honesta de trabalho.

Por fim, Carmen Alonso (1959, p. 220) revela um pouco mais do perfil de Lourenço Filho ao homenageá-lo. "Procuramos evoluir, porque também isto o senhor nos ensinou: a ambição intelectual de produzir sempre o melhor, de fugir à rotina e à cristalização".

As lembranças registradas revelam, entre outras, formas de direcionamento do trabalho, produzindo um clima organizacional escolanovista. As rotinas da escola, ao serem cuidadas, mostram-se como um meio que impulsiona o interesse para as ações educativas. É como se o cuidado com as relações fosse mais que uma atitude educada ou exemplar. É uma atitude geradora de mais educação porque cria condições ou "clima" para o desenvolvimento do trabalho previsto no "programa de ensino".

Essas memórias de ex-alunas, por outro lado, apontam Lourenço Filho inteiramente envolvido com a organização do Instituto nos princípios da Escola Nova. Dirigia com autonomia, atribuída pelo Regimento do Instituto sem, contudo, desvincular-se dos interesses sociais e dos objetivos educacionais previstos nos programas e regulamentações. Enquanto diretor, mostrou-se o guardião da lei, tendo a seu favor a autonomia que tanto poderia dirigir de forma centralizada como poderia abrir espaços para democratização da escola.

Nos registros do trabalho desenvolvido por Lourenço Filho (1934) na *Escola de Professores* para o Arquivo do Instituto, foi possível distinguir várias ações e vários cuidados que demandaram sua constante atenção, na organização da nova escola, dentre os quais podem-se enumerar os seguintes,

> (a) reconhecimento dos elementos disponíveis e das necessidades para elevação da escola em padrão cultural, moral e educacional;
>
> (b) observação quanto aos aspectos materiais da escola, quanto à expressão humana, envolvendo aspectos psicológicos e sociais;
>
> (c) cuidados técnicos como a escrituração, comunicação, indicação de tarefas, observações no recreio;
>
> (d) conhecimento de legislações, regulamentações e normas;
>
> (e) observação quanto ao andamento geral do trabalho na instituição, especialmente relacionados à consecução dos objetivos, à motivação, à articulação entre os trabalhos e trabalhadores, ao envolvimento da comunidade na escola, à avaliação e aproveitamento das atividades;

(f) cuidado com atitudes pessoais como voz, gestos, linguagem, domínio emocional diante das situações problemas;
(g) atenção às reações dos que trabalham na instituição como interesse, desinteresse, excitação, temor, naturalidade;
(h) criação de espaço para discussão dos resultados;
(i) acompanhamento pedagógico constante.

Foram muitas ações desenvolvidas no Instituto. Tem-se muito que aprender sobre o trabalho da administração escolar pelos relatórios do Instituto, visto que revelam muito do que não é dito sobre a administração escolar na obra de Lourenço Filho. Conforme palavras de Almeida (1959, p. 2018), coube a Lourenço Filho pôr em execução a reforma do ensino normal que deu aos professores base cultural e profissional mais sólida, em nível superior, "fazendo do Instituto de Educação, um laboratório da Escola Nova".

O trabalho no Inep (1938-1946) e a organização do programa de ensino

Logo após ter deixado a direção geral do Instituto de Educação, Lourenço Filho teve uma rápida passagem no Departamento Nacional de Educação antes de assumir a administração do Inep. Em janeiro de 1937 havia nascido o Inep, como Instituto Nacional de Pedagogia (Brasil. Lei n.º 378, 1937), resultante de um projeto de Gustavo Capanema, ministro da Educação e Saúde, com a colaboração de Lourenço Filho (Carvalho, 1959, p. 86). Este só foi instalado na vigência do Estado Novo, pelo Decreto-Lei n.º 580, de 30 de julho de 1938, com a nomenclatura de Instituto Nacional de Estudos Pedagógicos (Inep) para ser o "centro de estudos de todas as questões educacionais relacionadas com os trabalhos do Ministério da Educação e Saúde" (Brasil, 1938, Art. 1.º).

A ideia de criar um órgão para estudo geral de aspectos relacionados ao ensino remonta ao período do Império, desde o início do século XIX, por influência da organização da instrução pública na Europa. Em 1834, com o Ato Adicional à Constituição, os serviços do ensino primário e normal foram descentralizados, parecendo supérfluo um órgão central para o exame das questões gerais do ensino. Entre as tentativas de retomar tal ideia ainda no Império tem-se a reforma Leôncio de Carvalho e os pareceres de Rui Barbosa (Lourenço Filho, 2005).

Já na República, em 1890, foi criado o *"Pedagogium*, instituto que deveria 'ser órgão propulsor de reformas e melhoramentos de que carecesse a educação nacional'". Apesar da curta existência, em âmbito federal, de apenas seis anos, o *Pedagogium* continuou contribuindo com a difusão de modernos conhecimentos sobre o ensino, até julho de 1919, pela jurisdição do Distrito Federal. Nele também funcionou o laboratório de psicologia para aplicações do ensino (Lourenço Filho, 2005, p. 180).

A partir da década de 1920, ampliam-se os espaços para debates e lutas em conferências de educação e por meio da ABE, influenciando na criação e reorganização de órgãos nacionais para administração da educação como o Ministério de Educação e Saúde e o Conselho Nacional de Educação. O Instituto Nacional de Estudos Pedagógicos foi criado como centro de estudos com a finalidade de contribuir com a administração, tendo as seguintes competências:

> (a) organizar documentação relativa à história e ao estudo atual das doutrinas e das técnicas pedagógicas, bem como das diferentes espécies de instituições educativas;
>
> (b) manter intercâmbio, em matéria de pedagogia, com as instituições educacionais do país e do estrangeiro;
>
> (c) promover inquéritos e pesquisas sobre todos os problemas atinentes à organização do ensino, bem como sobre os vários métodos e processos pedagógicos;
>
> (d) promover investigações no terreno da psicologia aplicada à educação, bem como relativamente ao problema da orientação e seleção profissional;
>
> (e) prestar assistência técnica aos serviços estaduais, municipais e particulares de educação, ministrando-lhes, mediante consulta ou independentemente desta, esclarecimentos e soluções sobre os problemas pedagógicos;
>
> (f) divulgar, pelos diferentes processos de difusão, os conhecimentos relativos à teoria e às práticas pedagógicas (Brasil, 1938, Art. 2.º).

Subordinado ao MEC, o Inep tinha outras funções como:

> [...] cooperar com o Departamento Administrativo do Serviço Público por meio de estudos ou quaisquer providências executivas, nos trabalhos atinentes à seleção, aperfeiçoamento, especialização e readaptação do funcionalismo público da União (Brasil, 1938, Art. 3.º).

Função que envolveu o Inep em atividades de recrutamento de funcionários com trabalhos técnicos de preparo de provas e exames médicos para a seleção de funcionalismo, que o Dasp iniciava em massa (Carvalho, 1959). Esse serviço de biometria médica desenvolvido pela *seção de seleção e orientação profissional* do Inep entrava em dicotomia com as funções de estudos e pesquisas educacionais. Com o aumento de funcionalismo, a função foi aos poucos transferida integralmente para o Dasp.

A abrangência dos serviços do Inep não era pequena. Além dos *Serviços de Expediente* e do *Serviço de Biometria Médica* descrito, ficaria com uma *Biblioteca Pedagógica,* um *Museu Pedagógico* e quatro seções técnicas. Estas assim distribuídas: *Seção de documentação e intercâmbio; Seção de inquéritos e pesquisas; Seção de psicologia aplicada;* e a *Seção de orientação e seleção profissional* (Brasil, 1938, Art. 4).

Com funções dessa ampla natureza, conforme palavras de Manoel Marques de Carvalho (1959, p. 88), "só poderia ser realizada por ação pessoal de um diretor que fosse um líder natural, com a necessária formação técnica e experiência". Lourenço Filho assumiu a direção do Inep, em agosto de 1938, com uma equipe de trabalho formada por três membros: um técnico de educação, Murilo Braga, um oficial administrativo, Oto Floriano de Almeida, e uma secretária, Bartyra Loreti. Somente no começo de 1939, pode contar para as chefias das seções com Murilo Braga de Carvalho, Pasqual Lemme, Helder Câmara e Manuel Marques de Carvalho.

Para quem conhecia de perto os grandes avanços e as grandes fraquezas do ensino no país, que já tinha vivido o planejamento e o ensino de uma classe e de sistemas de instrução estaduais, o que fez no Inep para contribuir com a administração e organização do trabalho escolar?

No período que ocupou o cargo, até agosto de 1946, os serviços educacionais de uma forma ou de outra estavam relacionados ao trabalho escolar. Foi um período de exíguas dotações, exigindo um grande esforço para organizar, implantar e fortalecer o Inep (Carvalho, 1959). Mesmo assim, atendeu muitas das organizações e ações prescritas pela Lei, especialmente em relação à estrutura administrativa. Algumas delas destacaram-se, como o *serviço de estatística de educação e saúde,* o qual cuidou de acumular e organizar documentação relacionada a educação e sua legislação no país, criando, em 1939, uma hemeroteca. Esses arquivos e documentos, em sua maioria, encontram-se no acervo do Inep da Biblioteca do Centro de Filosofia e Ciências Humanas da Universidade Federal do Rio de Janeiro, compondo a história da educação do nosso país.

Entre as atividades desenvolvidas pelas *seções técnicas,* constam "inquéritos sobre a vida educacional do país"; "assistências e cooperação técnica aos estados, às escolas e a outros países"; "pesquisas de diferentes modalidades relacionadas ao ensino" e o "trabalho de orientação e seleção relacionado às atividades do DASP" (Lourenço Filho, 1945).

O levantamento de material e documentação e as pesquisas resultavam em produções e organização estatísticas para serem amplamente divulgadas pela *Seção de documentação e intercâmbio,* por meio de comunicados à imprensa; palestras em rádio; exposições pedagógicas; boletins; revistas e livros (Lourenço Filho, 1945). A finalidade da divulgação visava ofertar informação técnica e pedagógica para assessorar ao desenvolvimento do ensino nas instituições escolares, assim como para contribuir com os estados da federação no sentido de melhorar a qualidade do ensino e dos gastos com a educação.

Os "inquéritos sobre a vida educacional do país", que normalmente demandavam trabalhos continuados por vários anos, contribuíam para oferecer um resultado seguro e abrangente sobre questões importantes relacionadas à administração da educação em seus aspectos pedagógicos e políticos, que incluem a organização do trabalho escolar. Entre os inquéritos realizados, Carvalho (1959, p. 92-93) enumera os seguintes:

> (a) Investigação sobre revistas e jornais infantis e juvenis, editados no Rio de Janeiro;
>
> (b) Investigações sobre a linguagem no pré-escolar;
>
> (c) Investigações sobre o vocabulário ativo da criança na idade escolar;
>
> (d) Investigação sobre o vocabulário comum do adulto;
>
> (e) Investigações sobre a remuneração dos professores em estabelecimentos oficiais de ensino nos anos de 1939, 1941 e 1944; [...]
>
> (f) Levantamento do custo do ensino, no país e no estrangeiro, em estabelecimentos públicos e particulares;
>
> (g) Levantamento da bibliografia pedagógica brasileira, a partir de 1812 até o ano de 1943.

Um dos trabalhos a destacar foi a ampla investigação sobre a educação nacional cujos resultados foram publicados em dois Boletins denominados *O ensino no Brasil*: do quinquênio 1932-1936 (em 1939), e outro do quinquênio 1936-1940 (em 1942). Esses boletins apresentam informações sobre unidades escolares, matrícula geral, aprovações e conclusões de curso, professorado, despesas com o ensino e a cultura, providências governamentais em prol da educação. Os dados permitiam, entre outros, análises e acompanhamento sobre as políticas e a organização da expansão da rede escolar (Brasil, 2004).

As atividades de "assistência e cooperação técnica" atendiam aos estados, às escolas e a outros países. Entre os serviços, Carvalho (1959, p. 93-94) reporta-se a "organização de planos de reformas da administração escolar"; "estudos de orientação didática"; "preparação de provas objetivas para verificação do rendimento de ensino"; "estudos referentes a construções escolares"; "cursos de orientação técnica, de especialização e de aperfeiçoamento organizados para professores e diretores"; e, ainda, respondiam "a consultas apresentadas por órgãos de administração e orientação do ensino, por instituições particulares, ou por educadores, individualmente".

Dentre as atividades realizadas, os "estudos referentes a construções escolares" contribuíram com a construção de unidades escolares nas zonas rurais, de fronteira e de colonização. Abrangia, inclusive, a construção de escolas normais para a formação de professores em todo o Brasil. Essas atividades foram publicadas em dois boletins: *Novos prédios escolares para o Brasil* (1948), no qual foram apresentadas inclusive plantas e fotografias de escolas; e o outro, *O ensino primário no Brasil: uma ação supletiva do Ministério da Educação e Saúde*, planejada e executada pelo Inep (1949), a qual voltava-se mais para as unidades escolares rurais. Só para registro, essas ações foram realizadas a partir de 1946 com os recursos do Fundo Nacional de Ensino Primário, criado em 1942.

Os serviços de "assistência e cooperação técnica" alcançavam instituições de ensino, estados, territórios e outros países. Entre as atividades, encontram-se as assessorias e os estudos relacionados ao plano geral de reorganização administrativa e de serviços da educação para os estados do Rio Grande do Sul, Paraíba, Goiás, Bahia, Paraná, Acre; para os Territórios de Guaporé, de Ponta-Porã, Rio Branco e Amapá; e, também, para países como Paraguai e Bolívia. Encontram-se, ainda, as atividades relativas à reorganização dos "serviços de inspeção escolar" para os estados do Piauí, Maranhão e Alagoas e "estudo dos programas de ensino" para o *Instituto 15 de Novembro*, do Ministério da Justiça (Carvalho, 1959, p. 94-95).

O Inep atendia a "consultas" a ele realizadas sobre temáticas da educação. Uma delas foi sobre o "programa mínimo", realizada por um inspetor do ensino primário, com os seguintes termos: "qual a exata explicação do programa num bem-organizado sistema de educação primária? Qual a função do programa mínimo?" (Lourenço Filho, 1944e, p. 393). A resposta à consulta fez com que Lourenço Filho retomasse, em suas considerações, seu pensamento de uma década anterior:

> Vamos tomá-las, tal qual as apresentamos em março de 1936,[44] ao sr. Secretário Geral da Educação e Cultura da Prefeitura do Distrito Federal, que nos incumbiu, nessa época, de presidir uma Comissão Especial, para a elaboração de novos programas destinados às escolas primárias da capital do país (Lourenço Filho, 1944e, p. 393).

É importante assinalar que a configuração política do Estado, no período inicial do Inep, realizava-se por formas ditatoriais, centralizadoras e controladoras. Todavia, conforme resposta sobre o "programa mínimo" publicada na RBEP, de 1944, Lourenço Filho reafirma seu pensamento anterior, reproduzindo "tal qual" o texto apresentado no Boletim de Educação Pública, de 1936. Assim, em suas considerações iniciais intituladas de "importância do problema", começa reiterando que "Não é necessário insistir sobre a importância do *programa de ensino, como recurso de organização do trabalho escolar.* Representa ele, a um tempo, fonte de inspiração, norma geral do trabalho docente e pedra de toque da atividade do mestre"[45] (1944e, p. 393, grifo nosso).

Lourenço Filho mantém, ao longo de um tempo político movediço, que abrange o início da década de 1930 a 1945, o entendimento de que o "programa de ensino" é um importante recurso para a organização do trabalho da escola. Essa permanência de ideia, valor e importância em termos da organização da escola é, no mínimo, instigante, uma vez que, no início do século XX, a organização da educação era marcada pela luta democrática, porém, depois de 1937, as ações e intervenções de Lourenço Filho, como diretor do Inep, estão vinculadas a um Estado politicamente ditatorial.

No Inep, Lourenço Filho tinha como objeto de preocupação permanente os processos administrativos da educação do país em todos os seus níveis, entretanto nucleados pelo trabalho da escola. Assim sendo, entender um pouco dessas preocupações que o moviam traz elementos históricos sobre a construção dos programas mínimos e sua relação com a administração dos serviços da educação.

---

[44] A publicação a que se refere é o relatório da *Pesquisa sobre programa mínimo*, elaborado por Lourenço Filho, enquanto diretor do Instituto de Educação, do RJ.

[45] No resultado da pesquisa publicado em 1936, essa passagem está assim descrita: "Não será necessário insistir perante esta comissão, sobre a importância do programa, como recurso de organização do trabalho escolar. O programa é, a um tempo, fonte de inspiração e pedra de toque" (1935, p. 275).

A administração dos serviços da educação pública residia, para o diretor do Inep, em dois pontos de importância. De um lado, o alcance "político social" dos serviços da educação pública para todas as camadas sociais; de outro, a necessidade de "organização técnica" conforme reclamada pela sociedade, em termos de extensão, variedade e complexidade das instituições escolares (Lourenço Filho, 1941). Ou seja, de um lado, buscava-se ofertar educação popular e, de outro lado, atender, por sua organização, aos anseios da sociedade em desenvolvimento cultural e econômico.

Considerando o alcance político-social e a necessidade técnica de organização, a administração dos serviços de ensino e, em particular, do ensino primário é, ainda, mais imprescindível para Lourenço Filho (1941). O problema que está em contínuo movimento político é o da organização da escola, de uma organização a partir de diretrizes nacionais de ensino. Este, na verdade, era o desejo dos educadores escolanovistas, desde décadas anteriores, que foi claramente apresentado no Manifesto de 1932. As linhas gerais da proposição da "nova política educacional" do Manifesto incluíam o "estabelecimento de um sistema completo de educação, com uma estrutura orgânica, conforme as necessidades brasileiras, as novas diretrizes econômicas e sociais da civilização atual" (Azevedo, 1958, p. 88).

Para Lourenço Filho (1941, p. 7), "a administração dos serviços de educação do país" deveria seguir a seguinte premissa:

> As escolas devem funcionar organizadas em sistemas a serem constantemente reajustados em sua estrutura e em seus processos de trabalho. Sem aparelhamento administrativo conveniente, não há possibilidade de manter-se esse espírito de sistema, nem nele se poderá dar, de forma útil, a adaptação a novas necessidades, quando necessário.

A organização da educação do país teria, nesses termos, a escola como centro de suas preocupações. Essa preocupação envolve duas grandes problemáticas da administração daquele momento, quais sejam, a organização descentralizada do ensino e, a este atrelado, o problema da manutenção da escola.

A descentralização do ensino no Brasil, conforme relembra Lourenço Filho (1941, p. 9), era uma tradição de mais de um século, desde o Ato Adicional de 1834, "os serviços da educação popular estão entregues às administrações regionais". Entretanto, "já no antigo regime, já no republicano, vozes autorizadas se levantaram clamando pela necessidade de uma coordenação nacional dos serviços educacionais, em especial do ensino primário". Essas vozes, vindas especialmente de congressos, conferências ou de organizações nacionais de ensino, começavam a ser ouvidas, com mudanças lentas, que tomaram corpo político depois da Revolução de 1930. Influenciado pelas lutas, na Constituição de 1934, vencia a ideia de um "plano nacional de educação, compreensivo do ensino de todos os graus e ramos, comuns e especializados" consagrando o princípio de centralização política da educação (Lourenço Filho, 1941, p. 11). Por outro lado, definia-se a autonomia administrativa com a delimitação de dispensa de recursos para a manutenção e o desenvolvimento do ensino por parte da União (10% conjugando a função supletiva), estados (20%), Distrito Federal (20%) e dos municípios (20%). Direcionamento excluído com a Constituição de 1937 e retomado somente em 1946 depois da mudança de direção do Inep.

Com essas observações, é possível perceber que Lourenço Filho relacionava a política de centralização em curso com a necessidade de organização de diretrizes para a educação nacional. A política de centralização em curso, reafirmada na Constituição de 1937, era referenciada pelo autor, tendo como base o Inciso IX do Artigo 15, que delimitava entre as competências da União: "fixar as bases e determinar os quadros da educação nacional, traçando as diretrizes a que deve obedecer à formação física, intelectual e moral da infância e da juventude" (Lourenço Filho, 1941, p. 12). Diante dessa competência, para Lourenço Filho (1941, p. 12),

> O momento atual é, assim, de transição, entre um sistema de descentralização política e administrativa, quase absoluto, para outro, em que os novos princípios constitucionais passem a vigorar de modo explícito, eles interessam ao caráter nacional que deve ter o ensino; à racionalização dos processos administrativos; à cooperação. Enfim, dos esforços dos poderes municipais, estaduais e federal, na execução dos serviços em todo o território do país.

Esses esforços de cooperação abrangeriam os aspectos de "organização técnica" da educação nas diferentes unidades federativas. Mesmo com o redirecionamento dado pela Constituição de 1934, para organizar departamentos próprios para a administração da educação, os estados seguiam, conforme palavras de Lourenço Filho (1941, p. 14), a tradição de realizar "serviços de 'administração geral', isto é, de controle de pessoal e do material necessário às instituições de ensino, não possuindo outros encargos de 'administração especial' senão os da fiscalização do trabalho das escolas".

A "organização técnica" da educação, de acordo com o entendimento de Lourenço Filho (1941, p. 14), tem por seu qualitativo "técnico" a prerrogativa de designar órgãos ou serviços como o de "preparo de material para o planejamento e a revisão constantes dos sistemas escolares", que incluem tanto a dinâmica de organização da escola como o problema do financiamento da educação. Porém, em muitos estados e municípios, o qualitativo "técnico" refere-se estritamente "à técnica didática, representando esforços no sentido do ensaio de novos processos de ensino, ou no esclarecimento do pessoal docente" (Lourenço Filho, 1941, p. 14).

Para o diretor do Inep, o esforço de racionalizar a administração da educação nacional e das unidades da federação, em separado dos outros órgãos e da função de administração geral (de pessoal, material, contabilidade), advém da necessidade de criar um departamento destinado "à disciplina da organização, quanto à localização das escolas, prédios e aparelhamento, estudo de programas e de classificação dos alunos, treinamento e aperfeiçoamento de pessoal em serviço, etc." (Lourenço Filho, 1941, p. 14).

O problema da falta de "organização técnica" da educação, para Lourenço Filho, residia na ausência de clareza quanto aos "objetivos sociais das atividades de educação pública" (Lourenço Filho, 1941, p. 31-32). A falta de clareza dos objetivos norteadores da política social gera, como consequências, dificuldades para a definição e criação de órgãos ou departamentos e serviços técnicos para superintender a educação, do mesmo modo que gera desinteresse para delimitar dotação orçamentária para o ensino (Lourenço Filho, 1941, p. 32).

As questões anteriormente delineadas põem em relevo a preocupação de Lourenço Filho com "a administração dos serviços da educação". Considerando as condições históricas de dificuldades e de diferenciação entre os estados da federação, tanto em seus aspectos político-social como em seus serviços de organização técnica, o direcionamento das ações do Inep objetivava a organização de diretrizes nacionais de educação. O delineamento de um plano nacional garantiria um "programa mínimo" de ensino para a educação popular. Tanto a preocupação com o "plano nacional" para a educação como o "programa mínimo" para o ensino aparece muito claramente nas ações direcionadas pelo diretor do Inep, as quais serão apresentadas no próximo capítulo.

Por meio de pesquisas e levantamentos, o Inep agrupava informação sobre a educação de todo o país. As informações permitiam compreender os grandes problemas da educação, do mesmo modo que as suas principais necessidades em termos de administração e da organização dos processos de ensino. Um desses levantamentos discorre sobre a *Organização do ensino primário e do ensino normal* do país, por unidade federativa. Esse material foi organizado e publicado em 22 boletins, nos quais estão disponibilizadas informações administrativas, pedagógicas e estatísticas pouco exploradas em estudos. Naquele momento, possibilitaram estudos comparativos entre os estados, expondo muitos problemas e instigando a necessidade de aproximação de ações político-administrativas e de ensino em todo país.

Os boletins, publicados entre 1939 e 1945, descrevem as instituições encarregadas da realização do ensino primário e normal; indicam os princípios e as normas que os regem; salientam o alcance social de cada uma das instituições; apresentam os planos de formação do professor primário; as bases da carreira do professor; a organização da escola primária; as despesas com o ensino e diversos outros itens relacionados à educação do estado ao qual o boletim se refere. É importante registrar que, na introdução de cada um desses boletins, constam comentários e reflexões sobre a educação do referido estado ou sobre o ensino do país elaborados por Lourenço Filho.

No primeiro boletim da série, que trata da *Organização do ensino primário e do ensino normal* do estado do Amazonas, Lourenço Filho (1939, p. 8) afirma que

> O estudo da legislação estadual do ensino, no atual momento, vem demonstrar claramente que as diretrizes da nova política de educação, assentada pelo Governo federal, aparecem para definir e disciplinar um movimento de coordenação natural, já existente, ano a ano mais sensível e, dia a dia, por todos julgados premente, no sentido de maior aperfeiçoamento técnico dos aparelhos de ensino regionais e, sobretudo, para consolidação dos princípios da segurança nacional.

O "movimento de coordenação natural", aproximando a organização dos estados, mostrava-se pelos dados coletados. Conforme Lourenço Filho descreve na apresentação do segundo boletim da série que apresenta o ensino no estado do Pará, "esse movimento se documenta na adoção generalizada de certos pontos básicos de organização e no desejo manifesto das administrações locais experimentarem novas formas de administração escolar" (1940c, p. 8). A aproximação de "pontos básicos" de organização do ensino, somada ao interesse dos estados por mudança, para Lourenço Filho, viabilizaria a ideia de um "plano de educação" e um "programa mínimo" para toda a nação.

Lourenço Filho, todavia, entendia que os indicativos do "movimento" não se constituíam em elementos suficientes para adoção de uma unificação da organização do ensino. Exigiria a verificação por "indagações cuidadosas, com o exame de necessidade e possibilidades de cada região" e, da mesma maneira, os resultados desses estudos deveriam ser divulgados e que sobre eles se manifestassem "todos os quantos tenham consagrado atenção ao estudo da matéria" (Lourenço Filho, 1940c, p. 8). Verificação essa que não se realiza em curto espaço de tempo.

A unificação desejada, para o diretor do Inep, não poderia significar "'uniformização' de instituições e processos, dada a variedade mesma de recursos e outros aspectos sociais, como sejam os de maior ou menor dispersão da população pelo território, de tipo de ocupação das populações, da situação cultural do professorado" (1940c, p. 8). O objetivo de adotar um sistema de unificação, por um plano nacional ou um "programa mínimo" em nível nacional, pautava-se na necessidade de construir "padrões de organização e de administração, convenientemente graduados e articulados, para conquistas sucessivas de eficiência e alargamento dos benefícios sociais da escola" (Lourenço Filho, 1940c, p. 8-9).

Para Lourenço Filho, esse era um dos problemas da organização e administração técnica da educação nacional. Aquela que necessitava de objetivos nacionais e de plano de educação para todo o país sem, contudo, desconsiderar a vastidão geográfica da nação brasileira, a qual revela um quadro econômico muito diferenciado, com ofertas de ensino que nem sempre atendem às necessidades da população de regiões mais carentes. Quadro muito bem representado na obra *Juazeiro do Padre Cícero*. É nisso que reside a grande preocupação de Lourenço Filho ao tratar da questão da unificação do ensino ou da elaboração de um plano nacional de ensino de abrangência popular, com a qual tem grande preocupação e histórico de luta.

Os serviços realizados pelo Inep relacionados à organização e à divulgação de pesquisas, inquéritos e estatísticas educacionais revelavam-se importante mecanismo para aproximar, ainda mais, os ideais e os aspectos técnicos da educação de toda a nação. As informações serviriam como ponto de partida para qualquer estudo objetivo, tanto para quem trabalhava em serviços técnicos ou administrativos como para quem trabalhava com as classes de ensino e na organização da escola. Na apresentação do terceiro boletim da série, sobre o ensino no estado do Maranhão, Lourenço Filho (1940d, p. 7) afirmava:

> Só a descrição clara dos fatos oferece apoio para classificação ordenada, que os torne comparáveis, e permita ulteriores indagações, de que ressaltem as relações de dependência, acaso entre eles existentes. E, só na posse de tais dados, terá o administrador elementos seguros com que possa prefigurar as medidas de coordenação e reajustamento dos serviços a seu cargo, recomendando-as por fim, à execução, com maior probabilidade de êxito.

As informações concorrem assim para estabelecer "nova consciência das condições, necessidades e possibilidades da educação" de cada unidade federada do Brasil República (Lourenço Filho, 1940d, p. 7). Esse processo dá-se principalmente por análise comparativa da educação entre os estados. Por outro lado, direciona o olhar dos administradores para os melhores resultados e instiga o desejo de alcançá-los. A intenção parece que foi alcançada. No período de 1938 a 1946, o Inep realizou centenas de atividades de assistência técnica educacional de diferentes modalidades aos estados, como cursos de orientação técnica, curso de especialização e de aperfeiçoamento para professores e diretores; assessorias a elaboração de planos e de organização de reformas (leis, regimentos, regulamentos) da administração escolar.

O caminho para a organização de um "programa mínimo" estava sendo construído de forma gradativa e seguro. Tinha base legal que autorizava a "fixação de diretrizes nacionais" e encaminhamentos administrativos por parte dos entes federados. Com os serviços de assessorias e as pesquisas realizadas pelo Inep, das mais diversas formas e abrangências, ampliava-se a relação entre o planejamento nacional e a demanda social de educação popular de cada estado. Mas havia muito por se fazer.

A partir de consulta realizada ao Inep sobre o "programa mínimo", Lourenço Filho (1944e, p. 398) assim responde: este "deve ser estabelecido de modo a cobrir o mínimo essencial, pelo qual se oriente a ação educativa, prevista pela administração, mas com largas margens para a ação própria de cada escola e de cada professor". Significava a unificação por objetivos de ensino na organização da educação nacional. Consoante a esclarecimento de Lourenço Filho,

> O programa mínimo deverá insistir sobre os objetivos gerais de cada matéria, em relação a todo o curso, e especificar os objetivos particulares a serem obtidos em cada ano ou grau. Só depois disso, deverá indicar sob a forma de *unidades didáticas*

e de exercícios convenientes, a lista da matéria a ser vencida, em dada uma das referidas etapas. E a ser vencida, note-se claramente, para o efeito *daqueles objetivos* que são os fins para os quais a matéria foi escolhida e seriada, como conveniente (Lourenço Filho, 1944e, p. 399, grifos no original).

A intenção era a de disponibilizar ao professor "um rumo, ou norte, a seguir" de forma que poderia adaptar e desenvolver práticas para realização dos objetivos e matérias delineadas no "programa mínimo" (Lourenço Filho, 1944e, p. 399). Nessa direção, o "programa mínimo" tinha como funções

(a) indicar o ponto de partida e o ponto de chegada, em relação a cada grau de ensino; esses pontos não significarão matéria formal a ser vencida, mas a matéria indispensável a ser vivida para a consecução dos objetivos fixados, junto as quais, cada item ou exercício proposto, ganha relevo e sentido;

(b) por isso que é *mínimo*, esse programa não significará *todo o programa*; significa programa básico, sem a conquista do qual não se considerara completo o ensino do grau a que cada uma de suas partes se refira;

(c) por isso mesmo, representará *critério eliminatório de promoção*, ou seja, critério para segura classificação dos alunos; [...] (Lourenço Filho, 1944e, p. 399, grifos no original).

O "programa mínimo" como conteúdo básico para o aluno é o recurso do trabalho do professor e da escola. Isso significa que a escola será avaliada pelo resultado da aprendizagem dos conteúdos mínimos pelos alunos. Nesse sentido, o "programa mínimo", depois de delimitado com a participação da comunidade escolar, passa ser o "programa de ensino" da escola. Isso significa que o programa de ensino não abrange somente o aluno, ele põe em movimento o trabalho do professor, do diretor, dos funcionários da escola do mesmo modo que envolve a família e a comunidade. Cada um terá responsabilidades as quais serão avaliadas pela taxa de promoção dos alunos (Lourenço Filho, 1944e).

Um trabalho dessa amplitude deve levar em consideração aspectos qualitativos e quantitativos que requerem muito estudo e pesquisas além de muito tempo. Assim sendo, os delineamentos de programas com conteúdo mínimo foram produzidos e disponibilizados, entre 1949 e 1952, na gestão do novo diretor do Inep, Murilo Braga de Carvalho, que permaneceu até 1952, quando veio a falecer por decorrência de um desastre de avião. As "sugestões para organização e desenvolvimento de programas" para o curso primário atendiam às áreas de *Leitura e linguagem no curso primário; Educação física; Atividades econômicas da região; Canto orfeônico;* e *Matemática*. Os estudos foram publicados em boletins do Inep de n.º 42, 49, 50, 51 e 71, respectivamente (Brasil, 1949, 1950, 1952).

Murilo Braga, ao apresentar o primeiro boletim (n.º 42) de *sugestões para organização e desenvolvimento de programas,* mostra que segue os passos de Lourenço filho, com quem atuou no Inep, elevando a necessidade de um plano de trabalho que assinale os fins e os meios, em face dos interesses da criança.

> Esse plano nada mais é que o programa de ensino, cuja importância para professores e administradores do grau primário não carece de ser demonstrada.
>
> Constituindo instrumento indispensável à organização, direção e sistematização do trabalho escolar, o programa, entretanto, também não pode esquecer as necessidades de ordem administrativa, porquanto, como bem encareceu o grande mestre Lourenço Filho, servirá de critério não só para a promoção dos alunos, como para julgamento do trabalho do professor e até mesmo de toda a escola (Brasil, 1949, p. 9).

É interessante registrar, conforme assinalado por Mendonça e Xavier (2005), que uma das características do Inep ao longo do período de 1938-1964 foi a surpreendente estabilidade dos seus diretores, fator que se constituiu, sem dúvida, em uma garantia da continuidade do trabalho desenvolvido pelo órgão. Desde a sua fundação em 1938 até 1964, o Inep teve apenas três diretores: Lourenço Filho (de 1938 a 1945), Murilo Braga de Carvalho (de 1945 a 1952) e Anísio Teixeira (de 1952 a 1964), que sobreviveram, no caso dos dois últimos, a constantes mudanças de ministros e a graves crises institucionais do país (Mendonça; Xavier, 2005).

Apesar das dificuldades encontradas no Inep em sua organização inicial, especialmente relacionadas à falta de pessoal e de orçamento, somadas aos problemas de mudanças políticas, Lourenço Filho atendeu aos problemas de organização da educação no país sem, contudo, distanciar-se das questões do ensino escolar. Entre as atividades organizacionais, além das já descritas, dedicou-se à implantação de um Fundo Nacional do Ensino Primário, cujo interesse era de definir a origem dos recursos que seriam investidos pelo governo federal no ensino primário e os critérios para a sua aplicação.

Organizou um serviço de documentação sobre a legislação educacional brasileira; criou a *Revista Brasileira de Educação* (1944), que é editada até hoje, ampliando o acesso ao desenvolvimento do pensamento pedagógico do Brasil e internacional; manteve intercâmbio com todas as instituições de educação do país e iniciou o intercâmbio com países estrangeiros, especialmente com os da América Latina. Com o esmaecimento gradativo do Instituto de Educação do Rio de Janeiro, o Inep assumiu a responsabilidade de produzir uma ciência pedagógica adaptada às condições brasileiras. Participou, ainda, em comissões de elaboração das Leis Orgânicas do Ensino e de diversos órgãos pioneiros de caráter mais nacional que propriamente federal, como o Instituto Nacional do Cinema Educativo (1937), o Serviço Nacional de Rádio Difusão Educativa (1939), o Serviço do Patrimônio Histórico e Artístico Nacional (1937) e na organização de autarquias, como o Senac e o Senai (Castro, 1999).

Com certeza, Lourenço Filho não fez sozinho todo o trabalho do Inep. As realizações tinham sempre uma equipe de diretores e de profissionais que contribuíam, muitas vezes, gratuitamente. Conforme palavras de Manoel Marques de Carvalho (1959) seriam necessários não só os conhecimentos de Lourenço Filho para a realização da enorme soma de trabalho, mas igualmente de sua capacidade de liderar, de criar impulso desinteressado para uma obra, de seu espírito criador. Todas as ações realizadas no Inep, na direção de Lourenço Filho, exigiram qualidades especiais de administrador, de pesquisador, de homem público, e da mesma forma de prestígio pessoal, o que foi conquistado pelo exemplo no trabalho.

CAPÍTULO 4

"PROGRAMA DE ENSINO" COMO FUNDAMENTO DA ORGANIZAÇÃO DO TRABALHO ESCOLAR

No conjunto do trabalho de Lourenço Filho até aqui apresentado é possível perceber três eixos fundamentais de ações: a formação de professores, a infraestrutura da escola e a (re)organização do programa escolar. Este último, em mais de um momento, mostrou-se fundamental, como ele mesmo afirmou: "não é necessário insistir sobre a importância do programa de ensino, como recurso de organização do trabalho escolar. Representa ele, ao mesmo tempo, fonte de inspiração, norma geral do trabalho docente e pedra de toque da atividade do mestre" (1944e, p. 393).

Na trajetória de trabalho de Lourenço Filho o "programa de ensino" contém e direciona o conjunto de elementos necessários para a organização e o funcionamento da instituição escolar. O aluno, o professor, o diretor, os funcionários da escola e igualmente a família e a comunidade aproximavam-se pelo processo que envolvia a organização, realização e avaliação do "programa de ensino". Assim, o "programa de ensino" representa bem mais do que um recurso para a organização do trabalho escolar, constitui-se em seu fundamento.

Essa proposição orienta a administração da escola com base em novos princípios, suscitando indagações, como: por que o "programa de ensino" se constitui em fundamento de organização do trabalho escolar? Qual a relação entre a administração da escola e o "programa de ensino"? Qual é a finalidade do "programa de ensino" na escola pública? Quais preocupações e considerações são relevantes para a organização e a administração do "programa de ensino" nos ideais escolanovistas?

Para a composição dos argumentos suscitados pelas indagações, recorre-se a várias produções de Lourenço Filho: o livro *Introdução ao estudo da escola nova* (1930a); artigos como: *A escola Nova* (1930b); *A questão dos programas* (1930c); *Pesquisa sobre programa mínimo* (1936); *Programa mínimo* (1944e); a *Uniformização do ensino primário no Brasil* (1928); *O ensino particular e o estado* (1948) e outros. Os textos nem sempre foram utilizados em sua íntegra ou por sua finalidade de produção. Os argumentos de Lourenço Filho aparecem cotejados com o pensamento de Dewey e seguidores, que o influenciaram em seus ideais escolanovistas.

Importante dizer que a temática sobre o "programa mínimo", tanto de 1936 como de 1944, acolhe os argumentos sobre "programa de ensino como recurso de organização do trabalho escolar", assim como as referências sobre a *administração* do programa mínimo nacional atendem aos procedimentos da administração do programa de ensino da escola.

Por que o "programa de ensino" se constitui em fundamento da organização do trabalho escolar?

Para compreender o programa de ensino como fundamento da organização do trabalho escolar na obra de Lourenço Filho, é relevante, primeiramente, ter presente qual o sentido do trabalho escolar. Para os escolanovistas, o sentido do trabalho escolar está em viabilizar o processo educativo, ou seja, colocar a criança que está em desenvolvimento psicológico, social e biológico em condições de interação a certos fins, ideias e valores sociais representados pela experiência amadurecida do adulto (Dewey, 1978).

Essa relação entre a criança e o conhecimento conjuga diferentes concepções ou teorias educativas. Para a pedagogia renovada, o que está na essência do trabalho escolar "é a capacidade de tornar fácil, livre e completa essa interação". Tal concepção está amparada na compreensão de que a educação se constitui num "processo direto da vida, tão inelutável como a própria vida" (Dewey, 1978, p. 42). A educação a partir desse entendimento, para Lourenço Filho, tem-se consequências basilares, como: "não deve haver nenhuma separação entre *vida e educação*"; "os *fins* da educação não podem ser senão *mais e melhor educação*, no sentido de maior capacidade em compreender, projetar, experimentar e conferir os resultados do que façam"; e "a escola deve assumir uma feição de uma *comunidade em miniatura*, ensinando situações de comunicação de umas a outras pessoas e de cooperação entre elas, visando propósitos comuns" (1978, p. 7, grifos no original).

Assim sendo, o sentido do trabalho da escola renovada está em dar vida à relação entre a criança e o conhecimento sendo "um organismo vivo, capaz de refletir o meio nas suas qualidades, e de cooperar para a melhoria dos costumes" (1930b, p. 3). Da mesma maneira, precisa ser desenvolvido

> [...] o interesse em afeiçoar a inteligência infantil aos problemas de seu ambiente próprio [...] o de radicar o aluno ao seu pequeno torrão, seja na fazenda, bairro ou cidade. Pelo apurado exame de seus problemas específicos, e proposições de soluções que o habilitem a agir, nesse pequeno mundo, no sentido de melhorá-lo e engrandecê-lo (1930b, p. 3).

Essa forma de educação visa, fundamentalmente, dar sentido na relação entre a criança e o conhecimento, que, para a escola nova, é tornar a vida melhor, mais rica e mais bela no estilo de vida democrático. Para tais fins incluíam desde questões básicas da organização social e econômica até as preocupações morais ou políticas da localidade. Nesse sentido, Loureço Filho reporta-se à questão da liberdade que naquele contexto a escola mostrava-se como um espaço legítimo para lhe dar sentido. Pautado no pensamento de Dewey, o intelectual-educador afirma que "somos livres na medida em que agimos sabendo o que pretendemos obter" (1978, p. 9). À escola cabe contribuir com essa formação, visto que "ter propósitos claros e bem fundados, representa um bem em si, pois projetar e realizar seus projetos será viver em liberdade" (1978, p. 10).

A liberdade defendida está apoiada no princípio escolanovista de "adaptar sem sujeitar". Diante da necessidade de superação da escola enquanto um aparelho rígido, formal, separado da vida real, o programa de ensino representa um instrumento indispensável da coordenação para a transformação do aparelho escolar tornando-o mais flexível, ancorado em finalidades sociais. Um programa que considera a criança em sua condição social e, ao mesmo tempo, em suas peculiaridades psicológicas necessita, de acordo com Lourenço Filho, compreender como ela aprende e como o que aprende refaz e reorganiza a sua vida para viver melhor e com mais saúde e mais felicidade.

Ocorre que, muitas vezes, o programa escolar opõe-se a tais exigências do desenvolvimento do aluno, as quais, a cada nível de ensino, necessariamente se diferenciam. Para esclarecer esse fato, Lourenço Filho (1930a) relaciona os programas tradicionais das escolas e da questão da escola sem programa. Os primeiros fundamentam o programa numa compreensão intelectualista da sistematização da conduta, elevados por saber enciclopédico.

> São programas feitos para a escola, não para a criança. Programas que os alunos devem aprender não que crianças possam aprender. Atende a maioria das vezes, à preocupação de fiscalizar o trabalho do mestre, não a de respeitar o desenvolvimento natural da criança (1930a, p. 193).

A ideia da abolição completa de qualquer plano de trabalho *a priori*, segundo Lourenço Filho, é uma atitude extremista. Tais educadores se esquecem "de que a educação não pode ser feita se não como adaptação social, embora respeitada a individualidade da criança, parecem descuidar-se daquilo que é a essência do problema" (1930a, p. 194). Enfim, nem a forma autoritária e formalista nem a abolição total de qualquer programa resultarão em benefício para a formação do aluno.

A questão do programa de ensino contém, assim, aspectos dos mais diversos. Um dos primeiros e mais significativos, para Lourenço Filho, é entender que o programa de ensino "não é exclusivamente técnico: é amplamente político. Encerra o problema das relações entre a criança e o meio social" (1930a, p. 194). Nas "considerações preliminares" do relatório de *Pesquisa sobre programa mínimo*, o intelectual-educador chama a atenção para a "importância do problema", afirmando que o programa de ensino,

> [...] convenientemente organizado, deve assinalar, por um lado, aqueles propósitos e objetivos que deem direção e sentido ao conjunto da obra educativa da escola. Explícita ou implicitamente, expõe uma filosofia e uma política e representa, assim, solene promessa da administração para com o público. De outro lado, deve fixar a gradação e indicar o modo de ser do ensino. De modo expresso ou tácito, propõe um método, e significa o compromisso, de parte do pessoal docente para com a administração, em compreendê-lo e executá-lo (Lourenço, 1936, p. 275).

Em seu estilo conciso e, ao mesmo tempo, tentando aproximar-se dos professores, Lourenço Filho assinala que o "programa de ensino" é o fundamento de organização do trabalho escolar, porque nele expressam-se tanto os "propósitos e objetivos" da escola quanto se "propõe um método" de ensino. Os "propósitos e objetivos" passam pela delimitação de "uma filosofia" e de "uma política" de trabalho nas quais se assentam o sentido social e as concepções e teorias educativas que alicerçam a relação entre a criança e o conhecimento. Quando organizados, tais "propósitos e objetivos" têm a função de dar "direção e sentido à obra educativa da escola", ou seja, propor um sentido a tudo o que é planejado e realizado na escola, incluindo os aspectos técnicos como a "gradação do ensino e o seu modo de ser" e de realizar no cotidiano da atividade educativa. Por conseguinte, os "propósitos e objetivos" do ensino representam a essência primeira do ato de ensinar, e indicam um *fim* para o trabalho escolar.

A proposição do método condutor do programa de ensino amplia a percepção tecnocrática colocando em movimento os propósitos e objetivos. Nas palavras de Lourenço Filho, "não só a intenção e o conteúdo importam. Importam as formas, os procedimentos, que a uma e a outro deem vida. Importam os *métodos*" (1956, p. 9). Seja ele apresentado "de modo expresso, ou tácito", o método significa "o compromisso, de parte do pessoal administrativo e docente, em compreendê-lo e executá-lo" (Lourenço Filho, 1944e, p. 393).

É interessante observar que essa citação de 1944 difere da anterior de 1936 que está anteriormente em recuo. Nesta Lourenço Filho aproxima, pelo método, quem trabalha nos serviços de administração e quem trabalha em sala de aula. É como se rompesse com a indicação hierárquica presente na referência de 1936. O método então representaria um meio para criar um clima democrático na escola, aproximando o trabalho de docência ao trabalho da gestão e da administração. Observa-se que *o como* ocorre a relação entre a criança e o conhecimento é entendido como "compromisso" e responsabilidade de todos. Desse modo, o "método" utilizado no ensino seria resultado de uma prática coletiva, que se ajustaria bem mais facilmente aos alunos e aos recursos da escola, exprimindo as tendências gerais do processo de desenvolvimento da cultura.

É importante assinalar que Lourenço Filho entende que o "compromisso" em relação ao processo educativo é de todos os trabalhadores da escola que deve envolver-se desde o planejamento, a execução e a análise dos resultados. Uma relação que não pode ser construída de práticas autoritárias ou de simples definição de funções passíveis a atos fiscalizatórios. A delimitação dos meios, do caminho, das técnicas para atingir os fins (filosófico e político) do ensino passa necessariamente pelo "compromisso" não só do professor, individualmente, mas de todos e com todos os envolvidos na educação escolar.

Assim sendo, o programa de ensino não é de exclusiva responsabilidade do professor, mas igualmente da escola, bem como da comunidade, porque a educação deve refletir a vida em sociedade. À vista disso, a educação e o ensino na escola são produto de um esforço coletivo que envolve todos os setores da instituição escolar para a consecução dos objetivos e, consequentemente, não pode se desenvolver de outra forma senão por processo democrático. É nesse processo de organização e elaboração do programa de ensino adaptando-o às especificidades das crianças da comunidade que se constitui o fundamento da administração e gestão da escola.

A escola, na perspectiva de Lourenço Filho, fazia parte de uma sociedade dinâmica, não estática, de uma civilização em mudança acelerada, exigindo dela um ensino para "preparar para a vida". Para ele, "Educação é vida, e a vida, em todas as suas manifestações deverá refletir-se na escola" (1944d, p. 222). Assim, cabe à escola a finalidade social e política de uma

> [...] educação que ofereça oportunidades para a mais perfeita integração social das novas gerações, e não apenas as oportunidades de instruções que outrora vinham oferecendo. Em todos os níveis a escola deve abandonar a sua feição literária formal, para tornar-se, realmente, um órgão de coordenação e retificação de toda a ação educativa da comunidade (Lourenço Filho, 1944d, p. 223).

Essas mudanças no ensino passariam necessariamente pela organização do programa escolar que vislumbrasse os novos propósitos: "Bem situado, o programa não pode representar, assim, providência isolada. Nem dele deverá haver compreensão demasiada estreita e rígida" (Lourenço Filho, 1944e, p. 394). A mudança no programa alcançaria o problema da organização da escola e da mecanização e reprodução do ensino que tolhia a ação criativa na administração e nas práticas educativas da escola.

Com as finalidades da escola expressas no programa de ensino, seus membros voltar-se-iam para os mesmos fins num trabalho conjugado e vinculado à promoção da aprendizagem. Para Lourenço Filho,

> [...] o programa existe para ser cumprido. E se existe, para ser cumprido, tudo o mais, no sistema escolar, lhe estará, de certo modo, subordinado: os fins regem os meios. As medidas fundamentais *de organização* (planejamento, escolha de material didático) e as *de controle*, geral ou especial (fiscalização do trabalho docente, verificação do rendimento do ensino, inspeção escolar, adoção de processos e normas), sempre estarão, direta ou indiretamente, ligadas à questão do programa (1944e, p. 393-394, grifos no original).

A subordinação de que trata Lourenço Filho não está num encadeamento hierárquico. "De certo modo, subordinado", traz o sentido de trabalho conduzido por uma filosofia e objetivos comuns que norteiam as formas de organização da escola, qual seja, "os fins regem os meios". Os interesses particulares é que se subordinam ao *fim social* a que se propõe a escola. Os *meios* são os espaços que dão margem à criação e à arte para atender aos *fins sociais*, políticos, éticos, entre outros.

O programa de ensino, por suas características intrínsecas de delimitação de objetivo, finalidade e método para o direcionamento da relação entre a criança e o conhecimento, torna-se a "questão" central da organização do trabalho da escola. Dele decorrem as medidas fundamentais "de organização" e as "de controle", as quais darão suporte para entender a relação entre a administração da escola e o "programa de ensino", temática que será comentada a seguir.

Qual a relação entre a administração da escola e o "programa de ensino"?

Como exposto até aqui, os propósitos e objetivos do "programa de ensino" agregam uma série de fatores que envolvem a teoria educativa, os quais, se não levados em consideração, podem gerar conflitos na escola por pontos de vista divergentes. A experiência de Lourenço Filho como educador lhe autoriza a tratar das interações do cotidiano escolar no processo de delimitação e de realização do programa de ensino. Assim, ele observava que havia sempre, em qualquer escola e em cada classe,

> [...] um programa *formal* e um programa *real*. Aquele que se escreveu e aquele que realmente se executa, em função mesma das condições gerais já mencionadas. Aquele é o que a administração concebeu como imperativo; este resulta da situação da escola, das condições de cada grupo de crianças, dos elementos de que cada mestre possa dispor, nestes compreendidos o seu preparo, a sua cultura geral e técnica. *A rigor, cada professor só realiza o seu programa*, aquele de que é capaz, iludindo a administração e iludindo-se a si próprio, muitas vezes, na intenção de cumprir os programas que lhe tenham sido determinados (Lourenço Filho, 1944e, p. 394, grifos no original).

Os conflitos e as divergências entre o programa de ensino formal e o real são, na maioria das vezes, originados pela forma como compreende-se as relações entre administração e docência. Essa relação, para Lourenço Filho, é permeada pela forma como o programa de ensino é entendido por todos na escola. Tendo isso em conta, considera três pontos de vista diversos que norteiam a elaboração do programa: o meramente *administrativo*, o *sociológico* e o *psicológico*.

O primeiro "concebe a escola como alheia a um meio social determinado, imperativo em suas exigências e necessidades" e considera "as classes povoadas de crianças representativas do tipo do aluno médio, inexistente na realidade" (Lourenço Filho, 1944e, p. 395). O ponto de vista *sociológico* "sobrestima o valor da educação escolar, por si só, na forma dos costumes ou na inspiração de novas formas de vida social, pelo esquecimento de que a escola é apenas um dos muitos órgãos e forças educativas da sociedade" (Lourenço Filho, 1944e, p. 395). O ponto de vista *psicológico* exagera na "preocupação da adaptação do ensino aos tipos individuais, muitas vezes, por conclusões apressadas de pesquisas nem sempre completas e seguras" (1944e, p. 395).

Cada um dos pontos de vista apontados, quando considerados isoladamente na composição do programa de ensino, gera consequências que levam a uma série de conflitos na escola, tais como

> (a) o ponto de vista meramente *administrativo* leva à formulação de um programa rígido e taxativo, desenvolvido quase sempre sob a forma de itens relativos a conhecimentos formais, discriminados por meses e até por semanas;
> (b) o ponto de vista *sociológico*, baseado na crença de que a escola possa, por si só, reformar a sociedade, e que insiste na adaptação do programa a sua direção ideal, e de tal modo que a vida das crianças, na escola, seja tão próxima desse ideal quanto possível;
> (c) o ponto de vista *psicológico*, que, no caso de aplicação extremada, chega a propugnar pela abolição completa dos programas, deixando que as necessidades e possibilidades das crianças, para exercício da autoexpressão e formação livre da personalidade, sejam as inspiradoras da própria sequência de atividades e lições (Lourenço Filho, 1936, p. 275; 1944e, p. 395-396, grifos no original).

Os pontos de vista correspondem a um ideal de escola, de aluno e de sociedade. O primeiro representa o ponto de vista da escola tradicional, enquanto os outros dois "são representativos de fases unilaterais da evolução verificada no movimento de renovação escolar" (Lourenço Filho, 1944e, p. 396). O conflito instala-se na relação docência e administração quando cada um dos pontos de vista se entende certo e tem a pretensão de isoladamente direcionar o programa de ensino. Isso acontece porque cada argumento sozinho revela-se frágil e insuficiente para atender às demandas da educação popular.

O que fazer então para solucionar o impasse dos pontos de vista que norteiam o trabalho de organização do "programa de ensino" na escola? A solução, para Lourenço Filho (1944e), passa pelas questões gerais da administração da escola. Primeiro, é necessário compreender que não há um ideal de escola, de aluno e de sociedade para que se possa indicar uma solução preconcebida, conforme um dos pontos de vista supra descritos. Depois, perceber que cada ponto de vista pode contribuir com a organização do ensino sem gerar conflito:

> A solução administrativa, que repousa na de sistematização e controle do trabalho, de mestres e alunos; a de orientação social, que decorre da compreensão da possível influência sobre os costumes, para melhoria ou transformação; e a que chamamos de psicológica, porque decorrente da necessidade de adaptação do ensino aos vários tipos de educandos, seus interesses e necessidades (Lourenço Filho, 1936, p. 277; 1944e, p. 396).

Cada uma das soluções dos três pontos de vista, para Lourenço Filho, "não deve ser concebida como círculos tangentes, que mutuamente se excluam, mas como círculos concêntricos, que reforcem o esquema comum de trabalho" (Lourenço Filho, 1944e, p. 396). Para cada um dos pontos de vista, as soluções requerem conhecimento técnico específico ou particular em relação aos princípios dela decorrente. No entanto, para buscar uma solução a partir de uma concepção concêntrica, os problemas técnicos de ordem geral deverão ser analisados. E esse trabalho cabe à administração escolar.

As dificuldades para solucionar o impasse dos problemas do ensino são decorrentes, para Lourenço Filho, de práticas empíricas e arbitrárias na administração, cultivadas por diferentes organizações escolares, que sempre agiram de forma oposta a uma solução técnica, aquela pensada e planejada. De acordo com o autor, entre o objetivo da organização técnica e da administração geral, não há nenhuma oposição, muito pelo contrário, numa escola popular, eles precisam ser utilizados de maneira integrada e como indispensáveis.

> O objetivo da técnica é o de planejar meios idôneos para a consecução de fins determinados, e que à administração em geral, se define como a disposição dos meios pessoais e materiais para a obtenção, com maior economia e segurança, de certo resultado ou de certo rendimento, verifica-se que não há nenhuma antinomia real nos dois conceitos. A técnica

existe para servir à administração, e a administração que nela não se apoie será imperfeita (Lourenço Filho, 1936, p. 278; 1944e, p. 397).

Diante do programa de ensino, quais impasses necessitam de uma solução administrativa e, também, técnica? Para Lourenço Filho (1936, p. 278), o grande impasse que envolve a "técnica administrativa" no ensino "é o de obter um rendimento certo, ao fim do curso, por parte dos alunos que o percorram". De um modo geral, o rendimento é verificado a partir da comprovação da "aquisição de determinados conhecimentos, técnicas e capacidades, compreendidos como necessários, pelo meio social, na idade em que seja possível a conclusão do curso"[46] (Lourenço Filho, 1944e, p. 397).

Tais conhecimentos, técnicas e capacidades constituem os objetivos gerais do curso ou da matéria de estudo que são muito variados em espécie e número e para cada época e povo. A delimitação dos objetivos pode ser obra de filosofia e política, "mas a graduação e verificação do rendimento possível, em cada idade, segundo a extensão do curso, preparo do professorado, extensão do ano letivo, duração do dia escolar, etc. – é obra da experiência" (Lourenço Filho, 1936, p. 278). Assim sendo, segundo Lourenço Filho, a conciliação entre o objetivado, desejado e planejado no programa de ensino e no processo que envolve a sua realização e avaliação caberá à administração da escola.

Para tal conciliação da organização do trabalho escolar, faz-se necessário distanciar-se dos julgamentos abstratos e aproximar-se da realidade para estabelecer o "que deva ser feito" (1944e, p. 400). Isso envolve compreender *"o que possa ser feito*, nas condições reais de funcionamento da escola, da capacidade dos mestres, da idade dos alunos, do efetivo médios das classes da extensão do ano letivo, da duração do dia escolar" (1944e, p. 400, grifo no original). Por conseguinte, é necessário indagar-se sobre o

> [...] valor social atribuído aos vários conhecimentos e técnicas sobre as quais o programa deverá versar; a eficiência dos processos de ensino mais generalizados, a existência da possibilidade de melhoria das instalações e do material escolar; a capacidade real de nossas crianças, de modo especial quanto à aprendizagem das técnicas fundamentais (Lourenço Filho, 1944e, p. 400).

---

[46] No texto de 1936 (p. 278), está assim descrita essa passagem: "rendimento esse, que será verificado pela aquisição de determinadas habilidades, conhecimentos e qualidades, compreendidos como necessários pelo meio sociais, na idade em que seja possível a conclusão do curso".

Em uma educação popular, as respostas a tais indagações variam no tempo e no espaço, suscitando constantes estudos e pesquisa sistemática. Esse caminho foi muitas vezes realizado por Lourenço Filho, o que lhe permite afirmar: "A organização de pesquisas em educação, onde quer que elas tenham sido levadas a cabo, com a eficiência que é para desejar-se, tem demonstrado que tendem sempre à melhoria da execução dos programas" (1944e, p. 400). Para ele, o ponto de referência de uma investigação na escola é sempre a "análise dos resultados de um programa fixado". A partir do estabelecido no programa de ensino, busca-se a eficiência do aparelho escolar.

> Os polos, entre os quais as pesquisas oscilam, são sempre programas. Pesquisar sobre rendimento de um aparelho escolar, sem que este tenha programa fixado, levará a concluir ao acaso, à falta de dados comparativos. E pesquisar, para nada concluir sobre o modo de ser do ensino, de sua gradação, seriação e eficiência – isto é, para nada concluir sobre programa – será dispêndio inútil (Lourenço Filho, 1944e, p. 401).

Cabe ressaltar que o trabalho de "pesquisa", consoante ao autor, não é aquele que só os pesquisadores graduados possam realizar. Pesquisar pode incluir "todas aquelas investigações que nos permitam julgar, com discernimento, o valor e eficiência do ensino e de suas condições favoráveis ou desfavoráveis. Cada circunscrição, cada escola, e a rigor, cada classe poderá e deverá fazer as suas pesquisas" (Lourenço Filho, 1944e, p. 401).

Com essa passagem, Lourenço Filho defende a pesquisa na escola como um processo necessário para a revisão constante das práticas pedagógicas. A pesquisa envolve observação do trabalho, anotações do que é feito e em quais condições, além do controle dos resultados. Para a validação e generalização dos resultados, muitas vezes, é necessária uma coordenação de pesquisa para traçar "plano geral das investigações, reunir os dados obtidos, compará-los e interpretá-los, de acordo com as mais apuradas técnicas" (Lourenço Filho, 1944e, p. 401). Geralmente, a coordenação de trabalho de pesquisa implica o envolvimento e o trabalho de quem assume a administração da escola. São muitas as possibilidades investigativas na escola:

> Essas investigações podem ser, no caso dos programas, de variados tipos: junto aos alunos (apreciação das capacidades médias, nas diferentes idades, e eficiência relativa do ensino); junto aos professores (dificuldade de interpretação e execução do programa); junto aos diretores e inspetores (dificuldades

> da coordenação do ensino das várias disciplinas, da uniformidade de interpretação; de adaptação do pessoal e material, nas diferentes escolas; valor do ensino global e especializado) junto aos pais e junto aos diretores de empresas comerciais e industriais (verificação do valor social e prático do que se ensina); junto aos institutos de preparação dos professores, para análise dos problemas que a interpretação e execução do programa devem propor à formação dos mestres e, em consequência, à prática de ensino (Lourenço Filho, 1944e, p. 401-402).

Com tais informações em mãos, a análise e a avaliação dos programas de ensino tenderão contribuir para revisão constante dos objetivos sociais e dos interesses da comunidade escolar. Tamanhos procedimentos envolvem, igualmente, ampla formação do educador e do pessoal administrativo, da mesma maneira que envolvem as condições materiais e humanas para realização do programa e da pesquisa, uma vez que os dois caminham juntos.

Além do envolvimento com a pesquisa em relação ao programa de ensino, é de responsabilidade da administração o "controle" de todo o processo. O sentido é o de acompanhar o trabalho do docente, de verificar o rendimento do aluno, de adotar processos e normas para os procedimentos de aprendizagem de forma vinculada ao prescrito no programa de ensino, contudo sem se esquecer da flexibilidade necessária para superar o engessamento da escola tradicional. As ações e normas da administração escolar, não considerando o vínculo com o programa e a sua flexibilidade, tornam-se imperativas, hierárquicas, gerando conflitos e dificultando a realização de um ensino em novas bases democratizantes.

O autor mostra que a administração escolar, tendo o programa de ensino como fundamento da organização do seu trabalho, terá muito mais possibilidades de realização de uma escola popular viva, porque ela requer o envolvimento de todos (pessoal administrativo, coordenadores, docentes e comunidade) para a definição e realização dos fins, objetivos e método.

O "programa de ensino" na escola pública: qual fim? Qual recurso?

Para pensar a organização da escola pública e a finalidade de seu programa na sociedade moderna, Lourenço Filho tem sempre presente a indagação: qual é a função da escola e da educação? Recorrendo aos aspectos históricos, o intelectual-educador compreende que a escola surge como necessidade de transmissão das normas culturais próprias de uma sociedade, seja ela simples ou complexa, com a finalidade de manter-se e de perdurar-se entre os povos. A luta por igualdade vai aos poucos passando da forma de organização primitiva, de imposição de normas provinda da força ou por outros domínios, como na monarquia ou na aristocracia hereditária, para novas formas de governos que abrangiam a participação sempre crescente de maior número de indivíduos (Lourenço Filho, 1948). Inicia-se lentamente um processo de generalização de cultura bem ao ritmo da evolução das ideias e práticas democráticas.

A escola pública, conforme explica Lourenço Filho (1948, p. 6), nasce quando o Estado passa a intervir na formação humana, de forma regular e sistemática, apresentando-se como instituição reguladora. A educação pública, enquanto função do Estado, surge "de par com a cidadania, que lhe passava a imprimir também maior sentido nacional" (1948, p. 6). A educação centrada no Estado contribuiria principalmente para abolição dos privilégios de classe e para a formação e o aproveitamento das melhores capacidades de talento e de caráter. Por outro lado, poderia surgir demasiado disciplinamento e uniformização, tornando-se ela própria fonte de injustiças ou de predomínio de interesses de grupos (Lourenço Filho, 1948, p. 7).

Para Lourenço Filho, a escola pública, por posse de instrumento metódico, tem o poder de influir de maneira decisiva na condução da vida social. Como exemplo, o autor assinala que pode ser visto o que foi feito com a educação nos governos totalitários, que, entre outros, transformaram conceitos como o de cidadania em ideologia de sistema de governo.

A escola pública no Estado Moderno, segundo Lourenço Filho (1930a, p. 5), por sua característica de "instituição de educação intencional e sistemática, por excelência", deve primeiro definir suas finalidades e objetivos, para então delinear os meios.

> Havemos de convir, primeiro, em que ideias capitais de uma obra qualquer de educação são as de sua finalidade, as de seu objetivo próprio e característico, tudo o mais lhe é consequência ou acessório, quanto mais clara e definhada a meta a alcançar-se, tanto mais nítidos e precisos os meios com que havemos de buscá-la. Instituições que a realizem ou deprimam – tudo serão efeitos dessas ideias essenciais de 'fim' (Lourenço Filho, 1928, p. 9).

Enquanto "fim", a escola moderna caminha para uma organização democrática, por isso "deve realizar não apenas o homem, em abstrato, mas o homem de seu tempo e de seu meio, o homem de que a sociedade tem necessidade, no momento" (Lourenço Filho, 1928, p. 10). Desse modo, na democracia, em consonância com Lourenço Filho (1931, p. 12), o Estado tem uma função coordenadora da educação, "só consegue definir e fixar os objetivos, por assim dizer teóricos, do plano educacional [...] para a harmonia e inteligência de todo o trabalho, mas inoperante se demasiado rígida, e inteiramente sem valia se esfumada nas ideias gerais".

No entanto, conhecendo o estado social do país e, por outro lado, os fins a que se propunha a escola tradicional, conservadora e resistente às mudanças, a delimitação de fins e objetivos pelo Estado para toda a escola pública encerra, para o escolanovista, dois problemas. O primeiro, "o da adaptação a uma sociedade nacional, o que nos forçará a dar, ao indivíduo que para ela se prepara, um preparo também nacional"; e segundo, "o da adaptação a um meio regional, segundo as suas possibilidades e necessidades" (Lourenço Filho, 1928, p. 11).

Entretanto, esse duplo problema de "adaptação", para Lourenço Filho (1928, p. 11), tem de levar em consideração a finalidade de "garantir o desenvolvimento normal e metódico da criança, como uma entidade biopsíquica". O entendimento é de que o progresso humano, intelectual e social promove a adaptação do indivíduo em seu tempo e lugar, tornando-o um "homem nacional e capaz da maior produtividade, em seu meio próprio".

A democracia na escola pública, em sua forma ampla de filosofia social, era defendida como "direito do povo de governar-se a si mesmo, e, antes de governar-se, o de comunicar ideias e sentimentos, de discutir os seus próprios problemas, no sentido de melhor ajustamento por formas de livre cooperação" (Lourenço Filho, 1948, p. 8).

Nessa direção, buscava-se desenvolver condições para que a educação pública pudesse gerar a "homogeneização necessária dos indivíduos como membros de uma comunhão nacional" (1928, p. 11). Uma homogeneização que se realiza não pela imposição de um padrão único de ensino nacional, *"haverá a possibilidade de fixar um sistema de padrões, suficientemente amoldáveis às necessidades locais, em função de um plano nacional de cultura, suficientemente definido e estável"* (Lourenço Filho, 1928, p. 12, grifo no original).

Nessa questão relacionada à homogeneização do ensino para a escola pública, Lourenço Filho põe o debate na relação político-administrativa entre o local e o nacional. Para ele, há a necessidade de um plano nacional de educação que delimite uma uniformização do ensino, no entanto "mantida a liberdade dos programas" à escola e aos seus professores (Lourenço Filho, 1928, p. 9). "Essa uniformização, de caráter menos didático que sociológico, importará principalmente a fixação de uma clara finalidade do ensino, ao mesmo tempo nacional, como problema político e regional, como problema econômico" (Lourenço Filho, 1928, p. 16). Entretanto, a "liberdade dos programas" precisa ser entendida em relação às delimitações que envolvem o "programa mínimo".

O caráter sociológico presente na ideia de uniformização do ensino e de programa mínimo envolve, antes de tudo, a função social da escola, ou seja, a dimensão socializadora da criança. Lembrando que Lourenço Filho norteia-se pela evolução da ciência e da tecnologia que orientam para novos valores e conhecimentos em relação ao desenvolvimento da criança.

A escola, então organizada a partir das ciências modernas, deveria ter como foco central de gravitação do ensino a criança. O desenvolvimento da criança, para a educação moderna, realizar-se-ia por sua experiência e seus interesses:

> Desenvolvimento não quer dizer reiterar qualquer coisa da própria natureza. O verdadeiro desenvolvimento é um desenvolvimento *da* experiência, *pela* experiência. E isso será impossível, se não providenciarmos um *meio educativo* que permita o funcionamento dos interesses e forças que forem selecionados como mais úteis. Esses interesses e forças ou capacidades, devem entrar em operação, o que dependerá essencialmente dos estímulos que os envolvam e do material sobre o qual se exercitem. O problema de direção é, pois, o problema de seleção dos estímulos adequados aos instintos que desejamos desenvolver (Dewey, 1978, p. 53, grifos no original).

O trabalho escolar é considerado um dos "meios educativos", por isso estaria organizado em função do tipo de sociedade, quais os fins que se pretendem com a educação, tendo em vista o desenvolvimento da criança. O "programa de ensino" caracterizando o norte do trabalho da escola, produz o sentido para a organização do "meio escolar" para a realização dos fins da educação, seja ela pública ou privada. Assim, o programa estaria sempre muito bem situado em termos de objetivos e fins da escola. E, na escola pública, não poderia representar, de maneira alguma, providência isolada ou centralizada. Da mesma forma, nos termos de Lourenço Filho (1944e, p. 394): "nem dele deverá haver compreensão demasiado estreita e rígida".

Os objetivos gerais do ensino estariam ligados aos "objetivos nacionais, que a educação de todo o país, e em todos os seus graus, deve esforçar-se por alcançar". Além desses objetivos, Lourenço Filho ressaltava que existiam

> [...] outros que são imperativos sociais, referente ao respeito às instituições e valores morais permanentes. Outros ainda, relativos à conservação e defesa da saúde, à necessidade de intercomunicação social, pela aquisição e desenvolvimento da linguagem e do número, aos conhecimentos elementares de ciência, e às habilidades que preparem a criança para o ingresso geral, das atividades produtivas (Lourenço Filho, 1936, p. 278; 1944e, p. 397).

Com a amplitude de objetivos de direcionamento filosóficos ou políticos, especialmente para a escola pública, aumentava a necessidade de atenção por parte da administração da escola quanto à interdependência entre eles e a ordem gradativa para a sua aquisição. Essa é uma relação que se mostrava complexa, visto que envolve objetivos, conhecimentos e capacidades de aprender.

Com o "programa de ensino" delineado, *para que escola* e *qual educação*, seria possível de ser caracterizada a organização da escola para o ensino: qual estrutura e ambiente necessário para as aulas? Quais suportes científicos e técnicos a escola deverá providenciar para a realização do ensino para a aprendizagem? Qual material didático deverá ser providenciado para o ensino? Quais devem ser as condições físicas dos ambientes e das salas de aula? São necessários quais espaços e laboratórios para o ensino? Com qual estrutura? E os espaços coletivos: que condições devem oferecer para as crianças e para os professores? E a biblioteca, como seria organizada para ampliar a formação das crianças e dos professores?

Destacando as palavras de Lourenço Filho: o "programa existe para ser cumprido"! Todos os envolvidos na escola deveriam voltar-se para ele. O diferencial na escola pública é que o programa não é resultado de uma mão única, envolve a comunidade escolar e a sociedade; nem resultado de um único modo de entender a dinâmica administrativa da escola. Muitas questões precisam ser levadas em consideração antes, durante e depois da elaboração do programa de ensino que não poderá prescindir de uma direção.

Organização e administração do "programa de ensino": preocupações e considerações pautadas no ideário escolanovista

Inicialmente é bom lembrar que Lourenço Filho, estando envolvido no movimento educativo de renovação escolar, orientou-se pelas ciências modernas que, naquele momento, contribuíam para guiar a indústria moderna e a vida social. A renovação pretendida visava à mudança de direção da educação intelectualista que levava a escola a exercícios verbalísticos e artificiais. Os ideais educativos orientavam-se nos valores sociais republicanos que contemplavam a dinamicidade produtiva em relação ao trabalho, à cultura e ao conhecimento.

A escola precisava, nas palavras de Lourenço Filho, tornar-se um "centro de socialização, um órgão reforçador da ação educativa da comunidade a que deve servir" (1930a, p. 186). Seguindo esse princípio, a escola destinava-se a preparar a criança para participar de modo eficiente na vida social. Para tanto, deveria se organizar como uma organização social em miniatura. Isso exigiria da escola constante estado de atualização e reconstrução, seguindo o movimento cultural da sociedade. Contudo, sem se descuidar da socialização da criança a que tende a educação, respeitando a sua individualidade. Nesse sentido, os aparelhos educativos deveriam ser aparelhados "com uma compreensão funcional e vitalista do desenvolvimento humano" (Lourenço Filho, 1930a, p. 193).

Tais princípios e fundamentos filosóficos demandavam constante reposicionamento dos "programas de ensino" para alcançar a escola renovada na prática educativa. O reposicionamento refere-se especialmente à teoria educativa, considerada tão necessária para reorganização administrativa e pedagógica dos programas de ensino nos ideais escolanovistas. A seguir, destacam-se em forma de tópicos sumarizados algumas considerações que colocam foco no programa de ensino como fundamento da organização do trabalho escolar.

A relação entre a criança e o conhecimento. Na dimensão proposta por Lourenço Filho, a organização do programa de ensino parte do princípio de que entre a "experiência infantil e o conhecimento da humanidade – não deverá haver oposição" (Lourenço Filho, 1930a, p. 195). O ensino precisa ser organizado de forma que "a criança vá sentindo necessidade do conhecimento organizado, e que ele signifique ao ser aprendido, alguma coisa de sua própria experiência real" (Lourenço Filho, 1930a, p. 195).

A criança, segundo Dewey (1978, p. 43), "vive em um mundo em que tudo é contato pessoal, dificilmente penetrará no campo da sua experiência qualquer coisa que não interesse diretamente seu bem-estar ou o de sua família e amigos". No entanto, a criança enfrenta diariamente dificuldades, porque normalmente "o programa de estudos que a escola apresenta estende-se, no tempo indefinidamente para o passado, e prolonga-se, sem termo, no espaço" (Lourenço Filho, 1930a, p. 195).

O programa deverá obedecer a um plano de evolução dos interesses da criança. Consequentemente, para superar a dificuldade de relação entre a criança e o conhecimento, é necessário colocar a criança no centro do processo educativo, assim "o programa deverá obedecer a um plano de evolução dos interesses, a um plano genético, não a um plano lógico abstrato" (Lourenço Filho, 1930a, p. 195). O programa deverá, para Dewey (1978, p. 45), substituir "impressões fugazes e superficiais por uma realidade estável e lógica". Não se refere ao plano lógico das técnicas organizadas pelo adulto, mas àquela lógica que envolve as fases de evolução natural da criança e do adolescente.

Os interesses, na perspectiva filosófica de Dewey (1978, p. 51), "nada mais são do que atitudes em relação às exigências possíveis; não representam nada de completo ou acabado. Seu valor está no impulso que provocam e não no resultado que atingem". Muitos problemas são gerados pela má interpretação do que são "interesses" das crianças. Dewey explica que

> [...] considerar os fenômenos infantis que se apresentam em certa idade, como bastantes por si mesmos e por si mesmos explicáveis, é inevitavelmente cair no defeito das mães pouco inteligentes que mimam e estragam as crianças. Definir qualquer expressão ou capacidade de uma criança, ou adulto, pelo seu nível presente de consciência, é incorrer nesse erro. O seu valor, repetimos, está antes na propulsão para um nível mais alto que delas pode resultar (1978, p. 51).

Quando o plano corresponde à naturalidade do desenvolvimento infantil, a criança seguirá livre e envolvida por seu interesse. O interesse a impulsionará para ampliar as suas comunicações e relações. Esse interesse manifesta-se como fonte de germinação para expandir em novos conhecimentos, valores e cultura que lhe são anunciados por meio das matérias de ensino, programadas e planejadas em conformidade com a realidade social.

Criança e o programa são limites de um mesmo processo. O programa é assim considerado "móbil, evolutivo, cheio de vida" (Dewey, 1978, p. 43).

Nesse sentido, é preciso considerar que "a criança e o programa não são senão limites que definem *um só e mesmo processo*", assim sendo "o que deve preponderar na escola nova é o *espírito* não a *letra*" (Lourenço Filho, 1930a, p. 196, grifos no original). Dessa maneira, inclui-se o valor social atribuído aos conhecimentos e às atividades realizadas na escola.

O valor social para a formação da criança deve aparecer nas matérias de ensino. Segundo Dewey (1978, p. 51), "as matérias de estudos têm assim uma função de interpretação da natureza infantil. E sua utilização, para nos dirigir e guiar na educação, é, apenas, uma expansão do pensamento". As matérias de estudo não se impõem, todavia dão direção para o desenvolvimento da criança, principalmente em matéria de pensamento e de criação. Por consequência, "a direção não é aí imposição externa: é a *libertação do processo vital para o seu mais completo e adequado desenvolvimento*" (1978, p. 52, grifo no original).

É preciso fugir das alternativas de direção repressiva puramente externa e o completo abandono de qualquer direção ou direção autoritária ou completa liberdade. De um e outro modo, para Dewey (1978, p. 52), tais formas de direções "incorrem no mesmo erro fundamental. Esquecem que desenvolvimento importa em processo definido, com leis próprias que só podem ser cumpridas quando se apresentarem as condições normais adequadas". Esse cuidado é indispensável na organização da matéria de estudo, na delimitação dos meios e na condução do processo organizativo da escola.

A necessidade de graduação do ensino. O programa de ensino reflete tais medidas de entendimento, as quais conduzirão o julgamento em educação. Entretanto, a organização do programa de ensino precisa observar aspectos relacionados ao desenvolvimento da criança, para considerar a necessidade de graduação do ensino em cada ano letivo, a delimitação de matérias e dos exercícios escolares. Do mesmo modo, precisa considerar os aspectos de organização administrativa, como a organização de horários, o controle de aprendizagem, entre outros. Dewey (1978) instiga ao planejamento do programa de ensino, considerando o desenvolvimento da criança.

> Subdividamos cada assunto em matéria de estudo; cada matéria e lições; cada lição em fatos e fórmulas específicas. Façamos que o aluno percorra, passo a passo, essas partes isoladas, até que ao fim da jornada, tenha vencido todo o programa. Visto globalmente parece imenso esse mundo dos conhecimentos, mas considerado como uma série de marchas particulares, facilmente poderá ser explorado (Dewey, 1978, p. 45).

Tal organização do ensino não pode centrar os encaminhamentos no problema administrativo ou em questões externas ao método de ensinar. Não é possível separar a matéria do ensino do método de ensinar. O cuidado de trabalhar passo a passo segue um método de aprendizagem. E esse método está diretamente ligado à intenção social e filosófica da escola e principalmente do professor.

A importância das intenções que envolvem o programa de ensino. Lourenço Filho, quando chama a atenção para a importância das intenções que envolvem o programa de ensino, trata especialmente daqueles programas que são organizados fora da unidade escolar. Quando sustentados pela mesma filosofia de educação, eles contribuem como sugestão, porém somente na fase inicial de compreensão da relação entre matéria e método, entre conteúdo e maneira como ocorre a aprendizagem. A transformação do modo de ensinar só tem um caminho, aquele que passa pelo educador. Lourenço Filho, como mestre e organizador que foi, sabe que de nada adianta fornecer ao professor, de modo determinista e autoritário,

> [...] o que de melhor conceba a técnica moderna, como roteiro e guia. Pode a administração baixar instruções minuciosas, que tentem mecanizá-lo. Na prática, porém, se é mestre de verdade, se põe a alma em seu ensino, saberá iludir tudo, ou iludir-se a si próprio, muitas vezes, e seu programa real será sempre ele próprio, será a revelação da sua capacidade técnica (Lourenço Filho, 1930c, p. 81).

Na prática do ensino, será realizado o que o professor concebe em relação aos fins educacionais, à teoria educativa e aos meios a serem utilizados no processo de ensino. Por isso, a elaboração do programa de ensino passa necessariamente pelo professor para que o programa formal fique o mais próximo possível do real.

A participação do professor na elaboração do programa de ensino. A participação do professor é indispensável de acordo com Lourenço Filho (1930c, p. 81), porque "cada mestre só executa o seu programa, aquele que é revelação de sua inteligência, de seus conhecimentos sistemáticos, de seus pendores, de sua personalidade, enfim". Assim, a "questão do ensino funcional não e só uma questão de programas, é uma questão de *preparo técnico* do *mestre*" (Lourenço Filho, 1930a, p. 196, grifo no original).

A formação do professor representa uma das molas propulsoras e centrais das reformas de ensino no pensamento escolanovista. A organização do programa de ensino na perspectiva da Escola Nova precisa considerar a formação do professor em suas capacidades que envolvem conhecimento global e local, bem como a realidade educacional em seus aspectos filosóficos e pedagógicos. Como o professor compreende os problemas sociais? Como situa a criança no método de ensinar? Aquele no qual a matéria ou disciplina de estudo é o fim ou aquele que, ao contrário, a criança é o ponto de partida, o centro e o fim? Como entende a questão do desenvolvimento e do crescimento da criança? Considera numa dimensão idealista ou parte das condições sociais (Dewey, 1978)?

O programa de ensino deve dar margem à atividade criadora do mestre. Lourenço Filho (1930c, p. 82) considera que um programa de ensino "deve dar margem a atividade criadora do mestre, respeitar as condições específicas do ambiente e permitir o aproveitamento das tendências e aptidões especiais de cada educando". Essas três características do programa de ensino estão ancoradas na formação do professor e dos envolvidos no ensino escolar, porém não de qualquer formação. Conforme dizia Dewey (1978, p. 46), na formação "o ideal não é a acumulação de conhecimentos, mas o desenvolvimento de capacidades. Possuir todo o conhecimento do mundo e perder a sua própria individualidade é destino tão horrível em educação, como em religião". Esse direcionamento formativo ocorre tanto para a criança como para a preparação do mestre.

Um programa de ensino nos termos renovadores não pode prescindir da liberdade ao professor para sugerir e criar. A escola, mesmo organizada a partir de um "programa mínimo", tem assegurado autonomia nos processos de ensino. O "programa mínimo" geral para todas as escolas públicas, quando definido, tem a função de "servir de núcleo de homogeneização das novas gerações" (Lourenço Filho, 1930c, p. 83). Ele prevê o mínimo que deve ser alcançado diante do grau de desenvolvimento da civilização, sendo, portanto, comum a todas as escolas.

Lourenço Filho acreditava no trabalho do professor para as mudanças educacionais. Todos sabem que são precisos mestres para a realização do ensino. A criança, o conhecimento e o mestre são os elementos fundamentais do processo educativo. O que difere em Lourenço Filho é que o professor não é visto como trabalhador de uma fábrica nem pode sê-lo. Na fábrica, principalmente, nos países em desenvolvimento, o trabalho decorre do esforço muscular dos operários com reduzido dispêndio de trabalho intelectual, situação que muda à proporção que são integradas à produção tecnologias sofisticadas que exigirão a elaboração de um trabalho mais complexo. No trabalho realizado na escola, o professor, na prática de ensino, despenderá sempre esforço intelectual mesmo numa escola em que a organização do ensino tenha como base a educação tradicional. O professor tem em mãos uma grande responsabilidade de desenvolvimento de seres humanos e é muito grande a dinamicidade do ensino na educação moderna. Esse movimento educativo requer assim um professor dinâmico com autonomia e criatividade. Desse modo, o professor precisa ser visto e respeitado na escola como um trabalhador e, da mesma forma, como um ser humano em desenvolvimento. De onde cabe perguntar-se *como* e *por quem* são realizados tais cuidados ao professor? A esse respeito Lourenço Filho é enfático,

> [...] os mestres de escola não se fazem com imposição de normas rígidas, nem com receituário didático prefixado, que lhes coage as iniciativas, o desejo de progredir e de renovar. Mestres de escola se fazem justamente num ambiente de fé, de iniciativa e de entusiasmo, em que o estudo seja uma necessidade moral. Não esqueçamos nunca que o ensino é uma arte, em que o contingente pessoal é quase tudo, se não elevarmos o mestre, jamais teremos bom ensino, e o homem se eleva no exercício da liberdade, quando conduzida pela compreensão dos fenômenos, isto é, pela aplicação das ciências. É forçoso que elevemos o mestre, mental e moralmente, confiando nele, e fornecendo-lhe elementos de estudo e da verificação objetiva de seu próprio trabalho (Lourenço Filho, 1930c, p. 84).

Tais cuidados aos mestres são de responsabilidade da equipe de administração escolar, que, numa escola democrática, tem no diretor o responsável primeiro da coordenação e organização dos processos de ensino. Conforme Lourenço Filho, o trabalho da administração escolar envolve o *conhecimento cultural, científico e filosófico*, porém isso tudo não significa descuidar-se dos valores e sentimentos que envolvem o trabalho educativo e principalmente de quem está na linha de frente do ensino, o professor. A forma de cuidar é igualmente oferecer condições de uma formação de qualidade ao professor, a qual se inicia em estudos com o ensino regular e continua posteriormente com estudos complementares organizados na escola ou pelo sistema de educação. Cuidar é, para Lourenço Filho, auxiliar no processo de ensino, disponibilizando instrumentos técnicos de trabalho; é orientar em momentos de dificuldades; é disponibilizar condições para ampliação do conhecimento e cultura; é preparar um "ambiente de fé, de iniciativa e de entusiasmo".

É importante registrar que, dentre o levantamento de fontes, foram localizadas duas laudas manuscritas por Lourenço Filho com o título *Problemas de administração escolar*, com data provável de 1944. O manuscrito indica a organização de um programa de ensino ou curso, direcionado à formação do diretor escolar. Nele, estão registradas orientações sobre o trabalho do diretor voltado, especialmente, para escola primária. Nos registros, o autor chama a atenção para os problemas do trabalho de direção de uma escola primária, delineia a sua função, atividades e na sequência chama a atenção para a complexidade do trabalho da direção. Nesse sentido, delimita a função de dirigir em quatro linhas de ação: "Diretor significa: ser coordenador, retificador, guia e responsável". E assim registra os conteúdos para cada ação:

> A função constante do diretor é a de coordenar. Como coordenar. Capacidade técnica, prestígio moral, simpatia para com o trabalho alheio. O diretor deve saber motivar os seus professores. O diretor deve ter um alto senso de cooperação e capacidade para sentir que o trabalho, na sua parte vital, é de todos. O diretor deve saber julgar. Como o julgamento se pode tornar objetivo. Falhas de análise de aulas.
>
> É função do diretor retificar. A interpretação dos mais altos objetivos do ensino. A verificação do rendimento do trabalho. A indicação das causas gerais do baixo rendimento. A articulação com o serviço de orientação.
>
> É função do diretor responder por todo o trabalho. A documentação da vida escolar. A defesa da escola e de seus professores junto à administração geral.
>
> Qualidades do bom administrador. Algumas perguntas indiscretas (grifos no original).

A forma como são descritos os conteúdos sobre as funções do diretor é reveladora de como Lourenço Filho compreendia a dinâmica do trabalho na escola. As ações e interações eram compreendidas do ponto de vista filosófico e político, incluindo nesse meio o psicológico. O conjunto de ações do diretor mostra-se norteado pela "interpretação dos mais altos objetivos do ensino". É importante destacar que "interpretação" caminha no sentido de "retificar", ou seja, de garantir que os objetivos sejam realizados conforme planejados. O caminho do trabalho do diretor não poderia ser de determinação, mas de *reconhecimento* e *valorização* do que foi previsto no programa de ensino para dar condições de efetivar os objetivos o mais próximo possível do desejado em planejamento.

A função de "coordenar" está relacionada às capacidades técnicas e às habilidades que envolvem principalmente as relações de trabalho. Coordenar envolve ação coletiva e reconhecimento de que o trabalho e o resultado "é de todos". Nesse sentido, a direção exclui o direcionamento autoritário, centralizador e inclui a organização com responsabilidade em relação à qualidade do ensino. Ou seja, a organização com acompanhamento e avaliação do processo educativo sem, contudo, centralizar os meios e as decisões do processo de ensino.

O trabalho do diretor, nos termos apresentados por Lourenço Filho, é focado nas intencionalidades filosóficas e políticas que aparecem delineadas como "objetivos" no programa de ensino. Assim sendo, o "programa de ensino" apresenta-se como fundamento ao "coordenar", "retificar" e "responder" por toda a organização do trabalho escolar. O trabalho escolar dirigido pelos mesmos objetivos torna-se coletivo. A escola é então de todos e não do diretor. É do diretor a responsabilidade de "coordenar", "retificar" e "guiar" o grupo para a realização dos objetivos comum. Os argumentos filosóficos e políticos para "responder por todo o trabalho" e para "a defesa da escola e de seus professores junto à administração geral" repousam no programa de ensino, organizado e direcionado em coletividade.

Diante de um trabalho coletivo de acompanhamento e de valorização, o professor terá espaço e condições para a atividade criadora no processo de ensino. E, sem dúvida nenhuma, a "arte de ensinar" é o que movimenta as crianças para a aprendizagem e para a mudança de comportamento social, político e cultural.

Respeitar as condições específicas do ambiente. Lourenço Filho dimensiona como problema cultural e político os programas da escola pública que são meramente administrativos, por serem rígidos e taxativos, e concebem a escola como alheia ao meio social. O programa deve "respeitar as condições específicas do ambiente". Para Lourenço Filho (1930b, p. 3),

> A escola pública não pode continuar a ser um aparelho, formal de alfabetização ou simples máquina que prepare alunos para certificados e exames e de conclusão de curso, segundo programas elaborados em abstrato, para uma criança ideal, que não existe, programas que tem sido os mesmos, para a praia e para o sertão, para o planalto do café e as barrancas do Paraná. Tem que ser um organismo vivo, capaz de refletir o meio nas suas qualidades e de cooperar para a melhoria dos costumes.

Na dinâmica que envolve a criança e a escola em seu meio social, o programa de ensino precisa levar em consideração a necessidade de coadunar as questões da psicologia infantil, que inclui a evolução do desenvolvimento social, com a organização escolar. O sentido de coadunar é mais que harmonizar, mostra a necessidade de incorporar como característica intrínseca do processo de ensino.

Esse caminho é arenoso, porque há necessidade constante de "permitir o aproveitamento das tendências e aptidões especiais de cada educando", o que significa "não esquecer a própria criança, no que diga respeito às capacidades gerais de sua idade, às diferenças individuais, tão patentes, à diversidade de aptidões e temperamento" (Lourenço Filho, 1944e, p. 395). Ao mesmo tempo, há necessidade de integrá-la às condições específicas do meio ambiente onde vive. Segundo Lourenço Filho (1944e), o ensino que não procura atender a essas variadas condições de aprendizagem da criança e o meio social será improdutivo ou de resultados aparentes e efêmeros.

Argumentos como esse compuseram considerações importantes registradas por Lourenço Filho, as quais acentuam a necessidade de a escola organizar-se para realizar um programa de ensino que atenda aos princípios da educação popular na sociedade democrática em processo constante de organização.

CONCLUSÃO

As vivências do professor Manoel Bergström Lourenço Filho revelam o intelectual que se fez em seu tempo histórico. A base cultural iniciada em casa ampliou-se por sua reconhecida dedicação que lhe rendeu posição de destaque como aluno e, mais tarde, no âmbito das relações de trabalho como educador, administrador e intelectual. Mediante as necessidades de sobrevivência, iniciou ainda jovem o ofício de escritor e de professor. Desde o início de sua vida pública, estabeleceu seus objetivos e compromissos em relação ao problema da cultura geral do povo brasileiro. Até mesmo da rápida passagem pelos estudos da medicina, trouxe novos fundamentos para pensar os problemas que envolviam a formação e o desenvolvimento do indivíduo.

A organização da educação popular foi então assumida por Lourenço Filho inicialmente como um "problema nacional" ou de desenvolvimento social da nação brasileira, que visava produzir relações necessárias para compor uma sociedade democrática. Já em meados da década de 1940, passou a predominar outra forma de pensamento. A organização passou a ser propalada a partir da ótica do Estado, ligada à tendência que considera o Estado como transcendente em relação às partes que o compõem.

No entanto, esse legado organizacional da educação popular não foi solitário. Compartilhado por seus contemporâneos, organizados por meio da Associação Brasileira de Educação, construíram espaços de discussão e fortalecimento dos ideais norteados por intensa produção intelectual. Essas relações de referências impingiram dinamismo e ampliaram seus objetivos. Além disso, gradativamente as ideias foram sendo sistematizadas e referendadas com reformas da instrução pública em vários estados brasileiros e no Distrito Federal, consolidando, assim, o chamado Movimento de Renovação Educacional no Brasil.

Lourenço Filho envolveu-se intensamente com o ideário escolanovista, contribuindo no sentido de fixar linhas e diretrizes da teoria moderna e científica, abrangendo, especialmente, a psicologia e a biologia. Ao mesmo tempo, vinculou-se a um pensamento social constante que o motivou a intensificar suas próprias experiências e seu método de pensar em relação à organização da escola para o desenvolvimento da educação popular. A educação passou a ser tratada como um problema integral de cultura, isto é, como um problema filosófico, social, político e técnico a um só tempo. É nesse entendimento, apreendido com o pensamento de Rui Barbosa, que seguiam as intervenções do intelectual da educação.

As ações encampadas no decorrer da vida pública de Lourenço Filho, sobre o *quadro desolador da educação brasileira*, desenvolveram-se essencialmente em três eixos fundamentais articulados entre si: a formação de professores, a infraestrutura da escola e a reorganização do programa escolar.

A primeira atividade de grande repercussão, organizada e aplicada por Lourenço Filho, revelou-se um dos eixos primordiais para o seu trabalho, tanto no ensino como na administração escolar. Foi com a organização do "programa de ensino", para a cadeira de Prática Pedagógica da Escola Normal de Piracicaba da qual era professor assistente, que realizou as mudanças pretendidas tanto em relação à formação da criança quanto do professor e da organização do trabalho escolar. O "programa de ensino" da Prática Pedagógica para a formação do professor teve a finalidade de conduzir uma nova relação entre a criança e o conhecimento, e isso exigiria, de maneira igual, a reorganização do trabalho e do espaço escolar. Essa ação o inscreveu publicamente como pensador e articulador dos ideais da escola renovada e como intelectual que fez da prática a sua teoria.

A cada mudança edificava outra mudança. Os primeiros passos percorridos por Lourenço Filho na educação escolar edificaram o perfil de organizador que serviriam, posteriormente, de base em suas atuações na organização escolar mais ampla, em nível de políticas de educação e na indicação de fundamentos para a realização das práticas escolares. Do reconhecimento de suas ações na escola e nos meios sociais em Piracicaba, veio o convite para a reforma do Ceará, e assim se seguiram os convites para assumir outras administrações da educação e do ensino.

O trabalho nas reformas educacionais do Ceará e em São Paulo, do mesmo modo que na direção do Instituto de Educação e do Inep no Rio de Janeiro, mostrou um caminho administrativo de intensas atividades que revelaram a força do administrador por suas iniciativas e riscos que assumiu, bem como por sua capacidade de agregar as pessoas em torno de objetivos comuns. A movimentação inicial de Lourenço Filho nas administrações voltava-se para o levantamento da realidade para então delimitar os princípios e as finalidades das intervenções, ou seja, buscava interpelar, com base em dados da realidade social e educacional, as consequências das suas ações administrativas ou das omissões. O fundamento norteador da administração era evidente para o intelectual: a instrução servia para a democracia, enquanto a ignorância gerava sempre mais a servidão. Nesses termos, a preocupação constante com a organização da educação, da escola e do ensino refletiu a sua preocupação com a organização e o estabelecimento de uma república democrática.

Na administração escolar e na organização do ensino por onde Lourenço Filho passou, é possível perceber que as leis, os regulamentos e as normas não apenas configuraram limites e fronteiras para os objetivos e finalidades educacionais, mas principalmente ofereceram a possibilidade de igualdade de acesso à escolarização; quanto à formação do professor não somente previu a mudança de mentalidades e a formação técnica, mas visou dar condições científicas e metodológicas para desenvolver o ensino com arte; quanto ao "programa de ensino", não apenas direcionou a homogeneização cultural, mas ofereceu a possibilidade dos membros escolares discutirem os seus valores sociais e os meios para sua realização. Tais encaminhamentos provocaram o Estado a assumir a sua responsabilidade supletiva. Por conseguinte, estimularam a escola a ir ao encontro das diferentes formas de pensar a educação pela comunidade escolar e social, abrindo espaços importantes para desenvolver novas ideias, novos costumes e valores culturais.

Nessa direção, a administração escolar para Lourenço Filho, seguindo os ideais escolanovistas, surgiu significando muito mais que uma palavra, representou um conceito, porque incluía uma pluralidade de significações políticas e de ações experimentais. Esse intelectual educador associava dois conceitos relacionados à administração em movimento naquele momento: o de administração introduzido no processo industrial que contemplava objetivos, planejamento e distribuição de responsabilidades; e o de organização do trabalho escolar, cujo objetivo era de socialização da criança, com respeito a sua individualidade, para a democracia. Tratava-se não de importação de objetivos da administração empresarial para a organização da escola, referia-se, antes de tudo, a um modo de pensar os elementos que envolvem a organização do ensino e da escola. Ao intelectual-educador, o racional é aquele que, em meio a tanta desordem cultural, aproxima a natureza humana às suas necessidades, especialmente de cooperação e de integração social.

Nessa forma de entendimento, organizar a educação implica num esforço entrelaçado às ciências humanas para delimitar os fins, os meios e a verificação de suas realizações. O sentido dos fins, consoante a Lourenço Filho, numa organização da educação, é aquele que visa ao interesse comum ou ao desenvolvimento da vida social. Isso não significa acertar sempre na proposição dos objetivos em relação ao *bem comum* e tampouco que os objetivos podem ser realizados conforme planejado, mesmo que estruturados por um grupo de pessoas altamente preparadas. Há um vácuo entre a proposição e a ação, ou seja, entre os interesses presentes no ato da proposição e os interesses que mobilizam a ação. Para a aproximação desse distanciamento, é considerada a necessidade do acompanhamento e da avaliação a partir do que se é planejado.

Lourenço Filho acreditava que a organização normativa de uma sociedade não eliminava os espaços de intervenção. Ele trabalhou tanto para a formalização do sistema de educação como para o fortalecimento da escola. Esses dois âmbitos precisavam de mudanças políticas e filosóficas para atender aos fins da educação renovada. No entanto, era na escola que se realizava o atendimento da criança e onde germinariam as mudanças sociais. E a relação entre a criança e o conhecimento seria intermediada pelo trabalho do professor. Pensar, planejar e programar a forma como será selecionado, desenvolvido e avaliado o conhecimento apresentado para a criança mostrava-se, desse modo, como uma atividade de maior importância para a realização do projeto educacional e social.

O "programa de ensino" é assim fundamento delineador de intenções e ações políticas e pedagógicas. Mesmo diante da premência manifestada pelos problemas educacionais de toda ordem e revelados pelos altos índices de analfabetismo, que geram a necessidade de implantação de um "programa mínimo", nos termos de Lourenço Filho, não se amordaçariam o professor e a escola. Há uma função social, uma intenção cultural, uma seleção de conteúdos indicados pelo sistema de educação, no entanto é o método que dá vida ao ensino. E o método só se realiza pelo professor na relação que envolve o conhecimento e a criança.

Interesses governamentais, muitas vezes, impõem-se sobre a organização do ensino na escola. O antídoto, nos termos de Lourenço Filho, pode ser encontrado no compromisso da escola com a comunidade, ou seja, na consecução de um método de trabalho na escola, assumido pelos docentes e pela administração, vinculado aos interesses da comunidade a que pertence. O entendimento é de que o "programa de ensino" apresenta propósitos e objetivos que são delimitados a partir de uma filosofia e uma política e, ao se realizarem no ensino, necessitam de um método pedagógico, consciente ou não. Isso significa que efetivar qualquer filosofia ou ideologia na educação passa necessariamente pelo modo de ensinar da escola. Por consequência, o "programa de ensino" é mais que um rol de conteúdo ou de descrição intelectualizada de ações pedagógicas. De acordo com Lourenço Filho, implica na participação efetiva do professor e daqueles que de forma direta ou indiretamente se envolvem com o ensino na escola, em sua elaboração e em seu planejamento. Implica, da mesma forma, em condições para a execução as quais abrangem as mais diversas ordens: físicas, funcionais, técnicas e psicológicas.

Tanto a administração da escola como todos que nela estão envolvidos têm, assim, grande responsabilidade com o desenvolvimento do "programa de ensino". Além da organização do espaço físico e material para o ensino, o administrador precisa estar atento às questões relacionadas ao desenvolvimento das ciências, porque requerem formação contínua do educador e aos problemas de cultura geral, que requerem diálogo constante com a comunidade. A pesquisa pedagógica ou escolar é outro fator que se faz necessário no plano de trabalho para uma educação que privilegie o desenvolvimento do saber social. Um de seus norteadores seria o "programa de ensino", que atuaria como um instrumento basilar para a organização, condução e avaliação da pesquisa educacional.

Assim sendo, "não é necessário insistir sobre a importância do programa de ensino como recurso da organização do trabalho escolar". Partindo dessa afirmação, no ano de 1936 e em sua reedição em 1944, Lourenço Filho inscreve a organização do trabalho escolar em princípios de cooperação e de participação. A organização, que se realizava a partir da direção para o professor, aluno e comunidade, dissolve-se quando o programa de ensino se torna fundamento do trabalho da escola. Não é o diretor quem determina o "programa de ensino". A elaboração do "programa de ensino" envolve delimitações regulamentadas pelo sistema e inclusões realizadas pela participação dos educadores e da equipe de trabalho da escola, incluindo a direção. O diretor é o responsável primeiro para organizar as condições tanto para a execução do "programa de ensino" como para o acompanhamento e avaliação. O "programa de ensino" fica nas mãos do professor, uma vez que é do processo de execução que provêm necessidades organizacionais, como, por exemplo, de apoio técnico, psicológico, metodológico. Ao que parece, difere do processo do Projeto Político Pedagógico que normalmente se apresenta pelas mãos da equipe diretiva da escola e que direciona o trabalho do professor e a organização da escola.

Entende-se que as ações e obras de Lourenço Filho pertencem a um tempo descritivo não tão distante e se traduzem em herança e formulações singulares, mesmo que silenciosas, na organização e nas concepções da cultura educacional do nosso tempo. O legado desse educador e administrador não faz parte apenas dos marcos da história da educação no Brasil. O seu legado perpassa a organização e a administração da escola; as relações e práticas de ensino; a pesquisa e a avaliação escolar; entre tantas outras.

Por fim, que este estudo provoque indagações mobilizadoras para conhecer ainda mais sobre a importância da obra desse grande educador e administrador da educação brasileira: **Manoel Bergström Lourenço Filho.**

REFERÊNCIAS

ABU-MERHY, N. F. Lourenço Filho, administrador escolar. *In*: MONARCHA, C. (org.). **Centenário de Lourenço Filho**: 1897-1997. Londrina: UEL; Marília: Unesp; Rio de Janeiro: ABE, 1997. p. 91-122.

ALMEIDA JUNIOR, A. Formação profissional de Lourenço Filho. *In*: ASSOCIAÇÃO BRASILEIRA DE EDUCAÇÃO. **Um educador brasileiro:** Lourenço Filho. São Paulo: Melhoramentos, 1959. p. 27-44.

ALMEIDA, M. da G. e. Três depoimentos evocativos. *In*: ASSOCIAÇÃO BRASILEIRA DE EDUCAÇÃO. **Um educador brasileiro:** Lourenço Filho. São Paulo: Melhoramentos, 1959. p. 216-219.

ALONSO, C. P. Três depoimentos evocativos. *In*: ASSOCIAÇÃO BRASILEIRA DE EDUCAÇÃO. **Um educador brasileiro:** Lourenço Filho. São Paulo: Melhoramentos, 1959. p. 219-220.

ANTONACCI, A. Trabalho, cultura e educação: escola nova e cinema educativo em São Paulo, nos anos de 1920/1930. **Revista Projeto História**, São Paulo, v. 10, n. 10, p. 147-165, 1993.

ARENDT, H. **A condição humana**. Rio de Janeiro: Forense Universitária, 1981. 174p.

ARENDT, H. Diálogo de uma vida com a educação. *In*: ASSOCIAÇÃO BRASILEIRA DE EDUCAÇÃO. **Um educador brasileiro:** Lourenço Filho. São Paulo: Melhoramentos, 1959. p. 13-26.

ARENDT, H. Política e educação (1936). *In*: AZEVEDO, F. **A educação e seus problemas.** Tomo primeiro. 4. ed. rev. e ampliada. São Paulo: Melhoramentos, 1948. p. 139-162.

AZEVEDO, F. **A educação entre os dois mundos**: problemas, perspectivas e orientações. São Paulo: Melhoramentos, 1958. 239p. (Obras Completas, v. XVI).

BASTOS, M. H. C; CAVALCANTE, M. J. M. (org.). **O curso de Lourenço Filho na Escola Normal do Ceará**: 1922-1923: as normalistas e a pedagogia da Escola Nova. Campinas, SP: Editora Alínea, 2009. 152p.

BEISEGEL, C. de R. Lourenço Filho e a educação popular no Brasil. *In*: PILETTI, N. (org.). **Educação brasileira:** a atualidade de Lourenço Filho. São Paulo: FEUSP, 1999. p. 103-126.

BEZERRA, C. L. de A. Lourenço Filho e o "guia" para os mestres brasileiros do Século XX. **Revista HISTEDBR**, v. 9, n. 34, p. 23, jun. 2009.

BONOW, I. W. Atualidade de Lourenço Filho na psicologia. *In*: ASSOCIAÇÃO BRASILEIRA DE EDUCAÇÃO. **Um educador brasileiro:** Lourenço Filho. São Paulo: Melhoramentos, 1959. p. 124-133.

BRITO, M. P. de. Lourenço Filho e o instituto de educação. *In*: ASSOCIAÇÃO BRASILEIRA DE EDUCAÇÃO. **Um educador brasileiro:** Lourenço Filho. São Paulo: Melhoramentos, 1959. p. 69-72.

CAMARA, S. A Reforma Fernando de Azevedo e as colmeias laboriosas do Distrito Federal de 1927 a 1930. *In*: MIGUEL, M. E. B.; VIDAL, D. G.; ARAUJO, J. C. S. **Reformas educacionais:** as manifestações da escola nova no Brasil (1920-1946). Campinas, SP: Autores Associados; Uberlândia, MG: EDUFU, 2011. p. 177-197.

CAMPOS, R. H. de F.; ASSIS, R. M. de; LOURENÇO, E. Lourenço Filho, a escola nova e a psicologia. *In*: LOURENÇO FILHO, M. B. **Introdução ao estudo da escola nova:** bases, sistemas e diretrizes da pedagogia contemporânea. 14. ed. melhorada. Rio de Janeiro: EdUERJ/Conselho Federal de Psicologia, 2002. p. 15-53.

CANDIDO, A. **A educação pela noite**. 6. ed. Rio de Janeiro: Ouro sobre Azul, 2011. 264p.

CARVALHO, J. M. **Cidadania no Brasil**: o longo caminho. 5. ed. Rio de Janeiro: Civilização Brasileira, 2004. 236p.

CARVALHO, M. B. de. Apresentação. *In*: BRASIL; MEC/INEP. Linguagem no curso primário: sugestões para organização e desenvolvimento de programas. **Boletim n. 42,** Rio de Janeiro, 1949. 77p.

CARVALHO, M. M. C. de. A reforma Sampaio Dória, política e pedagogia: problematizando uma tradição interpretativa. *In*: MIGUEL, M. E. B.; VIDAL, D.G.; ARAUJO, J. C. S. (org.). **Reformas educacionais:** as manifestações da escola nova no Brasil (1920-1946). Campinas, SP: Autores Associados; Uberlândia, MG: EDUFU, 2011. p. 5-30.

CARVALHO, M. M. C. de; TOLEDO, M. R. de A. A biblioteca da educação de Lourenço Filho: uma coleção a serviço de um projeto de inovação pedagógica. **Rev. Quaestio**, Sorocaba, v. 8, p. 47-63, 2006.

CARVALHO, M. M. C de. Fernando de Azevedo: pioneiro da educação nova. **Revista do Instituto Brasileiro de Estudos e Pesquisas**, São Paulo, n. 37, p. 71-79, 1994.

CARVALHO, M. M. C de. Estratégias editoriais e territorialização do campo pedagógico: um livro de Sampaio Dória sob a pena do editor da Biblioteca de Educação. **Rev. História da Educação**, Porto Alegre, v. 17, n. 39, p. 39-56, jan./abr. 2013. Disponível em: http://dx.doi.org/10.1590/S2236-34592013000100004. Acesso em: jan. 2015.

CARVALHO, M. M. C de. Modernidade pedagógica e modelos de formação docente. **São Paulo Perspec,** v. 14, n. 1, p. 111-120, jan./mar. 2000. Disponível em: http://dx.doi.org/10.1590/S0102-88392000000100013. Acesso em: jan. 2015.

CARVALHO, M. M. de. Lourenço Filho e o Instituto Nacional de Estudos Pedagógicos. *In*: ASSOCIAÇÃO BRASILEIRA DE EDUCAÇÃO. **Um educador brasileiro:** Lourenço Filho. São Paulo: Melhoramentos, 1959. p. 83-107.

CASTRO, M. H. G. de. O INEP ontem e hoje. *In*: FUNDAÇÃO ANÍSIO TEIXEIRA. **Um olhar para o mundo:** contemporaneidade de Anísio Teixeira. Rio de Janeiro: UFRJ/CFCH/PACC, 2 set. 1999. 173p.

CAVALCANTE, M. J. M. **João Hippolyto de Azevedo e Sá:** O espírito da reforma educacional de 1922 no Ceará. Fortaleza: EUFC, 2000. 202p.

CAVALCANTE, M. J. M. A reforma da Instrução Pública de 1922 no Ceará: impacto sobre Lourenço Filho, a Escola Normal e a elite ilustrada. *In*: MIGUEL, M. E. B.; VIDAL, D. G.; ARAUJO, J. C. S. (org.). **Reformas educacionais:** as manifestações da escola nova no Brasil (1920-1946). Campinas, SP: Autores Associados; Uberlândia, MG: EDUFU, 2011. p. 31-42.

CAVALCANTE, M. J. M. Lourenço Filho: do ensino de pedagogia à reforma da instrução pública na terra da literatura (1922-23). *In*: BASTOS, M. H. C.; CAVALCANTE, M. J. M. (org.). **O curso de Lourenço Filho na escola normal do Ceará:** 1922-1923: as normalistas e a pedagogia da Escola Nova. Campina, SP: Editora Alínea, 2009. p. 15-36.

CELESTE-FILHO, M. Intelectuais brasileiros em disputa pela escola nova na década de 1930. **Historia y Espacio**, n. 40, p. 75-109, feb./jun. 2013.

CRAVEIRO, N. **Anuário Estatístico do Ceará 1923**. CEARÁ, Governo do Ceará, Brasil, 1923. p. 103-106. Disponível em: https://archive.org/stream/annurioestatstic1923cear#page/n131/mode/2up/search/103. Acesso em: 27 out. 2015.

CUNHA, M. V. da. Estado e escola nova na história da educação brasileira. *In*: SAVIANI, D. (org.). **Estado e políticas educacionais na história da educação brasileira**. Vitória: EDUFES, 2010. p. 151-280.

DANTAS, A. M. L. **A urdidura da Revista Brasileira de estudos pedagógicos nos bastidores do Instituto Nacional de Estudos Pedagógicos:** a gestão Lourenço Filho (1938-1946). 2001. 210f. Tese (Doutorado em Pedagogia) – Faculdade de Educação, Pontifícia Universidade Católica de São Paulo, São Paulo, 2001.

DAVIDOFF, C. H. Revolução de 1932. *In*: ABREU, A. A. *et al*. (org.). **Dicionário histórico-biográfico brasileiro:** pós-1930. V. V. 2. ed. revisada e atual. Rio de Janeiro: Editora FGV: CPDOC, 2001. p. 4945-6211.

DEWEY, J. **Vida e educação**. Tradução e estudo preliminar de Anísio Teixeira. 10. ed. São Paulo: Melhoramentos/Fundação Nacional de Material Escolar, 1978. 115p.

DUTTON, H. P. **Princípios de organização de negócios:** aplicados às atividades industriais e comerciais. 5. ed. 1965. 299p. (Coleção Herrmann Junior).

FARIA, T. K. F. **Lourenço Filho e os projetos de lei orgânica do ensino primário (1938-1946)**. Juiz de Fora: UFJF/MG, 2015.

FAUCONNET, P. Um livro brasileiro sobre a escola nova. *In*: LOURENÇO FILHO, M. B. **Introdução ao estudo da escola nova**. 2. ed. São Paulo: Ed. Companhia Melhoramentos, 1930a. p. VII-IX.

FAUSTO, B. **História do Brasil**. 6. ed. São Paulo: Editora da Universidade de São Paulo, 1998. 660p.

FAUSTO, B. **Trabalho urbano e conflito social (1890-1920)**. Rio de Janeiro: Diefel, 1977. 24p.

FELIX, M de F. C. **Administração escolar:** um problema educativo ou empresarial? 4. ed. São Paulo: Cortez/Autores Associados, 1989. 199p.

FERNANDES, E. **Métodos e conteúdos de alfabetização em manuais didáticos nos séculos XIX e XX:** de Calkins a Lourenço Filho. 2014. 194f. Tese (Doutorado em Ciências Sociais) – Centro de Ciências Humanas e Sociais, Universidade Federal do Mato Grosso do Sul, Mato Grosso do Sul, MS, 2014.

FONTES, Virgínia M. A questão nacional: alguns desafios para a reflexão histórica. *In*: MENDONÇA, S.; MOTTA, M. (org.). **Nação e poder**: as dimensões da História. Niterói: EdUFF, 1998. p. 1-22.

FREITAS. M. C. de. Educação brasileira: dilemas republicanos nas entrelinhas de seus manifestos. *In*: STEFHANOU, M.; BASTOS, M. H. C. **Histórias e memórias da educação do Brasil**. v. III, séc. XX, Petrópolis: RJ: Vozes, 2005. p. 165-181.

GANDINI, R. **Intelectuais, estado e educação**: Revista Brasileira de Estudos Pedagógicos 1944-1952. Campinas, SP: Unicamp, 1995. 249p.

GANDINI, R. **Almeida Júnior**. Recife: Fundação Joaquim Nabuco; Editora Massangana, 2010.

GUALTIERI, R. C. E. Liberdade esclarecida: a formação de professores nos anos 1930. **Revista HISTEDBR,** v. 13, n. 52, p. 198-214, set. 2013.

HALBWACHS, Maurice. **A memória coletiva**. Tradução de Beatriz Sidou. São Paulo: Centauro, 2006. 224p.

HILSDORF, M. L. S. Lourenço Filho em Piracicaba. *In*: SOUZA, C. P. (org.). **História da educação:** processos, práticas e saberes. 3. ed. São Paulo: Escrituras Editora, 2003. p. 95-112.

HOBSBAWM, E. **Era dos extremos**: o breve século XX. Tradução de Marcos Santarrita; revisão técnica Maria Célia Paoli. 2. ed. São Paulo: Companhia das Letras, 1995. 598p.

IANNI, O. **Estado e planejamento econômico no Brasil**. 6. ed. Rio de Janeiro: Civilização Brasileira, 1996. 316p.

KELLY, C. A grande lição de Lourenço Filho. *In*: ASSOCIAÇÃO BRASILEIRA DE EDUCAÇÃO. **Um educador brasileiro:** Lourenço Filho. São Paulo: Melhoramentos, 1959. p. 224-227.

LAFER. C. Apresentação. *In*: ARENDT, H. **A condição humana**. Rio de Janeiro: Forense Universitária, 1981. p. I-XI.

LAFETÁ, J. L. **1930:** a crítica e o modernismo. São Paulo: Duas Cidades, 1974. 214p.

LEMME, P. **Memória 2**: vida de família, formação profissional, opção política. V. 2. São Paulo: Cortez, Brasília, DF: Inep, 1988b. 335p.

LEMME, P. **Memória 3**: reflexões e estudos sobre problemas de educação e ensino. V. 3. São Paulo: Cortez, Brasília, DF: Inep, 1988c. 279p.

LIMA, L. C. **A escola como organização educativa:** uma abordagem sociológica. São Paulo: Cortez, 1982.

LOPES, N. F. M. **A função do diretor do ensino fundamental e médio**: uma visão histórica e atual. 2002. 129f. Dissertação (Mestrado em Educação) – Faculdade de Educação, Universidade de Campinas, Campinas, SP, 2002.

LOPES, S. de C. Memórias em disputa: Anísio Teixeira e Lourenço Filho no Instituto de Educação do Rio de Janeiro (1932-1935). **Revista Brasileira de História da Educação**, v. 7, n. 14, p. 177-201, maio/ago. 2007.

LOPES, S. de C. **Oficina de mestres:** história, memória e silêncio sobre a escola de professores do Instituto de Educação do Rio de Janeiro (1932-1939). Rio de Janeiro: DP&A; FAPERJ, 2006. 328p.

LOURENÇO Filho, Anísio Teixeira e Almeida Jr. no Instituto de Educação em 1932. **Rev. Templo Cultural Delfos**, ano XIV, 2024. Disponível em: https://blogger.googleusercontent.com/img/b/R29vZ2xl/AVvXsEi RqsBUSG1C1IjPE tCl0pSi6y-q0UhUZkcRh MSnM8oOUzn14L D88siKaWDAvI_j FnbGcuV7Pu2q Mr5i5F-QqOLJF7fZEl8t 9rKfAAapbbbiIy3 qwcGGXst zAEQ_BKbI_MGl3H1 uBqOt-q6xro/s1600/Louren %25C3%25A7o +Filho%252C+ An%25C3%25ADsio+Teixei ra+e+Almeida+Jr.+no +Instituto+de+Educa%2 5C3%25A7% 25C3%25A3o+em+ 1932.jpg. Acesso em: 22 jun. 2024.

LOURENÇO, L. M. S. Ideias de Lourenço Filho em seus primeiros escritos (1915-1921). *In*: PILETTI, N. (org.). **Educação brasileira:** a atualidade de Lourenço Filho, São Paulo: FEUSP, 1999. p. 39-60.

LOVISON, O. A. **Política educacional paulista de 1937 a 1945.** 2010. 207f. Tese (Doutorado em Educação) – Faculdade de Educação, Universidade Metodista de Piracicaba, Piracicaba, 2010.

MADEIRA, M. A. As motivações sociais do psicólogo Lourenço Filho. **Arquivo Brasileiro de Psicologia Aplicada**, Rio de Janeiro, v. 23, n. 3, p. 161-169, jul./set. 1971.

MARIANI, C. Lourenço Filho e a educação de adolescentes e adultos analfabetos. *In*: ASSOCIAÇÃO BRASILEIRA DE EDUCAÇÃO. **Um educador brasileiro:** Lourenço Filho. São Paulo: Melhoramentos, 1959. p. 108-112.

MARINHO, I. da C. **Administração Escolar no Brasil (1935-1968)**: um campo em construção. 2014. 197f. Mestrado (Dissertação em Educação) – Faculdade de Educação, Universidade de São Paulo, São Paulo, 2014.

MATE, C. H. **Tempos modernos na escola**: os anos 30 e a racionalização da educação brasileira. Bauru, São Paulo: EDUSC; Brasília, DF: Inep, 2002. 182p.

MENDONÇA, A. W.; XAVIER, L. N. O INEP no contexto das políticas do MEC (1950-1960). **Revista Contemporânea de Educação**, Rio de Janeiro, n. 1, 2005. Disponível em: http://www.educacao.ufrj.br/artigos/n1/numero1-artigo6.pdf. Acesso em: dez. 2016.

MICELI, S. **Intelectuais e classe dirigente no Brasil (1920-1945)**. São Paulo; Rio de Janeiro: Difel, 1979. 210p. (Coleção Corpo e Alma do Brasil).

MIGUEL, M. E. B.; VIDAL, D. G.; ARAUJO, J. C. S. **Reformas educacionais:** as manifestações da escola nova no Brasil (1920-1946). Campinas, SP: Autores Associados; Uberlândia, MG: Edufu, 2011. 494p.

MONARCHA, C. (org.). **A reinvenção da cidade e da multidão**: dimensões da modernidade brasileira. São Paulo: Cortez: Autores Associados, 1989. 151p.

MONARCHA, C. **A escola normal da praça:** o lado noturno das luzes. Campinas, SP: UNICAMP, 1999. 407p.

MONARCHA, C. **Lourenço Filho e a organização da psicologia aplicada à educação**. Brasília, Inep: MEC, 2001.

MONARCHA, C. Bergström Lourenço Filho, escola nova e o sertão do Ceará: terrae incognitae. *In*: ARAÚJO, M. M. *et al.* (org.). **Intelectuais, estado e educação**. Natal, RN: EDUFRN, Editora da UFRN, 2006. p. 105-136.

MONARCHA, C. Breve arqueologia de uma esperança prateada. *In*: BASTOS, M. H. C.; CAVALCANTE, M. J. M. (org.). **O curso de Lourenço Filho na escola normal do Ceará:** 1922-1923: as normalistas e a pedagogia da escola nova. Campinas, SP: Editora Alínea, 2009. p. 37-61.

MONARCHA, C. **Finisterras**: Bergström Lourenço Filho sertões adentro. Rio de Janeiro: Ed. E-papers, 2015. 149p.

MONARCHA, C. Lourenço Filho, M. B. Introdução ao estudo da escola nova. **Revista Brasileira de Educação**, Campinas/SP, v. 14, p. 170-176, 2000.

MONARCHA, C. **Lourenço Filho**. Recife: Fundação Joaquim Nabuco, Editora Massangana, 2010. 152p.

MONARCHA, C. **Lourenço Filho:** outros aspectos, mesma obra. Campinas, SP: Mercado das Letras, 1997b. 151p.

MONARCHA, C. Prefácio. *In*: MONARCHA, C.; LOURENÇO FILHO, R. (org.). **Tendência da educação brasileira**. 2. ed. Brasília: MEC/Inep, 2002. p. 7-9. (Coleção Lourenço Filho, n. 6).

NAGLE, J. A educação na primeira república. *In*: FAUSTO, B. (dir.). **História geral da civilização brasileira:** o Brasil republicano. Tomo III. 2. ed.; v. sociedade e instituições (1889-1930). Rio de Janeiro; São Paulo: Difel, 1977. p. 259-291.

NAGLE, J. **Educação e sociedade na primeira república**. São Paulo, EPU; Rio de Janeiro: Fundação Nacional do Material Escolar, 1974 (reimp.). 400p.

NAGLE, J. Manifesto dos pioneiros: apanhado geral e algumas reflexões. *In*: ARAÚJO, M. M. de *et al*. (org.). **Intelectuais, estado e educação**, v. 2. Natal, RN: UFRN, 2006. p. 11-36.

NOGUEIRA, R. F. de S. **A prática pedagógica de Lourenço Filho no Estado do Ceará**. Fortaleza: Edições UFC, 2001. 282p.

NUNES, C. Memória e história da educação: entre práticas e representações. *In*: LEAL, M. C.; PIMENTEL, M. A. L. **História e memória da escola nova**. São Paulo: Edições Loyola, 2003. p. 9-26.

NUNES, C. Modernidade pedagógica e política educacional: a gestão de Anísio Teixeira na Secretaria Municipal de Educação da cidade do Rio de Janeiro (1931-1935). *In*: MIGUEL, M. E. B.; VIDAL, D. G.; ARAUJO, J. C. S. **Reformas educacionais:** as manifestações da escola nova no Brasil (1920-1946). Campinas, SP: Autores Associados; Uberlândia, MG: EDUFU, 2011. p. 291-313.

NUNES, C. História da educação brasileira: novas abordagens de velhos objetos. **Teoria & Educação**, n. 6, p. 151-182, 1992. Disponível em: http://www.bvanisioteixeira.ufba.br/index.html. Acesso em: 7 maio 2015.

NUNES, C. Historiografia comparada da escola nova: algumas questões. **Revista da Faculdade de Educação**, São Paulo, v. 24, n. 1, p. 105-125, jan./jun. 1998.

OLIVEIRA VIANNA, F. J. **Problemas de organização e problemas de direção**: o povo e o governo. Prefácio de Hermes Lima. 2. ed. Rio de Janeiro: Record, 1974. 174p.

OLIVEIRA VIANNA, F. J. O idealismo da Constituição. *In*: CARDOSO, V. L. **À margem da história da República**. Tomo I. Brasília: Ed. Universidade de Brasília, 1981. 118p.

OLIVEIRA, M. K. de. Lourenço Filho na história da Psicologia. *In*: PILETTI, N. (org.). **Educação brasileira:** a atualidade de Lourenço Filho. São Paulo: Feusp, 1999. p. 127-152.

OLIVEIRA, P. M. de. A concepção da criança e desenvolvimento infantil e a coleção biblioteca de educação: uma análise das obras escritas pelos psicólogos funcionalistas franco-genebrinos e por Lourenço Filho. **Revista HISTEDBR On-line**, Campinas, n. 45, p. 357-35 7, mar. 2012.

PAIM, A. As ideias de Oliveira Viana e a nossa contemporânea história política. *In*: OLIVEIRA VIANA, F. J. **Instituições políticas brasileiras:** leitura básica. Organização Antonio Paim, 2008. p. 18-23.

PARO V. **Administração escolar**: introdução crítica. 11. ed. São Paulo: Cortez, 2002 [1986]. 175p.

PINTO, K. P. **O instituto de Educação do Rio de Janeiro e a grande reforma dos costumes (1932 -1938)**: contribuições para uma história da psicologia. 2006. 118f. Dissertação (Mestrado em Educação) – Centro de Educação e Humanidade, Instituto de Psicologia, UERJ, Rio de Janeiro, RJ, 2006.

PROST, A. **Doze lições sobre a história**. Tradução de Guilherme João de Freitas Teixeira. Belo Horizonte: Autêntica Editora, 2008. 288p.

RAFAEL, M. C.; LARA, A. M. de B. **Contribuição de Lourenço Filho para as políticas brasileiras de instrução pré-primária no período 1920-1970**. 2009. 160f. Dissertação (Mestrado em Educação) – Departamento de Fundamentos da Educação, UEM, Maringá, PR, 2009.

RAFAEL, M. C.; LARA. A. M. de B. A proposta de Lourenço Filho para a educação de crianças de 0 a 6 anos. Revista HISTEDBR, v. 11, n. 44, dez. 2011.

RIBEIRO, D. **O povo brasileiro:** a formação e o sentido do Brasil. São Paulo: Companhia das Letras, 1995. 476p.

RIBEIRO, D. S. **Teoria de administração escolar em José Querino Ribeiro e M. B. Lourenço Filho:** raízes e processos de constituição de modelos teóricos. 2006. 220f. Tese (Doutorado em Educação) – Faculdade de Educação, Universidade Estadual Paulista, Marília, São Paulo, 2006.

SAMPAIO, S. S. Lourenço Filho e a reforma da instrução pública no Ceará: 1922-1923. *In*: PILETTI, N. (org.). **Educação brasileira:** a atualidade de Lourenço Filho. São Paulo: Feusp, 1999. p. 61-76.

SANDER, B. **Administração da educação no Brasil:** genealogia do conhecimento. Ed. Ampliada. Brasília: Liber Livro, 2007 [1982]. 135p.

SCHWARTZMAN, S.; BOMENY, H. M. B.; COSTA, V. R. **Tempos de Capanema**. 2. ed. São Paulo: Paz e Terra; Ed. FGV, 2000. 405p.

SGANDERLA, A. P. **A psicologia na constituição do campo educacional brasileiro:** a defesa de uma base científica da organização escolar. 2007. 217f. Tese (Doutorado em Educação) – Departamento de Educação, Universidade Federal de Santa Catarina, Santa Catarina, 2007.

SGANDERLA, A. P.; CARVALHO, D. C. de. Lourenço Filho: um pioneiro da relação entre psicologia e educação no Brasil. **Rev. Psicol. Educ.**, n. 26, p. 173-190, 2008.

SGANDERLA, A. P.; CARVALHO, D. C. de. A psicologia e a constituição do campo educacional brasileiro. **Rev. Psicol. Estud. [online]**, v. 5, n. 1, p. 107-115, 2010. Disponível em: http://dx.doi.org/10.1590/S1413-73722010000100012. Acesso em: jan. 2015.

SILVEIRA, J. A influência de Lourenço Filho no Distrito Federal. *In*: ASSOCIAÇÃO BRASILEIRA DE EDUCAÇÃO. **Um educador brasileiro:** Lourenço Filho. São Paulo: Melhoramentos, 1959. p. 73-82.

SOUZA, A. R. de. **Perfil da gestão educacional no Brasil**. 2006. 333f. Tese (Doutorado em Educação) – Faculdade de Educação, Pontifícia Universidade Católica de São Paulo, São Paulo, 2006.

SOUZA, J. M. de. Lourenço Filho no Ceará. *In*: ASSOCIAÇÃO BRASILEIRA DE EDUCAÇÃO. **Um educador brasileiro:** Lourenço Filho. São Paulo: Melhoramentos, 1959. p. 45-64.

TEIXEIRA, A. A pedagogia de Dewey. *In*: DEWEY, J. **Vida e educação**. Tradução e estudo preliminar de Anísio Teixeira. 10. ed. São Paulo: Melhoramentos: Fundação Nacional de Material Escolar, 1978. p. 13-41.

TEIXEIRA, A. A reconstrução do programa escolar. **Escola Nova**. São Paulo, v. 1, n. 2/3, p. 86-95, nov./dez. 1930.

TEIXEIRA, A. **Aspectos americanos de educação**. 1928. Disponível em: http://www.bvanisioteixeira.ufba.br/delivro.htm. Acesso em: 19 fev. 2016.

TEIXEIRA, A. *In:* VIANNA, A.; FRAIZ. P. (org.). **Conversa entre amigos**: correspondências escolhidas entre Anísio Teixeira e Monteiro Lobato. Salvador: Fundação Cultural do Estado da Bahia; Rio de Janeiro: Fundação Getúlio Vargas/CPDOC, 1986. 117p.

TEIXEIRA, A. Lourenço Filho e a educação. *In*: ASSOCIAÇÃO BRASILEIRA DE EDUCAÇÃO. **Um educador brasileiro:** Lourenço Filho. São Paulo: Melhoramentos, 1959. p. 65-68.

TEIXEIRA, M. C. **Um estudo sobre o discurso administrativo de Lourenço Filho**. 1982. 181f. Dissertação (Mestrado em Educação) – Instituto de Estudos Avançados em Educação, Departamento de Administração de Sistemas Educacionais, Fundação Getúlio Vargas, Rio de Janeiro, 1982.

TOCQUEVILLE, A. de. **A democracia na América:** leis e costumes. Tradução de Eduardo Brandão. 2. ed. São Paulo: Martins Fontes, 2005. 560p.

VALENTE, W. R. Lourenço Filho e o moderno ensino de aritmética: produção e circulação de um modelo pedagógico. **Rev. Hist. Educ.,** v. 8, n. 44, p. 61-77, dez. 2014.

VALENTE, W. R. Que matemática ensinar às crianças? O programa mínimo em tempos das pedagogias não diretivas. **Rev. Educação,** v. 32, n. 2, p. 187-202, 2016. Disponível em: http://dx.doi.org/10.1590/0102-4698142080. Acesso em: jan. 2015.

VENÂNCIO FILHO, A. Lourenço Filho, um educador. *In*: PILETTI, N. (org.). **Educação brasileira:** a atualidade de Lourenço Filho. São Paulo: FEUSP, 1999. p. 9-38.

VIDAL, D. G. Ensaios para a construção de uma ciência pedagógica brasileira: o Instituto de Educação do Distrito Federal (1932-1937). **Rev. Brasileira de Estudos Pedagógicos**, Brasília, v. 77, n. 185, p. 239-258, jan./abr. 1996.

VIDAL, D. G. Lourenço Filho e a formação para o magistério no Instituto de Educação do Distrito Federal (1932-1937): a influência do modelo pedagógico na construção da prática pedagógica. *In*: PILETTI, N. (org.). **Educação brasileira:** a atualidade de Lourenço Filho. São Paulo: Feusp, 1999. p. 77-101.

VIDAL, D. G. **O exercício disciplinado do olhar**: livros, leituras e práticas de formação docente no Instituto de Educação do Distrito Federal (1932-1937). Bragança Paulista: Edusf, 2001. 343p.

VIDAL, D. G.; PAULILO, A. L. *In*: XAVIER, M. C. (org.). **Introdução ao estudo da escola nova**. Belo Horizonte: Mazza Edições, 2010. p. 17-40. (Clássicos da Educação Brasileira).

WALTHER, L. **Psicologia do trabalho industrial**. Tradução de Lourenço Filho. 2. ed. São Paulo: Melhoramentos, 1953. 250p.

WARDE, M. J. O itinerário de formação de Lourenço Filho por descomparação. **Revista Brasileira de História da Educação**, n. 5, jan./jun. 2003.

Legislação

BRASIL. **Decreto n. 4.795, de 17 de dezembro de 1930**. Reorganiza a Diretoria Geral da Instrução Pública. Disponível em: http://www.al.sp.gov.br/repositorio/legislacao/decreto/1930/decreto-4795-17.12.1930.html. Acesso em: 27 out. 2015.

BRASIL. **Decreto-Lei n. 378, de 13 de janeiro de 1937**. Dá nova organização ao Ministério da Educação e Saúde Pública. Rio de Janeiro: Ministério de Educação e Saúde Pública, 1937.

BRASIL. **Decreto-Lei n. 580, de 30 de julho de 1938**. Dispõe sobre a organização do Instituto Nacional de Estudos Pedagógicos. Rio de Janeiro: Ministério de Educação e Saúde Pública, 1938.

BRASIL. Constituição (1988). **Constituição da República Federativa do Brasil**: promulgada em 5 de outubro de 1988. 498p. Disponível em: www.planalto.gov.br/ Acesso em: 27 out. 2015.

BRASIL. **Lei de Diretrizes e Bases 9394/96**. Dispõe sobre a regulamentação do sistema educacional (público ou privado) do Brasil (da educação básica ao ensino superior). Disponível em: http://www.planalto.gov.br/ccivil_03/leis/L9394.htm. Acesso em: 27 out. 2015.

BRASIL; MEC/INEP. O ensino no Brasil: no quinquênio 1932-1936. **Boletim n. 1**. Rio de Janeiro: Instituto Nacional de Estudos Pedagógicos, 1939. 83p.

BRASIL; MEC/INEP. O ensino no Brasil: no quinquênio 1936-1940. **Boletim n. 25**. Rio de Janeiro: Instituto Nacional de Estudos Pedagógicos, 1942. 88p.

BRASIL; MEC/INEP. Novos prédios escolares para o Brasil. **Boletim n. 40**. Rio de Janeiro: Instituto Nacional de Estudos Pedagógicos, 1948. 39p.

BRASIL; MEC/INEP. O ensino primário no Brasil: ação supletiva do Ministério de Educação e Saúde. **Boletim n. 41**. Rio de Janeiro: Instituto Nacional de Estudos Pedagógicos, 1949. 37p.

BRASIL; MEC/INEP. Linguagem no curso primário: sugestões para organização e desenvolvimento de programas. **Boletim n. 42**. Rio de Janeiro, 1949. 77p.

BRASIL; MEC/INEP. Educação física no curso primário: sugestões para organização e desenvolvimento de programas. **Boletim n. 49**. Rio de Janeiro, 1950. 46p.

BRASIL; MEC/INEP. Atividades econômicas da região no curso primário: sugestões para organização e desenvolvimento de programas. **Boletim n. 50**. Rio de Janeiro, 1950. 29p.

BRASIL; MEC/INEP. Canto orfeônico no curso primário: sugestões para organização e desenvolvimento de programas. **Boletim n. 51**. Rio de Janeiro, 1950. 57p.

BRASIL; MEC/INEP. Matemática no curso primário: sugestões para organização e desenvolvimento de programas. **Boletim n. 71**. Rio de Janeiro, 1952. 127p.

BRASIL; MEC/INEP. Organização do ensino primário e normal. **Boletins do Inep**. XV Exposição de Obras Raras. Brasília, MEC, Inep, abr./ago. 2004. 4p.

CEARÁ. **Anuário Estatístico do Ceará 1923**. CEARÁ, Governo do Ceará, Brasil, 1923. p. 103-106. Disponível em: https://archive.org/stream/annurioestatstic-1923cear#page/n131/mode/2up/search/103. Acesso em: 27 out. 2015.

CEARÁ. **Lei n. 1.953, de 2 de agosto de 1922**. Trata da Instrução Pública do Estado do Ceará. 1922.

SÃO PAULO. **Decreto n. 4888, de 12 de fevereiro de 1931**. Reorganiza o Ensino Normal e dá outras providências. Assembleia Legislativa do Estado de São Paulo. 1931.

BIBLIOGRAFIA DE LOURENÇO FILHO

Cartas

ARARIPE, T. A. **Carta a Lourenço Filho**. Rio de Janeiro, 15 fev. 1941. Acervo Lourenço Filho. CPDOC/FGV, LFc, 25 ago. [19?]. Doc. 0065.

AZEVEDO, F. **Carta a Lourenço Filho**. 01 jul. 1930. Acervo Fernando de Azevedo. Instituto de Estudos Brasileiros, USP. Correspondência ativa, Cartas, São Paulo, 1930.

AZEVEDO, F. **Carta a Lourenço Filho**. São Paulo, 26 jun. 1938. Acervo Fernando de Azevedo. Instituto de Estudos Brasileiros – USP. Correspondência ativa, Cartas, São Paulo, 1938.

AZEVEDO, F. **Carta a Lourenço Filho**. São Paulo, 27 jan. 1944. Acervo Fernando de Azevedo. Instituto de Estudos Brasileiros – USP. Correspondência ativa, Cartas, São Paulo, 1944.

LOURENÇO FILHO, M. B. **Carta a Fernando de Azevedo.** São Paulo, 30 nov. 1927. Acervo Fernando de Azevedo. Instituto de Estudos Brasileiros – USP.

LOURENÇO FILHO, M. B. **Carta a Fernando de Azevedo.** São Paulo, jan. 1928. Acervo Fernando de Azevedo. Instituto de Estudos Brasileiros – USP.

LOURENÇO FILHO, M. B. **Carta a Anísio Teixeira.** (1962). Acervo Lourenço Filho, CPDOC/ FGV, LFc, 30/31.05.15, Doc. 0134.

SILVA, M. da C. **Carta a Lourenço Filho**, Porto Alegre, RS, 20 jul. 1944. Acervo Lourenço Filho, CPDOC/ FGV, LFc, 24.01.04, Doc. 0035.

TEIXEIRA, A. Carta a Lourenço Filho. Rio de Janeiro, 31 jan. 1930. *In*: LOURENÇO FILHO, R. (org.). **Caminhos e encontros:** correspondência entre Anísio Teixeira e Lourenço Filho (1929-1970). Rio de Janeiro.

TEIXEIRA, A. **Carta a Lourenço Filho**. Bahia, 22 ago. 1930. Acervo Lourenço Filho, CPDOC/ FGV, LFc, 30/31.05.15, Doc. 0127.

TEIXEIRA, A. **Carta a Lourenço Filho**. Rio de Janeiro, 24 [?] 1930. Acervo Lourenço Filho, CPDOC/ FGV, LFc, 30/31.05.15, Doc. 0127.

Discursos e Conferências

LOURENÇO FILHO, M. B. **Comunicação sobre o primeiro ano de trabalho da administração de Lourenço Filho**, como Diretor Geral do Ensino do Estado de São Paulo. Arquivo classificação: LF pi Lourenço Filho, 1931.00.00, Rio de Janeiro: CPDOC/ FGV, 1931. (Data provável). 12p.

LOURENÇO FILHO, M. B. Discurso del Senor Lorenzo Filho, Delegado del Brasil. **I Conferência de Ministros e Diretores da Educação**. Panamá. Arquivo classificação: LF pi Lourenço Filho, 1943.09.00, Rio de Janeiro: CPDOC/ FGV, set. 1943. (Data provável). 8p.

LOURENÇO FILHO, M. B. **Discurso por ocasião da instalação de serviço de Assistência Técnica do Ensino**: São Paulo. Arquivo classificação: LF pi Lourenço Filho, 1930.12.00, Rio de Janeiro: CPDOC/ FGV, dez. 1930d. (Data provável). 9p.

LOURENÇO FILHO, M. B. **Discurso proferido na formatura dos alunos da Escola Normal de Fortaleza**. Arquivo classificação: LF pi Lourenço Filho, 1923.00.00. Rio de Janeiro: CPDOC/ FGV, 1923a. (Data provável). 5p.

LOURENÇO FILHO, M. B. **O ensino em São Paulo**: a Escola Extensa. Arquivo classificação: LF pi Lourenço Filho, 1926.00.00/2. Rio de Janeiro: CPDOC/FGV, 1926. (Data provável). 6p.

LOURENÇO FILHO, M. B. **A psicologia a serviço da organização**. Conferência realizada no Departamento Administrativo do Serviço Público, 03 de agosto de 1942. Publicação em separata. Rio de janeiro: Imprensa Nacional, 1942. 23p.

Livros e capítulos de livros

AZEVEDO, F. de. A educação pública em São Paulo: problemas e discussões. Inquérito para "O Estado de S. Paulo". São Paulo/Rio de Janeiro/Recife: Companhia Editora Nacional, 1937. *In*: ROCHA, H. P. (org.). **Educação na encruzilhada**. São Paulo: Melhoramentos, 1960, p. 127-152.

LOURENÇO FILHO, M. B. À margem de "A arte de ensinar". *In*: HIGHET, G. **A arte de ensinar**. Tradução e estudo introdutório de Lourenço Filho. São Paulo: Melhoramentos, 1956. p. 9-11.

LOURENÇO FILHO, M. B. **A pedagogia de Rui Barbosa**. 3.ed. rev.e amp. São Paulo: Melhoramentos, 1966. 196 p. (Obras completas de Lourenço Filho, v. IV).

LOURENÇO FILHO, M. B. Alguns aspectos da educação primária, conferência proferida na Academia Brasileira de Letras, em agosto de 1940. *In*: LOURENÇO FILHO, R.; MONARCHA, C. (org.). **Tendências da educação brasileira**. 2. ed. Brasília: Inep/MEC, 2002b. p. 33-56.

LOURENÇO FILHO, M. B. Educação como segurança nacional. *In*: LOURENÇO FILHO, R.; MONARCHA, C. (org.). **Tendências da educação brasileira**. 2. ed. Brasília: Inep/MEC, 2002b. p. 57-70.

LOURENÇO FILHO, M. B. **Introdução ao estudo da escola nova**. 2. ed. melhorada. São Paulo: Melhoramentos, 1930a. 233p. (Coleção Biblioteca de Educação, v. XI).

LOURENÇO FILHO, M. B. **Organização e administração escolar:** curso básico. São Paulo: Melhoramentos, 1963. 288p.

LOURENÇO FILHO, M. B. **Juazeiro do Padre Cícero**. 3. ed. São Paulo: Melhoramentos, 1959. 217 p.

LOURENÇO FILHO, M. B. Prática pedagógica (programa de ensino). *In*: LOURENÇO FILHO, R. (org.). **A formação de professores:** da escola nova à escola de educação. Brasília – DF: Inep/MEC, 2001. p. 61-72 (Coleção Lourenço Filho, n. 4).

LOURENÇO FILHO, M. B. O Instituto de Educação no ano de 1936. *In*: LOURENÇO FILHO, R. (org.). **A formação de professores:** da escola nova à escola de educação. Brasília: Inep/MEC, 2001. p. 39-50 (Coleção Lourenço Filho, n. 4).

LOURENÇO FILHO, M. B. Prática de ensino. *In*: LOURENÇO FILHO, R. (org.). **A formação de professores:** da escola nova à escola de educação. Brasília: Inep/MEC, 2001. p. 51-60. (Coleção Lourenço Filho, n. 4).

LOURENÇO FILHO, M. B. Prefácio. *In*: DEWEY, J. **Vida e educação**. Tradução e estudo preliminar de Anísio Teixeira. 10. ed. São Paulo: Melhoramentos; Fundação Nacional de Material Escolar, 1978. p. 7-11.

Publicações em revistas, jornais e similares

LOURENÇO FILHO, M. B. Que é "nacionalismo?". **O Estado de S. Paulo**, São Paulo, 7 set. 1918. Conferência inaugural do Núcleo Nacionalista de Piracicaba, p. 4.

LOURENÇO FILHO, M. B. A reforma do ensino. Estatística do Ceará. **Anuário Estatístico do Ceará**, p. 103-104, Fortaleza, 1923b. Disponível em: https://archive.org/stream/annurioestatstic1923cear#page/n131/mode/2up/search/103. Acesso em: 27 out. 2015.

LOURENÇO FILHO, M. B. Plano de prática pedagógica. **Revista de Educação**, Piracicaba, SP, v. 2, n. 1, p. 50-59, maio 1922.

LOURENÇO FILHO, M. B. Plano de prática pedagógica. **Anais da Conferência Interestadual de Ensino Primário**, p. 351-389, RJ, 12 out. 1921.

LOURENÇO FILHO, M. B. A uniformização do ensino primário no Brasil. **Revista Educação**, v. II, n. 1, p. 9-18, jan. 1928.

LOURENÇO FILHO, M. B. A escola nova. **Revista Escola Nova**, Rio de Janeiro, v. 1, n. 1, p. 3-7, out. 1930. CPDOC/ FGV, Arquivo classificação: R1050, 1930b.

LOURENÇO FILHO, M. B. A questão dos programas. **Revista Escola Nova**, v. 1, n. 2 e 3, p. 81-86, nov./dez. 1930c.

LOURENÇO FILHO, M. B. Os novos moldes do ensino: a diretoria da instrução pede aos srs. professores que elaborem os seus programas. **O Estado de S. Paulo**, São Paulo, 14 nov. 1930. (Circular enviada aos diretores de grupos escolares e escolas reunidas do Estado de São Paulo, em 13 nov. 1930). 1930e.

LOURENÇO FILHO, M. B. Pesquisa sobre programa mínimo. **Boletim de Educação Pública**, v. 5, n. 3 e 4, p. 275-297, jul./dez. 1936.

LOURENÇO FILHO, M. B. Introdução. Organização do ensino primário e normal I. Estado do Amazonas. **Boletim n. 2**. Rio de Janeiro: MEC/INEP, 1939. p. 7-9.

LOURENÇO FILHO, M. B. Tendência da educação brasileira. **Revista Formação:** mensário sobre educação e sua técnica, Rio de Janeiro, ano III, n. 24, p. 13-41, 1940a.

LOURENÇO FILHO, M. B. A vida e a obra de nossos educadores: hoje fala Lourenço Filho. **Revista Formação:** mensário sobre educação e sua técnica, Rio de Janeiro, ano III, n. 19, p. 3-18, 1940b.

LOURENÇO FILHO, M. B. Introdução. Organização do ensino primário e normal: II. Estado do Pará. **Boletim n. 3**. Rio de Janeiro: MEC/INEP, 1940c. p. 7-9.

LOURENÇO FILHO, M. B. Introdução. Organização do ensino primário e normal II: Estado do Maranhão. **Boletim n. 4**. Rio de Janeiro: MEC/INEP, 1940d. p. 7-12.

LOURENÇO FILHO, M. B. A administração dos serviços da educação do país. O ensino no Brasil: administração dos serviços da educação. **Boletim n. 12**. Rio de Janeiro: MEC/INEP, 1941. p. 7-36.

LOURENÇO FILHO, M. B. A educação, problema nacional. **Revista Brasileira de Estudos Pedagógicos**, Brasília, v. 1, n. 1, p. 7-28, jul./set. 1944b.

LOURENÇO FILHO, M. B. Modalidades de educação geral. **Revista Brasileira de Estudos Pedagógicos.** Brasília, v. 1, n. 2, p. 219-225, ago. 1944d.

LOURENÇO FILHO, M. B. Programa mínimo. **Revista Brasileira de Estudos Pedagógicos** Brasília, v. 1, n. 3, p. 393-402, set. 1944e.

LOURENÇO FILHO, M. B. O ensino particular e o estado. **Revista Brasileira de Estudos Pedagógicos,** Brasília, v. 12, n. 32, p. 5-21, jan./abr. 1948.

LOURENÇO FILHO, M. B. Antecedentes e primeiros tempos do Inep. **Revista Brasileira de Estudos Pedagógicos,** Brasília, v. 86, n. 212, p. 179-185, jan./abr. 2005.

LOURENÇO FILHO, M. B. A resposta de Lourenço Filho. **Revista Pro-Posições**, UNICAMP, Campinas, v. 17, n. 3 (51), p. 201-214, set./dez. 2006.

Relatórios

LOURENÇO FILHO, M. B. A escola de professores do instituto de educação. **Arquivos do Instituto de Educação**, Departamento de Educação – DF/Brasil, Rio de Janeiro, v. 1, n. 1, p. 15-27, FGV/CPDOC/RJ, 1934.

LOURENÇO FILHO, M. B. A reforma do ensino. **Anuário Estatístico do Ceará 1923**. CEARÁ, Governo do Ceará, Brasil, 1923. p. 103-106. Disponível em: https://archive.org/stream/annurioestatstic1923cear#page/n131/mode/2up/search/103. Acesso em: 27 out. 2015.

Obras da coleção MEC/Inep

LOURENÇO FILHO, M. B. **Pedagogia de Rui Barbosa**. Brasília: MEC/INEP, 2001. 48p. (Coleção Lourenço Filho, n. 2).

LOURENÇO FILHO, M. B. **A formação de professores:** da escola nova à escola de educação. LOURENÇO FILHO, R. (org.). Brasília: MEC/INEP, 2001. 125p. (Coleção Lourenço Filho, n. 4).

LOURENÇO FILHO, M. B. **Juazeiro do Padre Cícero**. Brasília: MEC/INEP, 2002a. 178p. (Coleção Lourenço Filho, n. 5).

LOURENÇO FILHO, M. B. **Tendências da educação brasileira**. 2. ed. LOURENÇO FILHO, R.; MONARCHA, C. (org.). Brasília, MEC/INEP, 2002b. 94p. (Coleção Lourenço Filho, n. 6).

LOURENÇO FILHO, M. B. **Educação comparada**. LOURENÇO FILHO, R.; MONARCHA, C. (org.). Brasília, MEC/INEP, 2004. 250p. (Coleção Lourenço Filho, n. 7).

LOURENÇO FILHO, M. B. **Organização e administração escolar**: curso básico. Brasília, MEC/INEP, 2007. 321p. (Coleção Lourenço Filho, n. 8).

LOURENÇO FILHO, M. B. **Testes ABC**: para a verificação da maturidade necessária à aprendizagem da leitura e da escrita. Brasília: MEC/INEP, 2008. 201p. (Coleção Lourenço Filho, n. 9).

MONARCHA, C. **Lourenço Filho e a organização da psicologia aplicada à educação** (São Paulo, 1922-1933). Brasília: MEC/INEP, 2001. 48p. (Coleção Lourenço Filho, n. 3).

MONARCHA, C. **Lourenço Filho**. Recife: Fundação Joaquim Nabuco, 2010. 152 p. (Coleção Educadores – MEC).

MONARCHA, C.; LOURENÇO FILHO, R. (org.). **Por Lourenço Filho**: uma biobibliografia. Brasília: MEC/INEP, 2001. 314 p. (Coleção Lourenço Filho, n. 1).

Obras organizadas em homenagem a Lourenço Filho

ASSOCIAÇÃO BRASILEIRA DE EDUCAÇÃO (org.). **Um educador brasileiro**: Lourenço Filho. São Paulo: Melhoramentos, 1959. 231p. (Livro Jubilar).

MONARCHA, C. (org.). **Centenário de Lourenço Filho**: 1897-1997. Prefácio Antonio Paim. Londrina: UEL; Marília: Unesp; Rio de Janeiro: ABE, 1997. 157p.

PILETTI, N. (org.). **Educação brasileira**: a atualidade de Lourenço Filho. São Paulo: FEUSP, 1999. 224p.